나의 팔레스타인 이웃에게 보내는 편지

Letters to My Palestinian Neighbor

나의 팔레스타인

요시 클라인 할레비 지음 · 유강은 옮김

이웃에게 보내는 편지

경당

이 책에 쏟아진 찬사

무장 대신 공감을 호소하는 명쾌한 목소리. …… 심오하고 독창적인 책이자 뛰어난 사상가의 작품. …… 긴급하면서도 정성 어린 메시지다.

－대프니 머킨, 『월 스트리트 저널』

이스라엘-팔레스타인 분쟁에 관한 한 권짜리 최고의 안내서.

－『애틀랜틱』

할레비가 내놓은 흥미로운 제안은 사람들이 제대로 검토하지 않은 채 항상 암묵적으로 엿보기만 하는데, 그 핵심을 요약하자면 신앙은 맞싸우는 이 두 부족을 단합시킬 수 있는 반면 이성은 불화에 부채질만 할 뿐이라는 것이다.

－『태블릿』

요시 클라인 할레비는 팔레스타인의 이웃들에게 올리브나무 가지를 내밀고자 하는데, 호소력 넘치는 이 책 『나의 팔레스타인 이웃에게 보내는 편지』에서 진심을 담아 드디어 그 가지를 내민다.

－『예루살렘 포스트』

팔레스타인의 평범한 이웃에게 보내는 편지를 모은 할레비의 책은 풀뿌리 차원에서 시작되는 새로운 대화 시도 역할을 한다. 그의 언어는 아름답다. 책의 밑바탕에 깔린 사고도 아름답다. 타자에 대한 근본적이고 부단한 공감이 자신의 민족과 땅에 대한 순수하고 완전한 헌신과 결합된다.

－『비즈니스 인사이더』

『나의 팔레스타인 이웃에게 보내는 편지』는 감정적인 두 서사를 진심과 균형을 담아 솔직하게 요약해줌으로써 우리에게 영적 이정표를 제시했다. 이 이정표가 평화로 곧장 이어지지 않을지는 몰라도 적어도 희망으로 인도한다.

-『주이시 저널』

지금까지 내가 읽은 책 가운데 이 고질적인 분쟁―이스라엘의 관점에서 본 표현―에 관한 가장 통찰력 있는 설명. …… 언어의 마술사인 요시 클라인 할레비는 많은 이스라엘인만이 아니라 디아스포라의 삶을 사는 수많은 시온주의자들이 느끼는 희망과 공포에 목소리를 부여해왔다.

-『런던 주이시 크로니클』

요시 클라인 할레비는 아주 용감한 사람이다. …… 할레비의 신작 『나의 팔레스타인 이웃에게 보내는 편지』는 그가 앞서의 탐구에서 발견한 바, 즉 이 영적인 공통 기반이 상호 인정으로 이어질 수 있다는 사실에 바탕을 둔다. 이 책이 저자가 애당초 염두에 둔 중동과 세계 각지의 독자들 손에 가 닿기를 바란다.

-『글로브 앤드 메일』

참신할 정도로 솔직한 책. …… 할레비는 팔레스타인 사람들에게 이스라엘에 관해 설명하면서 어떤 이상, 더 높은 야심과 경이로울 정도의 아름다움에 대한 감각에 호소한다.

-『포워드』

유려하면서도 중요한 책.

-『주이시 보스턴』

할레비는 언론인의 예리한 눈과 최상으로 단련된 정확한 글쓰기를 주름진 유대 역사학자가 지닌 지식 및 중용과 결합한다. …… 그의 글은 서정적이면서도 엄격하다. 페이지를 넘길 때마다 압축된 역사나 응축된 신학의 덩어리가 튀어나온다. …… 진심과 존중과 희망을 담은 어조로 읊조리는 호소가 그토록 통렬한 것은 그가 원칙적이고 사려 깊고 변명하지 않는 이스라엘 옹호자로서 명성이 높기 때문이다.

—모르데하이 벤-다트, 『캐나디안 주이시 뉴스』

이스라엘과 유대교에 관해 올해 당신이 읽게 될 최고의 책은 『나의 팔레스타인 이웃에게 보내는 편지』다.

—종교통신사

강력하고 유려한 책. …… 이스라엘 땅에 대한 유대인의 끈질긴 사랑과 시온주의의 마법뿐만 아니라 딜레마까지 포착하는 여러 통의 편지는 흥미진진하다. 할레비보다 이스라엘과 유대 민족의 이야기를 더 잘 들려줄 사람은 아무도 없다. 팔레스타인 사람들만 그 이야기를 들어야 하는 것도 아니다. 이스라엘의 영혼을 독해하는 멋진 작품인 『나의 팔레스타인 이웃에게 보내는 편지』는 비유대인이든 유대인이든 모두에게 권해야 할 책이다.

—『코멘터리』

이스라엘과 팔레스타인, 무슬림과 유대인에 관한 한 나는 오래전부터 태양 아래 새로운 것은 별로 없다고 생각하게 되었다. 내가 잘못 생각했음이 입증되어 참으로 기쁘다. 할레비의 책은 선물이자 도전장이다. 내 신념을 공유할 테니 당신의 신념도 공유해달라는 아주 단순한 몸짓으로 생기를 불어넣은, 철저하게 개인적인 성취는 멋진 글쓰기로 완성된다. 이런 공유가 가능할 때, 오직 그럴 때에만 우리는 항구적인 평화를 찾을 수 있다. 이 편지들에는 할레비가 진심과 겸손한 마음으로 전달하는 믿음이 넘쳐흐른다. 당신 역시 나처럼 이따금 동의하지 못하는 구절을 마주칠 테고, 때로는 고개를 크게 가로저을지 모른다. 하지만 분명 마음이 흔들릴 것이다. 물론 우리가 귀를 기울이기만 한다면 언제나 기꺼이 대화를 하려는 사람들이 존재한다. 할레비가 보여주는 것은 훨씬 더 보기 드문 사례다. 우리가 대화를 하려고만 한다면 언제나 기꺼이 들으려는 사람들이 존재한다는 것이다.

—하룬 모굴, 『무슬림으로 사는 법: 미국의 이야기』의 저자

현대 정치에서 가장 비극적인 분기점을 가로질러 인간의 이해심을 자극하는 강력하고 도전적이며 심금을 울리는 호소.

-랍비 조너선 색스 경

『나의 팔레스타인 이웃에게 보내는 편지』는 어떤 독자든 술술 읽을 수 있는 서술로 이스라엘 이야기의 절박성과 시적 아름다움을 전해준다. 모든 이가 이 아름다운 편지를 읽기를 바라는 마음이다. 팔레스타인인과 유대인, 그리고 유대인이 어떤 사람들이고 우리가 왜 고국에 돌아와야 하는지를 이해하는 데 관심 있는 모든 사람이 이 책을 읽었으면 좋겠다.

-나탄 샤란스키, 이스라엘을 위한 유대인기구 집행위원장

할레비는 …… 시적이고 감동적인 언어로 '점령자로서 내가 겪은 경험'을 들려준다. 그는 이스라엘의 정당성을 주장하고 유대인에게 이스라엘이 정서적으로 갖는 중요한 의미를 환기시키면서도 이스라엘의 결함을 얼버무리는 것은 거부한다. …… 연결과 상호 인정을 호소하는 진심과 공감의 목소리다.

-『퍼블리셔스 위클리』

나의 동료이자 형제
압둘라 안테플리와 마이클 오렌에게

차례

한국어판 서문

이스라엘 사람인 저는 병든 체제 바로 옆에서 사는 게 어떤 것
인지 조금 압니다. 우리를 죽이려고 안달이 난 테러 집단들이
국경을 에워싸고, 시리아와 이라크와 이란이 배경에서 호시탐
탐 노리는 가운데, 저는 어려운 이웃과 같이 사는 나라들에 대
해 친근감을 느낍니다. 그런 나라들의 목록 위쪽에는 한국이 있
지요. 저는 지구상에서 가장 불안정한 체제를 바로 옆에 두고
사는 여러분의 미래가 굉장히 걱정됩니다. 제국을 추구하는 이
란이 끊임없이 영향력을 확대하는 가운데 자멸로 치닫고 있는
중동에서 살아가는 우리 나라의 미래가 걱정되는 것처럼요.

　독실한 신자로서 저는 한국의 안전과 북한에서 고통받는 사

람들의 안녕을 위해 기도를 드립니다. 어느새 저도 모르게 지구 상에서 가장 큰 상처로 손꼽히는 북한에 관한 상념에 빠지곤 합니다. 북한에서 가장 은밀한 장소들을 소개하는 기사와 방송 프로그램을 강박적으로 보고 있습니다. 북한 사람들이 자유를 찾고 한반도의 분단이 치유되는 날이 오기를 기원합니다. 그리고 북한이 해방된 뒤 그 나라의 끔찍한 실태가 낱낱이 드러날 때 비밀의 열쇠가 풀리면 어떻게 될지 걱정이 됩니다.

끔찍한 삶의 조건을 공유하는 한국인과 이스라엘인의 유대감 덕분에 한국어판 독자들이 이스라엘의 경험이라는 문화적, 정치적 이질감을 극복하고 우리를 묶어주는 깊은 연관성을 발견하기를 기대합니다.

우리에게는 또 다른 연관성이 있습니다. 이스라엘과 한국 모두 근대화에 성공한 사회이면서도 종교를 진지하게 받아들입니다. 그러니 불교와 기독교에 뿌리를 둔 한국 독자 여러분이 이 책에서 솔직하게 밝히는 종교적 감성의 진가를 알아봐주시기를 기대합니다. 비록 아주 다른 종교 전통을 바탕으로 쓴 책이긴 하지만요.

『나의 팔레스타인 이웃에게 보내는 편지』는 현대인의 감성에는 생소한 책입니다. 공공연하게 영적인 관점에서 팔레스타인-이스라엘 분쟁의 정치적 딜레마를 다루는 책이지요. 독실한 이스라엘 유대인이 팔레스타인의 독실한 무슬림의 영혼에 말을 건네려는 시도입니다. 그런 의미에서 이 책은 '비서구적인' 분쟁 해결 접근법을 제시합니다. 이 책에서 저는 불교인들이 말하는 제행무상(諸行無常)이나 기독교인을 비롯한 유일신론자들이 말하는 하느님의 임재를 함께 경험함을 통해 정치적, 이데올로기적 분열을 치유하고자 합니다. 이런 두 형태의 각성 모두 우리가 제한된 의식을 초월하도록 도와주는 필수적인 길입니다. 우리의 모든 갈등을 영속화하는 것은 바로 이런 제한된 의식이니까요.

제가 생각하는 영적 전제는, 세계의 주요 종교는 모두 하느님의 의식(또는 불교의 용어로 하면 깨달음)으로 통하는 타당하고 유력한 길이라는 것입니다. 저는 우리가 믿는 모든 종교가 현실에 대한 본질적인 통찰을 공유하는 하나의 커다란 종교의 '여러 교파'라고 봅니다. 모든 독실한 사람들은 보이지 않는 것이 결국은 물질보다 더욱 실체적이며, 우리가 겉으로는 분열돼 있을지라도 그 밑바탕에는 통일이 감춰져 있다고 믿습니다. 유대교에서 하는 가장 중요한 기도는 이런 것입니다. "이스라엘은 들으십시오. 주님은 우리의 하느님이시요, 주님은 오직 한 분뿐이십니다." 하느님이 한 분이라는 것은 신학적 원리일 뿐만 아니라 현실의 정확한 정의이기도 합니다. 우리는 하나의 신적 존재 안에 존재하며, 하느님의 '육신'을 이루는 '세포'입니다. 그런 종교적 관점은 인간에게 상호 이해를 위해 애쓸 책임을, 하나됨의 의식을 향해 나아갈 책임을 부여합니다.

하지만 종교 신자라는 공통성에도 불구하고 우리가 믿는 종교들이 서로 다르다는 것은 현실이며 이런 현실을 존중할 필요가 있습니다. 그래서 이 책은 또한 유대교의 독특한 점을 설명하려는 시도입니다. 가령 원칙적으로 모든 인간을 위해 만들어진 '보편적' 종교인 기독교나 불교와 달리, 유대교는 오직 유대 민족만을 위한 종교입니다. 유대교는 닫힌 원이 아니며, 물론 누구나 개종해서 유대인이 될 수 있습니다. 하지만 유대교는 결코 모든 인류를 유대교와 그 생활 방식으로 개종시키려고 하지 않습니다. 유대교는 하느님이 임재하셔서 모든 인간이 기도 속에서 하나가 되는 세상을 꿈꿉니다. 유대교는 인류의 구원과 세상에 나타나시는 하느님이라는 보편주의적인 목표를 추구하는 특수주의적인 전략입니다.

모든 인류를 위한 '보편적' 종교와 반대되는, 특정한 민족을 위한 '특수주의적' 종교로서 유대교의 결정적인 특징은 민족을 강조한다는 것입니다. 모든 유대인을 하나로 묶는 공통분모는 다 같이 유대 민족이라는 사실입니다. 그러니까 무신론자라도 유대인일 수 있습니다. 반면 기독교나 이슬람에서는 신앙의 기본적인 교의를 거부하면 반드시 그 종교에서 배제됩니다. 따라서 유대인이라 함은 종교뿐만 아니라 민족에도 속함을 의미합니다. 유대교의 핵심은 유대 민족의 역사적 경험이기 때문에 결국 종교는 민족 정체성과 깊숙이 연결됩니다. 그리고 이스라엘 땅이라는 특정한 장소와도 깊숙이 연결됩니다.

제가 이 점을 강조하는 것은 외부 사람들은 이런 사실을 제대로 이해하지 못하기 때문입니다. 많은 무슬림이 유대인을 한 민족으로 보기보다는 한 종교의 성원으로만 이해하려고 합니다. 그런 이유로 아랍 세계는 대체로 유대 국가의 정당성을 거부하고 있습니다. 하지만 평화가 이루어지려면 양쪽이 상대방이 자기 이해에 따라 스스로를 정의하는 것을 인정해야 합니다. 유대인으로서는 팔레스타인인을 아랍 민족에 속하는 다른 사람들로 인정하고 자결권이 있음을 받아들여야 합니다. 팔레스타인인을 비롯한 아랍인과 무슬림은 유대인을 한 종교만이 아니라 똑같은 자결권을 가진 사람들로 받아들여야 합니다.

제가 독자들한테 가장 빈번하게 받는 질문은 과연 희망이 있느냐는 겁니다. 팔레스타인인과 이스라엘인이 끝없이 벌이는 이 분쟁이 정말 해결될 수 있을까요?

제 대답의 일부는 이 책 뒷부분에 실린 팔레스타인 사람들의 답장에 있습니다. 애초에 저는 팔레스타인인을 비롯한 아랍 세계 사람들이 자신의 개인적 이야기와 집단적 서사를 들려주기를 바라는 마음에서 '편지'를 쓴 겁니다. 그래서 이 책을 아랍어로 번역해서 무료 내려받기도 제공했습니다.

저는 책의 마지막 부분을 팔레스타인의 서사에 할애하기로 결정했습니다. 그리고 많은 부분에서 의견이 크게 다른데도 굳이 그들의 주장을 반박하려 하지 않았습니다. 그렇게 한 건 선의를 바탕으로 제게 답장을 보낸 팔레스타인 사람들의 용기를 존중하고 싶었기 때문입니다. 저로서는 여기에 실린 많은 답장을 읽는 것 자체가 고통스러운 일이었습니다. 하지만 독자들에게 이 답장들을 보여주어야 한다는 책임감을 느꼈습니다. 그래야만 중동에서 우리가 직면하는 여러 쟁점들이 얼마나 복잡한 것인지 더 깊이 이해할 수 있을 테니까요.

이스라엘과 팔레스타인 양쪽의 서사를 모두 담은 이 개정증보판을 출간하면서 바라는 게 있다면, 이 책이 화해 불가능한 두 서사를 둘러싼 정중한 대화의 본보기가 되었으면 합니다. 팔레스타인과 이스라엘 사람들은 과거에 어떤 일이 벌어졌는지, 이스라엘 창건이나 1967년 6일전쟁 당시에 왜 그런 일이 벌어졌는지, 그리고 평화 협상이 실패하게 된 책임은 어느 쪽이 더 큰지에 관해 결코 합의를 이루지 못할 겁니다. 하지만 우리는 이성적으로 논쟁하고 서로의 고통과 희망에 귀 기울이는 법을 배울 수 있습니다.

제가 우리의 미래에 대해 희망을 가지는 한 가지 근거는, 어쩌면 역설적이겠지만, 이란이 이 지역에서 점차 위협으로 부상한다는 사실과 관련이 있습니다. 이란의 침략 때문에 이스라엘과 사우디아라비아나 페르시아만 각국 같은 수니파 국가들이 시아파 이란의 위협에 맞서 전략적 동맹으로 뭉치고 있습니다. 전례가 없는 동맹입니다. 불과 몇 년 전만 해도 이 지역에서 이스라엘의 철천지원수는 사우디아라비아였습니다. 그런데 지금 두 나라는 민감한 정보를 공유하면서 점차 서로를 파트너로 보고 있습니다.

바람이 있다면, 현재의 전략적 동반자 관계가 더 깊은 정치적, 사회적 관계로 발전하는 것입니다. 그러면 10년 동안 사실상 빈사 상태인 팔레스타인-이스라엘 평화 협상을 새롭게 시작할 수 있는 지역적 조건이 마련될 겁니다. 아랍 각국이 이스라엘을 정상적인 이웃으로 받아들인다면, 이스라엘의 안보 불안이 누그러지고 유연한 태도는 한층 커질 겁니다. 제가 최소한으로 기원하는 변화입니다.

마지막으로, 지금 제가 한국어판 서문을 쓰고 있다는 사실 자체가 참으로 큰 감동입니다. 제가 그나마 한국 문화에 관해 아는 건 친구에게 따뜻하게 대하고 너그러운 걸로 유명하다는 사실입니다. 한국 독자들이 비록 이웃은 아니더라도 멀리 사는 친구로 저를 생각해주시기를 바랍니다.

2020년 3월

예루살렘에서

요시 클라인 할레비 드림

독자에게 드리는 글

지난 5년간 저는 듀크대학의 압둘라 안테플리Abdullah Antepli와 함께 무슬림리더십계획Muslim Leadership Initiative, MLI을 이끄는 특권을 누렸습니다. 새롭게 떠오르는 젊은 무슬림계 미국인 지도자들을 대상으로 유대교와 이스라엘에 관해 가르치는 교육 프로그램입니다. 지금까지 무슬림리더십계획을 통해 백여 명의 참가자들이 샬롬하트만연구소Shalom Hartman Institute의 예루살렘 캠퍼스를 방문했습니다. 제가 연구원으로 일하는 샬롬하트만연구소는 무슬림리더십계획을 후원하는데, 다원적인 유대교 연구와 교육을 제공하는 이스라엘의 유명한 연구소입니다.

이 책은 어느 정도 이 사업의 결과물입니다. 본문에서 제기되는 여러 쟁점은 제가 이맘 압둘라를 비롯한 무슬림리더십계획의 친구들과 함께 진행하고 있는 집중 연구 모임과 비공식적으로 나눈 대화에서 나온 산물입니다.

이 책은 유대인의 이야기, 그리고 유대인의 정체성에서 이스라엘이 갖는 중요한 의미를 바로 옆에 사는 이웃인 팔레스타인인들에게 설명하려는 하나의 시도입니다. 평화를 가로막는 주요한 장애물 가운데 하나는 상대편의 이야기를 들을 수 없는 상황입니다. 그리하여 저는 이 책의 아랍어 번역본을 무료 다운로드용으로 공개했습니다. 인터넷 주소는 다음과 같습니다 : letterstomyneighbor.com 또는 arblogs.timesofisrael. com/?p=219914

이 책에서 제기된 어떤 문제에 대해서든 팔레스타인인 여러분이 바로 이 주소로 찾아 들어가 글을 써주시기 바랍니다. 아랍 세계와 이슬람 세계 전역의 모든 사람들도 참여해주십시오. 내용이 아무리 도발적이더라도 대화하려는 마음으로 쓴 편지라면 일일이 답변을 하도록 노력하겠습니다. 우리가 공유하는 중동의 미래에 관해 공개적인 대화를 시작하고 싶습니다.

전작인 『에덴동산 입구에서At the Entrance to the Garden of Eden』에서 저는 팔레스타인 사회로 떠난 여행에 관해 썼습니다. 그 여행은 제 이웃들이 가진 믿음과 경험을 이해하려는 시도였습니다. 이 책은 일종의 속편입니다. 이웃들에게 이스라엘인인 제가 가진 믿음과 경험을 설명하려는 시도이지요.

이 책은 양쪽 모두 가장 기본적인 전제에 대해서도 의견이 갈리는 문제에 관해 대화를 해보자는 초대장입니다. 그래서 저는 당신, 제가 아직 알지 못하는 팔레스타인인 이웃에게 편지를 쓰고 있습니다. 우리 둘이 서로의 말에 귀 기울이는 여정을 시작하기를 바라는 마음뿐입니다.

우리 사이를 가르는 장벽

이웃의 친구에게

당신을 '이웃'이라고 부르는 것은 당신 이름이나 인적 사항을
전혀 알지 못하기 때문입니다. 우리가 처한 상황을 감안하면,
'이웃'이라는 말은 우리의 관계를 설명하기에 너무 무심한 단어
일지도 모르겠습니다. 우리는 서로의 꿈에 출몰하는 침입자이
자 서로의 안식을 흩뜨리는 방해자입니다. 우리는 서로 최악의
역사적 악몽을 생생하게 체현하는 존재입니다. 그런데 이웃이
라고요?

 하지만 달리 어떻게 당신을 불러야 할지 모르겠습니다. 저는

한때 우리가 실제로 만날 것이라고 믿었고, 지금도 여전히 만날 것이라는 기대를 품고 당신에게 편지를 쓰고 있습니다. 우리 집 현관 바로 너머 가장 가까운 언덕 어딘가에 자리한 집에 앉아 있는 당신 모습을 떠올립니다. 우리는 서로를 알지 못하지만 우리의 삶은 한데 얽혀 있습니다.

그래서 우리는 이웃입니다.

우리는 같이 바라보는 풍경을 갈라놓는 콘크리트 장벽을 사이에 두고 서로 반대편에 삽니다. 저는 동예루살렘의 프렌치힐 French Hill이라는 동네에 사는데, 제가 사는 아파트는 줄줄이 늘어선 집들 중 마지막 줄에 있습니다. 언덕 비탈에 계단처럼 지어진 구조이지요.

제가 사는 아파트에서는 당신이—허가증이 있다면—예루살렘에 들어올 때 통과해야 하는 검문소가 보일락 말락 합니다. 하지만 느낌으로는 검문소가 사방에 퍼져 있는 것 같습니다. 때로는 검문소 앞에 길게 늘어선 차량의 운전자들이 기다림에 지쳐 길게 눌러대는 경적 때문에 이른 아침마다 하는 명상과 기도가 방해를 받기도 합니다. 어쩌면 당신도 저 절망적인 줄에 꼼짝없이 갇힌 적이 있을 테지요.

이따금 당신네 언덕 위로 연기가 피어나는 모습도 보입니다.

오래전부터 알게 된 것인데, 검은 연기는 타이어가 타는 연기이고 그럴 때면 젊은이들이 군인들한테 돌멩이를 던진다고 하더군요. 그리고 하얀 연기도 있습니다. 군인들이 최루탄을 쏘는 거죠. 혹시나 해서 묻는 건데, 어느 정도 정상적인 생활을 유지할 수는 있는 겁니까?

팔레스타인 사람인 당신은 제가 이스라엘인으로서 누리는 시민권을 부정당합니다. 당신네 언덕과 우리 언덕 사이에 계속 이어지는 불균형 때문에 유대인이자 이스라엘인으로서 제 가슴속 깊이 자리한 자기 이해와 도덕적 책임감이 도전을 받습니다. 그런 불균형을 끝내야 한다는 것이 제가 두 국가 해법two-state solution〔오슬로 평화 협상을 계기로 이스라엘-팔레스타인 분쟁의 최종 목표로 설정된 해법. 이스라엘과 팔레스타인이 각각 독립된 국가로 존재하면서 평화롭게 공존하도록 하는 것을 목표로 한다—옮긴이〕을 지지하는 한 가지 이유입니다.

이제 곧 여명이 밝을 겁니다. 지금 저는 서재에서 당신네 언덕을 마주 보고 있습니다. 무엣진muezzin〔이슬람 사원 모스크에서 기도 시간을 알리는 사람—옮긴이〕이 밤의 정적을 깨뜨리는 게 내키지 않는 듯 조심스럽게 외치는군요. 하얀 기도용 숄을 몸에 두르고 명상용 쿠션을 깔고 책상다리로 앉습니다. 건너편에서 들려오는 기도 시간 알림에 응답하듯 이마를 바닥에 댑니다. 마음속 깊이 하느님과 나누는 대화를 통해 당신에게 이야기를 건네기를 바랍니다.

장벽 너머 사막 위로 어슴푸레한 태양이 떠오릅니다. 테필린 tefillin[구약성경의 문구를 적은 양피지를 넣은 작은 가죽 상자—옮긴이]의 검정색 끈을 팔에 묶고서, 작은 검은 상자를 심장 쪽으로 향하게 팔뚝에 동여매고 이마에도 하나를 묶습니다. 심장과 마음이 신앙심으로 묶입니다. 두 상자 안에는 성경 구절이 있는데, 하느님이 한 분뿐임을 선언하는 유대교의 근본적인 기도도 그중 하나입니다. "이스라엘은 들으십시오. 주님은 우리의 하느님이시요, 주님은 오직 한 분뿐이십니다." 코란에는 이렇게 적혀 있지요. "일러 가로되 하느님은 단 한 분이시고 하느님은 영원하시며, 성자와 성부도 두지 않으셨다."

창문 밖으로 모래 빛깔 광활한 땅 먼 귀퉁이에 뚜렷하게 보이는 것은 어울리지 않는 푸른색 조각입니다. 사해지요. 그리고 바로 그 너머로 요르단의 언덕이 펼쳐집니다. 저 자신이 저 광대한 풍경 속으로, 중동의 일부로 녹아드는 상상을 합니다.

하지만 장벽은 현실을 일깨워주고, 저는 현관문 바로 앞까지만 나갈 뿐이지요.

장벽이 세워지기 전, 다른 많은 상황이 악화되기 전에 언젠가 당신과 인사를 하고 싶었습니다. 1998년 말, 마치 다른 생애처럼, 아니 다른 세기처럼 보이는 때에 저는 성스러운 땅에 사는 이웃들의 신앙인 이슬람과 기독교로 순례 여행에 나섰습니다. 당신네 신학을 이해하기 위해서가 아니라 당신들의 경건한 삶을 경험해보려는 독실한 유대인으로 간 것이지요. 당신들은 어떻게 기도하는지, 가장 내밀한 순간에 어떻게 하느님과 만나는지 알고 싶었습니다.

제가 염두에 둔 목표는 유대인과 무슬림이 하느님의 존재를 공유할 수 있는지, 걸핏하면 하느님의 이름을 들먹이며 증오를 정당화하는 이 모든 장소에서 함께 독실한 사람들이 될 수 있는지 알아보는 것이었습니다. 모스크에서 편안함을 느끼는 법을 배우고, 이슬람 속에서 위험이 아니라 영적 기회를 느끼고 싶었습니다. 무엣진의 외침 속에 담긴 원래 의미, 즉 각성하라는 권고를 듣고 싶었지요.

유대교에서는 속죄일(욤 키푸르Yom Kippur)에 금식을 하더라도 속죄할 수 없는 죄가 하나 있습니다. 하느님의 이름을 모독하는 죄입니다. 오직 독실한 사람만이 하느님의 이름을 오용하거나 그 이름을 부당하게 내걸고 행동할 때 그 죄를 범할 수 있습니다. 저는 종교 간 만남이 하느님의 이름을 신성하게 한다고 믿습니다. 다른 신앙을 믿는 사람들과 대화를 나누면 종교적 겸

양, 즉 진리와 신성은 어느 한 길에 국한된 게 아니라는 인식이 생깁니다. 저는 유대교를 하느님과 친밀하게 대화하는 언어로 소중히 여기지만, 하느님께서는 수많은 언어를 구사하십니다.

그런 다양한 대화를 찬미하기를, 하느님의 광활한 공간을 경험해보기를 간절히 바랐습니다. 그런 의도에서 이슬람 세계에 발을 들여놓은 것입니다.

몇몇 모스크에서 예배 대열에 참여하는 특권을 누려, 이슬람의 춤 기도[보통 이슬람에서는 춤을 금기시하지만 수피교 같은 교파는 춤과 노래를 신과 합일하는 의식으로 사용하기도 한다—옮긴이]와 목욕재계 의식을 경험했습니다. 순종의 경험이 이웃과 어깨를 나란히 하고 대열을 형성하는 행위 자체에서 시작된다는 것을 배웠습니다. 그리고 신성한 동작도 배웠지요. 허리를 굽혔다 펴고 엎드려 절하고 일어서는 동작 말입니다. 계속 반복합니다. 몸이 물로 바뀌는 느낌이 들 때까지, 그러니까 태어나기 한참 전에 시작되어 죽고 나서도 오래 계속될 거대한 기도의 물결 속의 한 방울이라고 느껴질 때까지 말입니다.

성스러운 땅에서 공존할 수 있는 것은 서로 분리되어 있는 덕분입니다. 예루살렘 구시가의 네 구역—무슬림, 유대인, 기독교인, 아르메니아 교인—은 '안전은 우리 사이의 거리로 측정된다'는 메시지를 강화합니다.

제가 한 여행은 거리를 둔 공존을 위반하고 친밀해질 가능성을 주장한 행동이었습니다.

친구들이 이슬람 탐사의 일환으로 저를 가자지구에 있는 누세이라트Nusseirat 난민촌에 초청했습니다. 1990년에 거기서 군복무를 하며 좁은 골목길을 순찰한 적이 있지요. 10대들이 병 조각하고 쇠지레를 던지면서 외치더군요. "암논이 안부 전하란다 Amnon b'salem aleik." 이웃한 난민촌인 엘부레이즈El-Bureij로 잘못 들어갔다가 폭도에게 둘러싸여 산 채로 불태워진 예비군 암논 포메란츠Amnon Pomerantz를 말하는 거였지요.

10년이 지나서 이번에는 순례자로 누세이라트에 돌아왔습니다. 셰이크Sheikh〔아랍권에서 부족의 통치자나 왕족에게 붙이는 경칭—옮긴이〕 압둘-라힘Abdul-Rahim은 작은 수피교 모스크의 나이 지긋한 지도자였습니다. 수피교는 마음의 작용을 강조하는 신비주의 교파입니다. 셰이크가 나를 환영하며 맞이한 작은 모스크는 신도들에게 부질없는 삶에 대해 경고하려는 뜻으로 묘지 건너편에 세워진 곳이었습니다. 처음에 셰이크는 저를 이슬람으로 개종시키려고 하면서 손가락을 하나 들고 자기를 따라 이슬람의 신앙고백인 샤하다Shahada를 읊으라고 했습니다. 저는 무슬림 이웃들이 어떻게 하느님을 섬기는지 알고 싶어서 온 것이고, 제 신앙에 만족한다고 설명했지요. 셰이크는 굽히지 않았습니다.

예언자를 통하지 않고 하느님에게 가는 다른 길은 없다는 거였습니다.

그런데 갑자기 셰이크가 저를 도로 건너편 묘지로 데려갔습니다. 우리는 셰이크 스승님의 영묘에 들어가서 침묵 속에 섰습니다. 셰이크가 제 손을 잡았고 우리는 죽음을 면할 수 없는 존재로서 함께 동지애를 느꼈습니다.

몇 달 뒤 그곳을 다시 찾았습니다. 이번에는 셰이크 압둘-라힘이 제게 미소를 짓더니 자기 가슴에 손을 얹더군요. "묘지에 들어가서 당신 손을 잡은 이래로 당신을 내 사람이라고 생각했어요. 무슬림이든 유대인이든 내 제자들은 전부 내 마음속에 있습니다."

1년에 걸친 여정이 끝날 무렵, 저는 이슬람을 사랑하게 됐습니다. 특히 죽음에 직면해서도 두려움 없는 마음을 소중히 여기게 됐지요. 서구인들은 종종 죽음을 면할 수 없는 운명을 정면으로 마주하기를 피하려고 합니다. 하지만 무슬림은 그렇지 않지요. 이슬람은—가장 순박한 신자부터 고상하고 세련된 신자에 이르기까지—모든 신자들에게 삶이 영원하지 않다는 사실을 솔직히 인식하게 해주는 대단한 능력이 있음을 알게 됐습니다.

때로 팔레스타인 사람들과 정치적 논쟁을 하다 보면 이런 말을 듣곤 합니다. "결국 이 땅이 우리 모두를 가질 텐데 왜 누가 땅을 가지는지를 놓고 다투는 겁니까?" 유대교 전통에도 똑같은 표현이 있습니다. 덧없음을 인정하는 용기가 있으면 우리 두 민족 사이에 평화의 종교 언어를 창조하는 데 도움이 될 수 있습니다. 정치적 유연성의 토대가 되는 이런 언어가 마련되면 절대론적 주장을 포기할 수 있겠지요.

이웃인 당신에게 이 모든 이야기를 하는 것은 제가 아는 많은 팔레스타인 사람들처럼 당신 역시 독실한 사람이고, 예배를 철두철미하게 지키는 신자는 아닐지라도 그래도 신자일 것이라고 생각하기 때문입니다. 당신의 신앙 속으로 떠난 제 여정은 평화를 위한 종교 언어를 배우려는 시도였습니다. 지금까지 외교관들이 선의에서 기울인 여러 노력이 실패한 한 가지 이유는 외교관은 대개 양쪽 모두의 깊은 종교적 헌신을 무시하기 때문이라고 봅니다. 중동에서 평화가 성공하려면 어느 정도는 우리 가슴에 호소해야 합니다.

그래서 당신한테 이야기를 하는 겁니다. 한 신앙인이 다른 신앙인에게 말을 거는 거지요.

서로 표현하는 방식이 아무리 다를지라도, 그 신앙은 하나의 본질적인 세계관을 공유합니다. 궁극적으로 보면 보이지 않는 것이 물질적인 것보다 더 분명한 실재이고, 이 세상은 무작위로 만들어진 게 아니라 모습은 감춰져 있을지언정 목적에 따른 창조의 표현이라는 세계관입니다. 또한 우리의 육신보다 영혼이 우선이고, 그 뿌리는 하나입니다. 제가 보기에, 우리를 창조하고 지탱하는 신성한 존재자의 존재보다 더 터무니없는 사고가 있다면 이런 생명의 기적, 의식의 기적이 우연의 일치라는 관념뿐입니다.

제가 팔레스타인 사회를 여행한 목적은 당신네의 경건한 삶에 대해 배우는 동시에 당신들의 눈으로 이 갈등을 관찰하기 위해서였습니다. 팔레스타인의 비극을 직접 온몸으로 경험해보려는 것이었지요. 산산조각이 난 사람들을 하나로 조직하는 원리는 쫓겨났다는 사실이고, 가장 중요한 기념일이 모욕적인 패배의 날인 그 비극을 열린 마음으로 보고 싶었습니다.

　제 자신의 이야기에서 벗어나 팔레스타인의 역사에 대한 집착과 우리 편이 당신들에게 가한 죄를 직면하려고 최선을 다했습니다. 무허가 건물이라는 이유로 이스라엘 손에 집이 파괴된 사람들을 만났습니다. 애초에 예루살렘시 당국이 팔레스타인인들은 허가를 받기 어렵게 만들어놓았는데 말이지요. 당신네 이야기에 귀를 기울이고, 팔레스타인 역사책과 회고록, 시를 읽었습니다. 결국 당신네 이야기가 뇌리를 떠나지 않았지요. 우리 유대인들이 말하는 대로 유대인의 고향 귀환에 대한 애정이 사라진 건 아닙니다. 우리의 귀환 이야기는 끈질긴 인내와 용기, 그리고 무엇보다도 신앙의 서사로 소중하게 여깁니다. 하지만 이제 더는 당신네의 대항서사, 즉 침략과 점령과 추방의 이야기를 무시하지 못하겠습니다. 우리의 두 서사는 이제 동일한 이야기의 상충하는 판본으로 제 안에서 공존하게 됐습니다.

여러 해 동안 이스라엘에 사는 우리는 당신을 무시하고, 보이지 않는 투명한 존재인 양 대했습니다. 유대인들이 민족 주권을 누릴 자격이 있는 존재로 스스로를 정의할 권리를 아랍 세계가 부정한 것처럼, 우리 역시 팔레스타인인들이 아랍 민족 내에서 구별되는 존재이자 유대인처럼 민족 주권을 누릴 자격이 있는 사람들로 스스로를 정의할 권리를 부정했습니다. 우리의 충돌을 해결하기 위해서는 서로 상대방의 자결권뿐만 아니라 자기 정의권도 인정해야 합니다.

많은 이스라엘인들은 이제 당신네가 주장하는 민족적 자기정의권의 정당성을 받아들이게 됐습니다. 1980년대 말 1차 인티파다intifada, 즉 팔레스타인 봉기가 일어난 뒤, 우리 세대의 많은 이스라엘인들은 점령은 곧 재앙이라고 경고한 이스라엘 좌파가 줄곧 옳았음을 확신하게 됐습니다. 당신네한테만 재앙인 게 아니라 우리한테도 재앙이었지요. 우리는 요르단강과 지중해 사이의 땅 전부에 대한 우리의 역사적 소유권을 실행에 옮긴 대가가 너무 크다는 사실을 깨달았습니다. 우리가 당신네 민족의 영원한 점령자가 되면서 유대교의 윤리적 가치를 지키는 민주적 국가를 유지할 수 없었습니다. 그런 국가를 바랄 수도 없었고요. 저는 다른 사람들의 고향을 부정하기 위해 고향에 돌아온 게 아닙니다. 당신의 주장이나 고통을 부정하려는 생각이 추호도 없다는 제 말에 귀를 기울여주시기 바랍니다.

물론 많은 이스라엘인들은 정의는 모두 우리 것이며, 당신네한테는 아무런 역사적 논거도 없다고 계속 주장했습니다. 하지만 바로 그때 상당히 많은 이들이 다르게 느끼기 시작했습니다. '죄지은 이스라엘인들' 진영이 등장했지요. 우리는 점령자로서 팔레스타인인들에게 손을 내밀어 진지한 평화 제안을 할 책임이 이스라엘에 있다고 믿었습니다. 그런 이유로 우리는 1993년 9월 13일 백악관 잔디밭에서 이스라엘 총리 이츠하크 라빈이 야세르 아라파트와 악수를 하면서 오슬로 평화 협상을 공식적으로 개시했을 때 지지했습니다.

그리고 2000년 9월, 2차 인티파다가 벌어졌습니다. 이스라엘인 수천 명이 우리 거리에서 죽거나 부상을 당하고, 당신네 거리에서도 수천 명이 사상을 입었지요. 폭발한 버스의 잔해는 이스라엘의 일상적인 풍경이 됐습니다. 비극적인 사건은 흐릿해졌지만 여기 제게 뚜렷이 남은 사건이 하나 있습니다. 자살폭탄 공격자 하나가 예루살렘에 있는 사무실 근처 카페를 공격해서 어떤 부녀를 살해했습니다. 딸의 결혼식 전날이었지요. 다음 달 결혼식 하객들이 장례식에 모였습니다. 그 가족과 아는 사이였던 저는 상가를 찾았습니다. 슬픔에 빠진 부인이자 어머니가 오히려 위안을 주는 역할을 하면서 찾아온 사람들을 신앙과 결단으로 안심시키고 있더군요. 그때 저는 그 어떤 것도 유대인을 이 땅에서 다시 뿌리 뽑지 못할 것임을 깨달았습니다.

당시에 아내 사라하고 저는 10대 아이 둘을 키우고 있었습니다. 아침마다 잘 다녀오라는 입맞춤을 하면서 다시 보게 될지 의문이 들었지요. 둘 다 바로 근처에서 테러 공격이 일어난 적이 몇 번이고 있었거든요. 아들 가브리엘이 여름캠프에서 알게 된 코비 만델이라는 열세 살짜리 아이는 돌에 맞아 죽었습니다. 동굴에서 발견된 코비의 주검은 알아보지 못할 정도여서 DNA 검사로 신원을 확인했습니다.

이스라엘인과 팔레스타인인은 평화 협상이 수포로 돌아간 게 누구 탓인지를 놓고 의견이 첨예하게 갈리는데, 앞으로도 계속 이 점을 놓고 논쟁을 벌일 게 분명합니다. 저 자신을 포함한 대다수 이스라엘 사람들은 당시 우리 지도자들이 평화를 이루려고 노력한 반면, 당신네 지도자들은 타협을 거부하고 대신에 테러에 의지해서 이스라엘의 의지를 꺾고 더 많은 양보를 얻어내려 했다고 생각합니다. 오슬로 평화 협상이 실패로 돌아간 이유에 관한 이스라엘 쪽 서사에 당신이 아무리 동의하지 않는다고 해도, 우리의 세계관과 정책이 이 서사에 의해 얼마나 심대하게 규정됐는지를 설명하지 않고는 현재의 이스라엘 사람들을 이해하지 못합니다.

2차 인티파다는 우리 대다수, 그러니까 죄지은 이스라엘인들이 팔레스타인 지도부의 평화적 의도에 대한 믿음을 상실한 순간입니다. 단지 테러 때문이 아닙니다. 우리가 믿음을 상실한 것은 이스라엘이 점령을 종식하기 위한 신뢰할 만한 제안—사실 두 가지 제안—이라고 본 안을 내놓은 **뒤에** 우리 역사상 최악의 테러 물결이 일어났기 때문입니다. 2000년 7월 캠프 데이비드에서 에후드 바라크 총리는 요르단강 서안과 가자지구에서 팔레스타인 국가를 인정한 첫 번째 이스라엘 지도자가 되었습니다. 동예루살렘의 팔레스타인 동네를 수도로 인정하기도 했고요. 이스라엘은 정착촌 수십 곳을 철거하고 정착민 수만 명을 철수시키겠다고 약속할 생각이었습니다. 당시에는 담장도 없었고, 장벽을 건설하더라도 주권 국가 이스라엘과 주권 국가 팔레스타인을 분리하는 통상적인 국경이었을 겁니다. 점령의 일환으로 불가피했던 여러 부당한 조치도 끝이 났을 테지요. 하지만 아라파트는 제안을 거부하고 역제안도 내놓지 않았습니다.

캠프 데이비드 회담이 실패로 끝난 뒤, 이스라엘과 팔레스타인은 이스라엘이 정말로 진지한 제안을 한 것인지를 놓고 논쟁을 했습니다. 하지만 6개월 뒤인 2000년 12월, 빌 클린턴 대통령이 나름의 평화안을 제시했는데, 바라크가 캠프 데이비드에서 제안한 영토의 약 91퍼센트를 95퍼센트로 늘리고, 요르단강 서안과 가자지구를 연결하기 위해 토지 맞교환을 하고 이스라엘 영토를 가로지르는 도로를 건설한다는 내용이었습니다. 이번에도 바라크는 동의하고 아라파트는 거부했습니다. 클린턴은 평화 협상이 실패로 돌아간 책임을 아라파트에게 돌렸습니다.

바로 그 순간 분쟁 해결이 가능하다고 믿은 많은 이스라엘 사람들은 진이 빠졌습니다. 저는 팔레스타인 지도부가 이스라엘과 평화를 이루고 싶어 하며, 우리는 신뢰할 만한 제안을 하기만 하면 되고 당신네가 저절로 동의할 것이라고 동료 시민들을 설득하는 데 온 생애를 바친 이스라엘 사람들을 압니다. 이스라엘 좌파의 비극은 그들이 실제로 우리 국민의 대다수를 자신들의 방식을 신뢰하도록 설득하는 데 성공했다는 겁니다. 그런데 평화 협상이 우리 눈앞에서 말 그대로 결딴이 난 겁니다.

2008년 이스라엘 총리 에후드 올메르트는 팔레스타인 지도자 마무드 아바스에게 사실상 점령지에서 완전 철수하겠으며 토지를 맞교환하자는 제안을 했습니다. 아바스는 응답하지 않았지요. 현재 정상적인 나라에서 이웃들과 평화롭게 정상적인 삶을 살기를 간절히 바라는 이스라엘 보통 사람들은 팔레스타인 지도자들이 평화를 원한다고 여전히 주장하는 좌파들이 망상에 빠져 있다고 여깁니다.

2차 인티파다의 폭력 사태가 아무리 끔찍하더라도 그 밑바탕에 놓인 동기는 이스라엘인들에게 훨씬 더 무시무시한 것이었습니다. 우리가 공유하는 땅의 어느 한 부분에서도 유대인이 주권국가로 존재할 권리를 부정하고, 두 민족이 이 땅을 공유해야 한다는 관념을 부정하는 것이었으니까요. 우리는 이 테러 행위를 더 뿌리 깊은 병적 심리의 표출로 보았습니다. 이 땅에서 유대인의 존재 자체를 파괴하려는 의도로 본 거지요. 점령이 아니라 이스라엘의 존재 자체에 맞선 반란으로 말입니다.

제가 듣기로 팔레스타인 사람들은 폭력으로 점령에 맞서 싸우는 것 말고는 선택의 여지가 없다고 말한다고 합니다. 이스라엘 사람들은 반대로 생각하지요. 우리가 보기에는 점령 때문에 테러가 생기는 게 아니라 테러 때문에 점령이 길어지는 겁니다. 이스라엘인들은 우리가 어떻게 하든 간에 결국 우리를 겨냥한 테러가 지속될 거라고 느끼거든요. 어쨌든 2005년 이스라엘이 가자지구에서 철수하면서 정착촌과 군 기지를 철거했을 때 그런 일이 벌어졌지요. 그 후 수년간 국경을 따라 이스라엘 동네로 로켓포 수천 발이 발사됐습니다.

팔레스타인 지도자들은 자기네 사람들에게 이스라엘이 하나의 국가로서 역사적 정통성이 전혀 없다고 말하는 것을 결코 멈추지 않습니다. 그 지도자들은 이 문제가 궁극적으로 국경과 정착촌, 예루살렘과 성지를 둘러싼 분쟁이 아니라는 확신을 우리에게 주었습니다. 국경 어느 쪽이든 우리가 여기에 존재할 권리가 문제가 되는 거지요. 우리가 한 민족으로 간주될 권리. 토착민으로 간주될 권리 말입니다.

이스라엘 좌파가 점차 소멸하면서 한 세대 동안 우리 나라의 정치가 바뀌었습니다. 오슬로 평화 협상이 폭력적으로 붕괴하자 우파가 다시 집권했지요. 1990년대에 수십만 명의 시위대를 거리로 불러낸 이스라엘 평화 진영은 이제 겨우 몇천 명을 모을 뿐입니다.

물론 많은 이스라엘 사람들은 우리 두 민족이 이처럼 끔찍한 난국에 봉착한 책임이 우리 쪽에도 충분히 있다는 것을 이해하고 있습니다. 가령 우리는 오슬로 평화 협상 와중에 정착촌에서 건설을 계속하면서 우리의 분쟁 해결 약속에 대한 당신네의 확신을 훼손하고 팔레스타인인들의 무기력한 인식을 부추겼습니다. 하지만 분쟁을 종식하기 위한 결정적인 순간이 찾아왔을 때, 우리는 우리 지도자들은 동의하고 팔레스타인 지도자들은 거부하는 모습을 보았습니다.

이 모든 상황을 거론하는 것은 바로 그 순간 이스라엘 사회가 바뀌고, 저도 바뀌었기 때문입니다. 그로써 제가 어떻게 점령이라는 도덕적 부담을 안고 살 수 있는지가 설명됩니다. 어떻게 창문 밖으로 장벽을 보면서 살 수 있는지가 말입니다.

팔레스타인 사회를 돌아다니는 저의 여행은 그렇게 끝났습니다. 너무 위험해진 거지요. 이스라엘 사람이 팔레스타인 자치정부가 통제하는 지역에 발을 들여놓으면 린치를 당할 위험이 생겼지요. 마침내 이스라엘은 자국 시민이 그 지역에 들어가는 것을 금지했습니다. 제가 팔레스타인 사람들과 쌓은 관계는 서서히 흐릿해졌습니다.

2000년대 초반 여러 곳에서 인간폭탄이 터지면서 저 역시 대다수 이스라엘인처럼 요르단강 서안과 이스라엘을, 당신네 언덕과 우리 언덕을 분리하는 장벽을 건설하는 것을 지지했습니다. 자살폭탄 공격자들이 너무도 쉽게 요르단강 서안에서 이스라엘 국가로 들어와서 우리 버스에 올라타고, 우리 카페에 들어오는 것을 막기 위한 필사적인 시도였지요.

효과가 있었습니다. 장벽이 건설되면서 자살폭탄 공격의 물결이 끝이 났습니다. 저는 그 장벽에서 자식들의 안전을 보장하는 방법과 중동에서 살아남을 수 있는 능력을 봅니다. 그리하여 장벽을 혐오하면서도 감사하는 제 자신을 발견합니다. 선택의 여지가 없다고 느끼기 때문입니다.

2차 인티파다 때문에 제가 손을 뻗을 수 있는 힘이 소진됐습니다. 어떤 형태로든 그 여행을 다시 나서지 못할 것 같았습니다. 이제 더는 당신네 이야기와 주장, 불만을 듣고 싶지 않았지요. 당신네 언덕에 대고 이렇게 소리치고 싶었습니다. 상황이 달라질 수 있었어요! 우리하고 손을 잡고 협상을 해봅시다! 나를 **봐요, 내** 존재를 인정하라고요. 나한테도 이야기가 있다고요.

팔레스타인 언론에서 우리 쪽 사람들과 그 이야기가 어떻게 묘사되는지를 보면 절망에 가까운 느낌이 듭니다. 이데올로기적으로 다양한 팔레스타인 언론을 하나로 단합시키는 사고가 있다면, 그것은 유대인은 사람이 아니고 국가를 가질 권리가 전혀 없다는 것 같습니다. 팔레스타인의 학교와 모스크에서는 바로 그런 메시지가 전달됩니다. "이 땅에는 고대 유대인이 존재하지 않았다. 시온주의의 거짓말일 뿐이다. 성전산Temple Mount에는 성전이 없었다. 홀로코스트 역시 이스라엘에 대한 서구의 지지를 확보하기 위해 시온주의가 날조한 것이다." 당신 쪽에 널리 퍼진 서사에 따르면, 저는 역사가 전혀 없는 병적인 거짓말쟁이이자 이 땅의 어느 한 부분에 대해서도 권리가 없는 도둑이며, 여기에 속하지 않는 이방인입니다.

당신네 언론에서는 걸핏하면 이스라엘과 유대인을 괴물로 묘사합니다. 9·11의 책임은 우리에게 있고, 우리는 일어난 적이 없는 홀로코스트에서 나치와 협력했으며, 팔레스타인인들을 살해해서 장기를 적출하고, 심지어 자연을 조작해서 환경 재앙을 일으킵니다. 그리고 물론 우리는 은밀하게 세계를 지배합니다.

저는 유대인을 그렇게 악마로 묘사하는 것을 혐오하면서 우리가 정당한 두 서사의 충돌에 사로잡혀 있다고 기꺼이 인정하는 팔레스타인 사람들을 압니다. 당신도 그중 한 명이기를 학수고대합니다. 하지만 제가 보건대, 당신네 주류 언론은 그런 관점을 금지하고 있습니다. 유대인 서사의 정당성을—팔레스타인 서사 대신이 아니라 그것과 나란히—조금이라도 인정하는 목소리에는 재갈이 물립니다.

제가 존재하지 않는다면, 제가 존재할 권리가 없다면 우리는 어떻게 화해를 할 수 있을까요?

그리하여 장벽은 우리 사이에 더 깊이 박힌 장벽의 표현입니다. 우리는 심지어 가장 기본적으로 공유된 언어에도 합의하지 못합니다. 저는 이 땅에 제가 존재한다는 사실을, 쫓겨난 토착민과 역사적 정의와 보상의 행동으로 재탄생한 유대 국가가 귀환하는 과정의 일부로 생각합니다. 제가 보기에 이스라엘 주권에 속한 예루살렘의 유대인이라는 사실은 고양과 종교적 영감의 원천입니다.

저는 이 땅에 당신네가 존재하는 사실을 이 땅이 존재하기 위한 필수불가결한 일부라고 봅니다. 팔레스타인 사람들은 종종 자신들을 올리브나무에 빗대지요. 저는 당신네가 뿌리박고 있는 모습, 이 풍경을 사랑하는 태도에서 영감을 받습니다.

그런데 당신은 저를 어떻게 보십니까? 그리고 당신 눈에 비치는 저는 역사적 범죄이자 종교적 침해였던 식민주의 침략의 일부입니까? 아니면 당신네가 존재하는 것과 똑같이 이 땅에서 유대인의 존재를 진정한 것으로 생각할 수 있나요? 여기 저의 삶을 뿌리 뽑힌 올리브나무를 제자리에 다시 심는 것이라고 볼 수 있나요?

우리 사이의 충돌이 심화됨에 따라 장벽은 풍경 속에 더욱 굳어지는 것처럼 보입니다. 주택과 언덕, 심지어 빛의 변화도 장벽을 흡수합니다. 종종 장벽이 아예 사라져버립니다. 이제 제 눈은 보지 않는 법을 배웠습니다. 제가 사는 아파트는 장벽과 그 너머 사막까지 내려다보일 만큼 높습니다. 저는 갑갑한 느낌을 거의 잊고서 광활한 풍경을 즐길 수 있지요.

그렇다 하더라도 장벽은 여전히 일종의 모욕입니다. 이스라엘에 대한 저의 마음속 깊은 희망을 부정하는 존재지요. 이스라엘은 이웃들 사이에서 자리를 찾아야 하니까요.

2차 인티파다 이후 수년간 저는 대다수 이스라엘인들처럼 이렇게 말했습니다. 우리는 평화를 이루기 위해 노력했는데, 잔인하기 짝이 없는 방식으로 퇴짜를 맞았다고요. 하지만 그건 너무도 쉬운 일이었지요. 독실한 신자인 저는 우리 사이를 가르는 이 심연을 항구적인 것이라고 받아들일 수 없습니다. 절망과 더불어 평화를 이룰 수는 없습니다. 코란에서 설득력 있게 말하는 것처럼, 절망은 신을 믿지 않는 것이나 마찬가지입니다. 화해의 가능성을 의심하는 것은 하느님의 힘을, 특히 이 땅에서 기적의 가능성을 제한하는 것이지요. 토라(구약 율법서. 모세5경 또는 구약 성경 전체를 가리키기도 한다―옮긴이)는 우리에게 명령합니다. "평화를 찾아서 그 길을 따르라." 심지어 평화가 불가능해 보일 때도, 아니 특히 그럴 때에 그 길을 따라야 한다고요.

그래서 이웃인 당신에게 고개를 돌립니다. 제 이야기를 정직하게 들려주면 당신의 마음이 움직일 거라고, 그리고 우리 사이에 합의는 아니더라도 모종의 이해가 생기는 데 도움이 될 거라고 바라는 거지요. 저는 우리 정부가 두 국가 해법을 적극적으로 추구하기를, 아무리 가능성이 희박하더라도 합의에 도달할 길을 탐구하기를 바랍니다. 저는 우리 정부가 안보와 위협의 언어만이 아니라 희망과 공존과 도덕적 책임의 언어도 구사하기를 바랍니다. 그리고 우리 정부가 정착촌 확대를 중단하기를 바랍니다. 당신을 위해서만이 아니라 저를 위해서도요. 이 글을 쓰는 지금 존재하는 이스라엘 우파 정부는 선견지명이 있는 정책적 접근을 감당할 수 없는 듯 보입니다.

제 바람은 이제 우리가 주변 나라들의 황폐한 모습을, 시리아를 비롯한 중동 여러 나라의 참화를 보면서 팔레스타인인과 이스라엘인이 함께 저 심연으로부터 물러나서 삶을 선택하는 겁니다. 하지만 그렇게 되려면 우리는 서로의 꿈과 공포를 알아야 하겠지요.

저는 당신네 사회에 두 차례, 한번은 군인으로, 한번은 순례자로 갔습니다. 당신네와의 상호작용을 점령자 역할로만 하는 것은 도저히 용납이 되지 않았거든요. 그 경험에 관해서는 할 말이 더 많습니다만 지금은 끝이 없어 보이는 점령이 제 이웃들의 삶에 미치는 영향을 견딜 수가 없었다는 말만 하겠습니다. 유대인으로서, 정의와 공정을 소중히 여기는 오랜 전통, 신의 이미지에 따라 창조된 인간 생명의 가치를 세계관의 핵심에 두는 전통의 계승자로서 저 자신의 도덕적 진실성에 미치는 영향도 견딜 수 없었지요.

지금 저는 당신에게로 떠나는 여정을 재개하는 한 방편으로 이 편지를 쓰고 있습니다. 하지만 이런 차이점이 있습니다. 지난번에 팔레스타인 사회를 여행했을 때 저는 당신을 이해하려고 애를 썼습니다. 대체로 주장을 하지도 않았고 심지어 제 자신에 관해 이야기를 하지도 않았지요. 그 대신 귀를 기울이려고 했습니다.

지금은 한데 얽혀 있는 제 신앙과 제 이야기에 관해 당신과 대화를 나누고 싶습니다. 저는 역사 때문에 유대인입니다. 그때문에 여기에 와서 당신의 이웃으로 살고 있습니다.

우리 중 어느 쪽도 각자의 서사를 상대방에게 설득시키지 못할 것 같습니다. 우리는 각자 우리 존재에 너무도 깊이 뿌리를 내린 채 우리의 집단적, 개인적 존재를 규정하는 이야기 속에 살고 있기 때문에 각자의 서사를 상실하는 건 배반이나 마찬가지일 겁니다.

하지만 서로 **상대방**에 관해 늘어놓는 이야기에 이의를 제기해야 합니다. 이미 우리 각자의 사회에 굳게 자리를 잡고 있긴 하지만요. 우리는 서로 최악의 역사적 악몽을 상대방에게 안겨주었습니다. 당신네한테 우리는 식민주의자요, 십자군이지요. 그리고 우리한테 당신네는 유대인을 절멸시키려고 하는 종족말살에 나선 최근의 적입니다.

그런데 그 대신, 우리는 서로를 상처 입은 두 민족으로 볼 수 있을까요? 둘 다 요르단강과 지중해 사이에 길게 뻗은 땅에 집착하지만, 각자 자기가 정의롭다는 주장과 서로 화해하지 못한다면 어느 쪽도 평화나 정의를 얻지 못하니까 말입니다.

저는 최소한 서로 이해하려는 시도를 어느 정도라도 하지 않고는 평화가 지속될 수 없다고 봅니다. 향후에 우리 지도자들이 어떤 공식 문서에 서명을 하든 간에, 현장에서는, 그러니까 당신네 언덕이나 우리 쪽 언덕에서는 그 문서가 훼손될 겁니다. 시들해진 조약과 아무도 아끼지 않는 평화는 말라 비틀어져 목숨을 다하거나 그 전에 살해될 테지요. 최소한 우리는 지리적으로 가깝기 때문에 물리적으로 완전히 분리되는 것은 불가능합니다. 그러니 살기 위해서라도 우리는 함께 사는 법을 배워야 합니다.

그래요, 정복당한 이들보다는 정복자가 더 말을 가려서 하고 대립되는 서사에 더 개방적이게 마련이지요. 정복자인 제가 당신에게 이제 우리 상호 인정의 의사 표시를 하자고 요청할 권리가 있을까요? 어쩌면 저는 독특한 정복자이기 때문에 그럴 권리가 있을 겁니다. 저는 만약 1967년 전쟁 전에 이스라엘을 정의한 폭 9마일〔약 15킬로미터─옮긴이〕의 국경으로 물러나면 붕괴하는 중동에서 저 자신을 방어할 능력이 치명적으로 훼손될까 두렵습니다. 그렇게 철수하면 제가 단순히 줄어드는 게 아니라 박살 날까 두렵습니다.

저는 제가 역사적 권리와 종교적 열망 때문에 이 땅에 연결된다고 해서 다른 사람들을 희생시켜가며 이 땅 전부를 소유하는 게 정당화되는 건 아님을 오래전에 깨달았습니다. 그래서 아무리 고통스럽더라도 두 정당한 권리 주장이 충돌하는 것을 해결하는 현실적 표현으로 분할을 받아들입니다.

하지만 팔레스타인 사회와 아랍과 이슬람 세계 전반에서 이스라엘의 정통성을 거부하는 태도가 워낙 광범위한 현실을 겪다 보니 우리는 점점 강경해지고 미쳐갈 뿐입니다. 그리고 우리를 있는 그대로, 그러니까 떼려야 뗄 수 없는 이 지역의 한 부분으로 보기를 거부하는 탓에 당신네는 우리의 결의를 계속 과소평가합니다. 당신네 못지않게 저도 우리가 공유하는 땅에서 제자리를 확보하기 위해 기꺼이 희생할 각오가 돼 있습니다.

점령을 종식시키기 위한 열쇠는 우리가 철수하고 기꺼이 영토를 축소하면, 당신네 쪽에서도 이스라엘 국가를 훼손하려는 시도를 중단하고 요르단강 서안과 가자지구를 팔레스타인 국가로 받아들일 것이라는 희망을 유대인에게 조금이나마 주는 것입니다.

아마 지금부터 제가 쓰려고 하는 이야기는 대부분 당신이 참고 듣기 어려울 겁니다. 이어지는 여러 편지에서 저는 '이스라엘 땅' 같은 용어를 사용할 겁니다. 저희 쪽에서는 자연스럽게 쓰는 어휘지만 당신한테는 모욕처럼 들릴 테지요. 모욕을 가하려는 생각은 없습니다. 바람이 있다면 당신―장벽 너머 당신네 쪽의 누군가―이 이 편지를 읽고 답장을 쓰는 겁니다. 그러면 당신은 제게 익명의 존재가 아니라 한 사람, 하나의 목소리가 될 테지요. 분노에 찬 답장을 보내더라도 말이지요. 지금까지 우리 사이에 있었던 모든 시도는 비참하게 실패했고, 양쪽 모두에 죽음과 파괴를 가져왔습니다. 이제 대화를 시작하고 무슨 일이 벌어질지 봅시다.

그래서 저는 지금 이웃인 당신 앞에 섰습니다. 당신을 제 영혼의 집으로 초대합니다. 언젠가 우리가 벽돌로 지은 서로의 진짜 집으로 기꺼이 초대할 수 있으리라는 기대를 품고서 말입니다.

필요성과 갈망

이웃의 친구에게

오늘은 유대력에서 가장 끔찍한 날입니다. 티샤 베아브Tisha b'Av 금식일, 히브리력 아브월 9일이지요. 이 애도의 날에 고대 예루살렘의 성전이 두 차례 파괴된 사건이 축약돼 있습니다. 기원전 587년 바빌론 왕 느부갓네살이 1차 성전을 파괴하면서 결국 유대인들이 바빌론으로 유수(幽囚)를 떠났고, 서기 70년에는 로마 장군 티투스가 2차 성전을 파괴해서 이후 유대인들이 세계 각지로 흩어지게 됐습니다. 바빌론 유수는 페르시아의 키루스 대제가 바빌론을 정복한 뒤 유대인들이 고향으로 돌아가도록 허용할 때까지 70년간 지속됐지요. 로마가 시작한 추방은 1948년에 이스라엘 국가가 창건될 때까지 거의 2천 년간 지속됐고요.

하루 금식을 하며 툭하면 시계를 들여다보면서 이 보잘것없는 시련이 끝나기를 기다리다 보면, 저절로 라마단 생각이 납니다. 제가 아는 무슬림들은 30일 동안 이어지는 금식을 신성한 시간에 몰두하는 일로 여기며 열렬히 고대하거든요. 그런 생각을 하면 마음이 편해지고, 자기부정의 영적 기회를 기꺼이 받아들이는 데 도움이 됩니다.

7월 말 아침 사막에서 올라오는 마른 열기는 충분히 가혹하게 느껴지지요. 어쨌든 히브리력은 이 땅의 자연적인 주기를 반영합니다. 우리는 봄철 유월절에 자유와 소생을 기념합니다. 봄이 끝날 무렵 밀을 수확하는 시기에 있는 오순절은 토라를 받은 것, 즉 영적 수확을 뜻합니다. 그러니 티샤 베아브의 금식이 온 세상이 바싹 마른 여름에 치러지는 건 어떻게 보면 적절한 겁니다. 땅 자체가 절망을 전하는 것 같으니까요.

지난밤 저는 티샤 베아브가 남긴 성전의 잔해인 서쪽 벽Western Wall(통곡의 벽)에 갔습니다. 돌바닥이 깔린 광장에는 다양한 부류의 유대인들이 빼곡했습니다. 거의 인류 자체만큼이나 가지각색이더군요. 예배를 드리는 사람들은 땅에 둥그렇게 앉아서 두 서없는 억양으로 애가를 낭독했습니다. "이제 이 도성이 어찌 이리 적막한가." 2,500년 전에 예루살렘과 우리의 성전이 파괴된 것을 애도하는 노래지요. 10여 개 종파의 초정통파 유대인들이 있더군요. 검은색 중절모의 크기와 모양, 검은색 재킷의 길이로 구별되는 이들이 폴란드와 헝가리의 이디시 억양 히브리어로 찬송가를 불렀습니다. 곱슬머리를 양 타래로 늘어뜨린 예멘 출신 유대인들은 후두음의 히브리어로 찬송을 했습니다. 유대인이 유랑 생활을 하기 전에 그런 비슷한 목소리를 냈다고 하지요. 히브리어가 유대 민족의 일상 언어에서 추방되어 전례와 종교 연구에 국한되기 전에 말입니다. 러시아인과 영국인, 암하라인, 특히 프랑스인이 있었습니다. 프랑스 출신 유대인은 서구 민주주의에서 벌어지는 반유대인 폭력 사태를 피해 도망쳐 온 가장 최근의 이민자 물결입니다.

하지만 형식적인 애도의 몸짓은 많아도 진정한 비통은 느껴지지 않았습니다. 몇몇 신앙심 깊은 이들이 말을 외쳐댔지만 제가 보기에는 슬픔을 흉내 내는 것 같았지요. 유수가 끝나면 유수를 애도하기가 어려운 법입니다.

그래요, 모든 유대인 기도자가 응답을 받은 건 아닙니다. 우리는 돌아왔지만, 장벽에서 우리를 보호하는 이스라엘 군인들이 사방에 깔린 걸 보면, 우리가 주권은 회복했어도 위협은 계속되고 있다는 사실이 떠오릅니다. 티샤 베아브는 부분적으로만 무효가 됐을 뿐이지요. 유대 전통은 귀환과 구원 사이에 이런 연옥이 있을 줄 상상도 못 했습니다. 그래서 우리는 다시 애도의 춤을 추지만 방향을 잃은 채 멈추지를 못합니다. 고향에 왔건만 아직 구원을 받지는 못했으니까요.

곳곳에 둥그렇게 모여 앉은 사이를 돌아다니다 보니 불가사의하다는 느낌이 들었습니다. 우리는 유대인들이 언제나 믿었던 대로 우리의 기원인 땅으로 돌아왔고, 여러 종류의 공동체를 바탕으로 다시 한 민족으로 뭉쳤습니다.

제가 아는 대다수 이스라엘인은 믿음을 가진 사람입니다. 전통적인 종교는 아니라 할지라도 확실히 의미 있는 삶을 믿지요. 이스라엘 사람들은 자신들의 존재 자체가, 그러니까 되찾은 땅에서 부활한 언어를 구사하는 것이 기적이라고 생각합니다. 시편에서는 "주님께서 시온에서 잡혀간 포로를 시온으로 돌려보내실 때에, 우리는 꿈을 꾸는 사람들 같았다"고 말합니다. 이스라엘 사람이라는 것은 마치 깨어보니 꿈속인 것 같은 역설적 상황입니다.

어느 날 아침 저는 10대 아들 샤하르를 학교에 태워다 주고 있었습니다. 구시가에서 멀지 않은 곳에서 교통이 꽉 막혔지요. 제가 말했습니다. "있잖아, 어떻게 보면 지금 우리는 다른 어느 도시에 있는 것처럼 교통 정체에 걸려서 앉아 있지. 그런데 가끔 우리 일상생활에서 제일 지루한 일을 우리 조상들은 가장 원대한 꿈으로 여겼다는 생각이 들어."

대단한 반응을 기대한 건 아닙니다. 재즈 음악을 하는 샤하르는 좀처럼 역사에 관한 이야기를 하지 않거든요. 그런데 이렇게 말해서 깜짝 놀랐습니다. "저도 그런 생각을 많이 해요."

물론 그 아이도 그런 생각을 한다는 걸 깨달았지요. 유대인으로 이 나라에서 살면서 어떻게 우리 존재가 비현실적이라는 생각을 하지 않을 수 있을까요?

언젠가 로마를 갔는데, 예루살렘을 파괴한 기념물인 티투스의 문을 찾는 일종의 순례에 나섰습니다. 아치형 문에는 우리가 파멸한 모습이 새겨져 있더군요. 유대인 노예들이 성전의 촛대를 들고 로마 거리를 걸어가는 광경이었습니다. 포로 생활을 하는 동안 유대인들은 절대 이 문 아래를 걷지 않았습니다. 패배는 했어도 굴종하지 않겠다는 상징적 몸짓이었습니다. 저는 문에 들어서서 유대인의 끈질긴 인내가 정당함이 입증된 시대에 살고 있다는 사실에 감사의 기도를 드렸습니다.

유대인들은 어떻게 그렇게 했을까요? 포로 신세의 우리 조상들은 어떻게 희망을 부여잡을 수 있었을까요? 하느님에게 버림

받고 기독교와 이슬람에 자리를 빼앗긴 것처럼 보이는 상황에서도 조상들은 왜 비참할 정도로 불신을 받은 믿음에 계속 충성을 다했던 걸까요? 우리는 세상을 지배하는 종교로 개종하라는 압력과 유혹에 어떻게 저항한 걸까요?

물론 어떤 이들은 유대교를 버렸습니다. 지금 우리 숫자가 매우 적은 데에는 이런 이유도 있겠지요. 겨우 1,400만 명입니다. 여전히 유대인인 사람들은 이해할 수 없는 신앙을 믿은 이들의 후손입니다. 우리의 패배한 조상들은 유대인이 추방과 귀환에 관해 스스로 털어놓는 이야기가 언젠가는 현실이 될 것이라고 믿었습니다.

제가 신앙을 가진 유대인인 한 가지 이유는 조상들의 신앙 때문입니다.

티샤 베아브는 유대교에 가장 커다란 위기를 안겨주었습니다. 성경 속 유대교는 이스라엘 땅과 성전을 중심으로 삼았지요. 그런데 유대인 대다수가 그 땅에서 쫓겨나고 성전이 파괴된 마당에 이제 어떻게 해야 할까요?

유대인들은 바빌론에 살 때와는 달리 이번에는 유랑 생활이 끝이 없고 결말이 전혀 보이지 않는다는 걸 점차 깨달았습니다. 유대인들은 역설적인 방식으로 대응했습니다. 추방 생활을 죄를 지은 데 대해 하느님이 내린 벌로 보았고, 그래서 하느님이 선포하는 기간이 아무리 길어도 운명에 굴복했습니다. 하지만 추방이 영원하다고는 보지 않았습니다. 그들은 적극적으로 희망을 키웠습니다. 선지자들이 예언한 대로, 언젠가 추방의 징역형이 끝이 나고 하느님이 지상의 가장 외딴 구석으로부터 자기들을 구해주실 것이라는 믿음을 키웠지요. 놀라운 확신이었습니다. 하지만 그런 가능성은 상상하기도 어려워서 유대인들은 귀환의 날을 메시아의 시대로 미뤄두었습니다. 확실히 뿔뿔이 흩어져 아무 힘도 없는 민족에게 주권을 회복시켜줄 수 있는 건 오직 메시아뿐이었지요.

티샤 베아브에서 구원에 이르기까지 오랜 과도기에 유대인들은 유랑 생활을 기정사실로 받아들이면서도 그것이 영원하지는 않다는 이중 전략을 유지했습니다.

대중의 교사이자 유대법의 조정자인 랍비가 유대교의 새로운 관리인으로 등장했습니다. 성전이 파괴되자 성전 의례를 책임지는 사제는 곧바로 무의미한 존재가 되어버렸습니다. 하느님께서 계시를 거둬들이자 선지자들은 침묵할 수밖에 없었습니다. 우리가 영적으로 실패했음을 보여주는 가장 고통스러운 일이지요. (유대교에서 예언은 이스라엘 땅에 있는 유대인에게만 내려집니다.) 시나고그(유대교 회당)가 성전의 대용물이 되었고, 기도는 동물 희생의 대용물이 됐습니다. 유대교의 영적 발전을 향한 커다란 진전이었지요. 이런 혁신을 통해 유대교는 추방 생활과 휴전을 선언했습니다.

하지만 랍비들은 추방된 유대교에 자기부정을 각인시켰습니다. 언젠가 티샤 베아브가 역전될 것이라는, 구원의 축일로 변신할 것이라는 전복적 기대를 집어넣은 거지요. 유대교의 전설에 따르면, 메시아는 티샤 베아브에 탄생할 것이었습니다.

유랑 생활 내내 유대인들은 이스라엘 땅과 이 땅의 계절 순환, 이 땅의 이야기와 예언을 소중히 품었습니다. 학습당에서는 안식년shmita 법을 놓고 논쟁했습니다. 이스라엘 땅을 7년마다 농사를 짓지 않고 묵혀서 저절로 회복되게 만들라는 계율이지요. 그들은 마치 여전히 이스라엘 땅의 농부들인 것처럼 파종과 수확의 리듬을 알았습니다. 유대인이 이스라엘 땅과 맺는 관계는 공간과 시간에 따라 바뀌었습니다. 우리에게 이 땅은 과거와 미래에 존재했습니다. 기억과 기대 속에요. 유대인들은 시간이 흐르면 언젠가 이 땅이 추방된 신세를 딛고 다시 나타나서 공간을 차지하게 되리라고 믿었지요.

무엇보다도 유대인들은 기도 속에서 이 땅을 간직했습니다. 유대인들이 하는 기도에는 이 땅에 대한 열망이 가득했습니다. 브루클린의 독실한 가정에서 자라던 어린 시절, 저는 겨울이면

비를 내려달라고 기도하고 여름이면 이슬을 뿌려달라고 기도했습니다. 창밖의 날씨와는 상관없이 머나먼 땅의 자연적 순환에 따라 기도를 드린 거지요. 아침 기도와 저녁 기도, 식후 감사 기도를 할 때마다 시온을 기원했습니다. 실제 존재하는 장소인 이스라엘 땅을 알기 전부터 물려받은 기억으로 그 땅을 알고 있었습니다.

사라하고 제가 결혼식 천막 아래 섰을 때, 여러 세기 동안 이어진 유대인의 전통에 따라 우리도 오랜 시편을 낭송했습니다. "내가 당신 이스라엘을 잊는다면 오른팔이 썩어 없어지게 하소서." 그리고 더없이 기쁜 순간에 유리잔을 깨뜨렸습니다. 파괴된 성전을 기리는 행위지요.

아마 귀환 열망을 가장 강력하게 표현한 내용은 이슬람 땅에 사는 유대인들의 기도시 안에 들어 있었을 겁니다. 예멘 유대인들은 시온에서 추방된 자신들을 가리키며 노래했습니다. "하느님께 포로들을 구해주십사고 부탁드릴 것이니." 중세 스페인의 유대인 시인 예후다 할레비 Yehudah Halevi가 쓴 절절한 기도문은 세계 각지의 유대인들에게 받아들여졌습니다. "시온아, 너는 포로들의 안녕이 걱정되지 않느냐?" 모로코 유대인들은 자정에 시나고그에 모여 귀환 기도를 노래했습니다.

유대인들은 각기 전혀 다른 유랑 생활을 하면서도 갈망의 의례를 만들어냈습니다. 에티오피아 유대인들의 축일인 시그드Sigd가 대표적인 사례지요. 1년에 한 번, 늦가을에 외딴 곤다르 지방의 마을에 흩어져 사는 유대인 수천 명이 줄지어 산을 오르곤 했습니다. 흰옷을 입고 금식을 한 채 북쪽 시온을 향해 귀환을 염원하는 기도를 드렸지요.

저는 저와 거의 같은 무렵, 그러니까 1980년대에 이스라엘로 이주한 친구 시몬한테서 시그드에 관해 들었습니다. 친구는 가장 가난한 디아스포라 공동체 출신이었고 저는 가장 특권적인 지역 출신이었지만, 우리는 둘 다 똑같이 시온에 대한 사랑을 바탕으로 자랐지요.

시몬의 경우에 이스라엘에서 살고 싶다는 갈망은 시그드와 함께 시작됐습니다. 여덟 살부터 금식을 하기 시작했다고 자랑스럽게 말하더군요.

다른 유대인 공동체와 여러 세기 동안 단절된 채 산 에티오피아 유대인들은 자신들이 세상에 남은 최후의 유대인이라고 믿었습니다. 기독교도 이웃들은 그들이 흑마술사라며 두려워하면서 '팔라샤Falasha', 즉 이방인이라고 불렀지요. 중세 유럽의 기독교도들도 유대인을 악마를 숭배하고 우물에 독을 푸는 이들이라며 두려워한 건 아시지요? 그들은 스스로를 '베타 이스라엘Beta Yisrael', 즉 이스라엘의 집이라고 칭했습니다. 그리고 수십 년,

수백 년에 걸쳐 산에 올라갔고, 인내와 갈망 사이를 신앙으로 메웠습니다.

1983년 어느 날, 시몬과 그의 가족이 이웃들과 합세해서 말 그대로 예루살렘을 향해 걷기 시작했습니다. 이스라엘 랍비들이 얼마 전에 베타 이스라엘이 유대인이라는 판정을 내렸고—이 공동체는 천 년 동안이나 나머지 유대인과 단절된 채 살았기 때문에 유대인 지위가 논쟁이 됐지요—, 메나헴 베긴 총리가 이끄는 이스라엘 정부는 그들이 이스라엘에서 환영을 받을 것임을 널리 알렸습니다. 그래서 에티오피아 유대인 수천 명이 길을 나선 겁니다. 그들은 밀림과 사막을 뚫고 몇 주일 동안 걸었습니다. 노인들은 기력이 쇠해 죽고, 아이들은 굶어 죽었지요. 그 어떤 디아스포라 공동체도 에티오피아 유대인만큼 시온까지 가는 도중에 많은 수가 사망한 예가 없습니다.

시몬과 그의 가족이 처음 멈춰선 곳은 수단의 난민수용소였습니다. 이슬람 당국이 두려웠던 시몬을 비롯한 유대인들은 종교적 정체성을 감추고 이스라엘 관리들이 자신들을 인계받기를 기다렸습니다. 어느 날 수단 군인 하나가 시몬이 유대인이라는 의심을 품고 앞코가 쇠로 된 군화로 시몬의 맨발을 짓밟았습니다. 그 뒤로 시몬은 다리를 절지요.

중동 지도자가 이스라엘이 존재하는 이유가 있다면 그것은 홀로코스트뿐이고, 서구가 저지른 죄의 대가를 팔레스타인인들이 치르고 있다고 말할 때마다 에티오피아 유대인들이 떠오르더군요. 에티오피아 유대인들은 대부분 이스라엘에 도착할 때까지 홀로코스트는 들어본 적도 없을 겁니다. 이스라엘 유대인의 절반이 아랍 세계 출신인데, 그 지역에는 대부분 나치가 손을 뻗지 못했지요.

지금 이스라엘이 존재하는 것은 단지 기도 속에서일지라도 결코 존재를 멈추지 않았기 때문입니다. 이스라엘은 유대인의 갈망이 쌓이고 쌓인 힘으로 재건된 겁니다. 하지만 이 땅에 대한 애착은 갈망에만 멈추지 않았습니다. 여러 세기 내내 동양과 서양의 유대인들이 이 땅에서 살다가 묻히기 위해 왔으니까요.

로마인들은 유대 국가를 멸망시킨 뒤 유대인이 예루살렘에서 사는 것을 금지했습니다. 기독교의 지배 아래서 이 금지는 한층 강화됐지요. 예루살렘의 이슬람 통치자들은 그보다 자비로웠습니다. 어쨌든 서기 638년에 예루살렘을 정복하자마자 일부 유대인들을 도시로 돌아오게 허용한 것은 칼리프 우마르였습니다. 그런 친절은 우리가 공유하는 역사의 일부입니다.

귀환에 대한 갈망을 정치적으로 표현하게끔 만든, 즉 유대인과 시온의 관계를 시간으로부터 다시 공간으로 복원하게 만든 추동력은 다급한 필요성이었습니다. 19세기 말 러시아에서 유대인 수백만 명이 정권이 선동한 포그롬pogrom[19세기부터 20세기 초까지 제정러시아에서 유대인을 겨냥해 조직적으로 벌어진 약탈과 학살을 가리킨다—옮긴이]의 위협을 받았습니다. 많은 러시아 유대인들이 고향에서 도망쳐 서쪽으로 향했지요.

새롭게 생겨난 시온주의 운동은 일반 유대인이 아니라 '그 유대인들'을 위한 해법을 추구했습니다. 고국 없는 상황에 대한 항구적인 해법을 추구한 거지요. 하지만 상황이 아무리 절망적일지라도 반유대주의와 피난처의 필요성이 시온주의의 본질을 규정한 것은 아닙니다. 필요성 때문에 시온주의가 긴급하게 요구되기는 했지만, 시온주의의 영적 실체를 채운 것은 갈망이었습니다.

시온주의는 필요성과 갈망이 만나는 지점이었습니다.

그리고 필요성과 갈망이 충돌했을 때 승리한 쪽은 갈망이었습니다. 이 충돌은 초기 시온주의 역사에서 결정적인 순간이었지요.

1903년, 빈의 언론인으로 유대 민족을 구하기 위해 고뇌하던 시온주의 지도자 테오도어 헤르츨에게는 이제 선택지가 남아 있지 않았습니다. 동화된 유대인이었던 헤르츨은 유대인의 필요성이 아니라 갈망 때문에 시온주의에 다다랐습니다. 하지만 그는 유대인이 이스라엘 땅으로 대규모 이주를 하도록 허용하게끔 터키의 술탄을 설득하는 데 실패했습니다. 당시 이스라엘 땅은 오스만제국에 속해 있었거든요. 교황은 헤르츨에게, 유대인에게 고국이 없는 것은 메시아를 거부한 데 대해 하느님이 내린 벌이기 때문에 시온주의를 지지할 수 없다고 말했습니다. 헤르츨이 이끈 가난한 몽상가들의 운동은 사실상 파산했습니다. 서유럽의 부유한 유대인들은 대부분 그를 피했습니다. 유대 국가를 세운다는 그의 계획 때문에 비유대인 사회를 비집고 들어가려는 자신들의 노력이 훼손될 것이 두려웠기 때문이지요. 헤르츨은 베를린과 빈의 유대인들에게 말했습니다. "잘들 해보세요."

헤르츨은 절망에 빠졌습니다. 러시아 유대인을 겨냥한 폭도들의 만행이 도를 더하고 있었지요. 헤르츨은 포그롬보다 훨씬 극악한, 상상조차 할 수 없는 어떤 재앙이 유럽 유대인들을 기다리고 있다고 직관으로 느꼈습니다.

그러던 중에 영국인들이 동아프리카 지역에 정착하라는 제안을 들고 그에게 접근했습니다. 유대인의 고국을 세우겠다는 헤르츨의 바람을 등에 업고 충성스러운 식민지 이주자를 얻고 싶었던 겁니다.

헤르츨은 이른바 우간다 계획 Uganda Plan에 대해 시온주의자들이 반대할 것임을 알면서도 시온주의 운동은 실용적이라고 믿었습니다. 시온을 얻기가 어렵다면, 동료 활동가들이 현실적으로 가능한 대안을 받아들이기를 기대한 거지요.

헤르츨은 시온주의자 대회에 이 계획안을 제출했습니다. 연단 뒤에 동아프리카 지도를 걸어놓고 대표자들에게 연설을 했지요. "우리 마음속에서 그 어떤 것도 시온을 대신할 수는 없습니다"라고 그는 말했습니다. 하지만 특히 러시아에서 유대인들이 위험에 직면한 상황을 생각해보라고 촉구했습니다. 갈망보다 필요성이 우선이었지요.

여기저기서 고뇌의 외침이 터져 나왔습니다. 가장 열렬하게 반기를 든 것은 러시아의 유대인 공동체를 대변하는 젊은 대표자들이었지요. 헤르츨이 구하려고 애를 쓰는 바로 그 유대인들 말입니다.

한 젊은 러시아 여자는 연단으로 돌진해서 아프리카 지도를 벽에서 뜯어냈습니다.

러시아 대표단은 회의장에서 퇴장했습니다. 나중에 이스라엘 초대 대통령이 되는 젊은 하임 바이츠만이 이끄는 대표단이었지요. 대부분 세속적 유대인으로 종교적 고향에 반기를 든 사회주의자들이었습니다. 하지만 그 순간 그들의 본능은 철저하게 종교적이었습니다. 근처에 있는 사무실에 모인 그들은 바닥에 앉았습니다. 유대인들이 티샤 베아브에 시나고그에서 하는 것처럼 말이죠. 몇몇 젊은이들은 흐느꼈습니다. 시온이 아니라 시온주의를 위해 애통의 눈물을 흘린 거지요.

헤르츨이 그들에게 갔습니다. 그들은 사랑하는 지도자를 정중하면서도 냉랭하게 환영했습니다. 어쨌든 2천 년 만에 처음으로 유랑 생활에 종지부를 찍을 현실적인 방도를 조직한 유대인이었으니까요. 헤르츨은 우간다는 시온으로 가는 도중에 있는 임시 정거장일 뿐이라고 그들을 안심시켰습니다. 그는 겨우겨우 시온주의 운동의 분열을 막았지만 러시아 대표단은 여전히 철저히 반대했습니다.

대회 폐회사에서 헤르츨은 오른손을 치켜들고 시편 구절을 거듭 외쳤습니다. "내가 당신 이스라엘을 잊는다면 오른팔이 썩어 없어지게 하소서."

그로부터 1년 뒤 헤르츨은 세상을 떠났습니다. 마흔네 살의 나이로 극심한 피로와 심부전 때문이었습니다. 그가 기획한 유대인 구조 임무는 수포로 돌아갔고, 재앙을 피할 수 없었습니다.

우간다 계획 이후 세계 여러 지역에 유대인의 '고국homeland'을 건설하려는 시도가 있었지요. 중국 국경에 접한 비로비잔에 이디시어를 쓰는 공산주의자들의 고국을 만든다는 소비에트의 공상적 계획도 있었지요. 하지만 시온의 대안으로 나온 계획은 모두 수포로 돌아갔습니다.

우간다 계획이 승리를 거뒀다면 시온주의는 솔직히 식민주의 운동이 됐을 겁니다. 탐욕이나 영광이 아니라 실존적인 필요성 때문에 추진된 비극적인 식민주의였을 테지요. 하지만 시온주의에 대한 그런 엄연한 판정을 피할 길은 없었을 겁니다.

그러나―온갖 역경을 무릅쓰고, 결과와 상관없이―시온을 고집함으로써 시온주의는 본국 귀환 운동으로서 정당성을 확인했습니다. 원주민을 고향으로 돌려보내는 일이었으니까요.

시온주의가 그렇게 독특한 현상이라는 사실 때문에 19세기 유럽 민족주의 같은 다른 범주에 끼워 맞추려는 유혹이 생깁니다. 거기서 한 발짝만 나아가면 시온주의를 식민주의 운동으로 정의하게 되지요.

물론 시온주의는 유럽 민족주의의 영향을 강하게 받았습니다. 하지만 2천 년에 걸친 귀환의 꿈이 형태를 갖춘 건 시온주의가 유일했습니다. 그리고 비록 서양에서 시작되긴 했어도 시온주의는 동양에서 정점에 달했습니다. 이스라엘 국가가 수립됐을 때, 중동에 있던 유대인 공동체 전체가 시온으로 옮겨 갔거든요.

이 호소에 응답한 첫 번째 공동체는 예멘 유대인들이었습니다. 1949년 내내 4만 명이 넘는 오랜 공동체가 이스라엘의 첫 번째 공수 작전으로 고국으로 날아갔습니다. 비행기를 본 적이 없는 많은 예멘 유대인들은 "어미 독수리가 그 날개로 새끼를 업어 나르듯이" 유대인을 유랑 생활에서 데려오겠다는 성경의 약속을 떠올렸고, 그 예언이 말 그대로 활주로에서 실현되고 있다고 생각했습니다.

그리고 1951년 이라크의 오랜 유대인 공동체가 귀환할 차례가 됐습니다. 10만 명이 넘는 이라크 유대인들—사실상 유대인 공동체 전체였지요—이 이스라엘로 날아온 일은 역사상 최대 규모의 공중수송이었습니다. 바그다드의 코즈모폴리턴적 유대인과 쿠르디스탄(쿠르드족이 사는 지역)의 마을 유대인, 신비주의자, 공산주의자, 시온주의 활동가 등 온갖 부류가 다 왔습니다.

그다음에는 북아프리카의 유대인들이 왔습니다. 그리고 이집트, 시리아, 레바논. 오랜 유대인 공동체들이 차례차례 이스라엘 국가로 들어왔습니다.

오늘날 이스라엘인의 대다수는 중동의 한 지역을 떠나서 다른 지역에 재정착한 유대인의 후손입니다. 그 사람들한테 시온주의가 유럽의 식민주의 운동이라고 말해보세요. 아마 무슨 이야기를 하는 건지 전혀 이해하지 못할 겁니다.

동양 출신 유대인들은 시온으로 향하는 정치적 귀환이 처음 시작되던 때부터 존재했습니다. 1882년 예멘의 카발리스트〔유대교 신비주의자—옮긴이〕들은 그해에 해당하는 히브리력이 구원의 해라고 계산했습니다. 그리하여 예멘 유대인 수백 명이 메시아를 맞이한다는 기대를 품고 야파 항을 향해 출항했습니다.

그런데 그 대신 그들은 러시아에서 온 시온주의 개척자들의 첫 번째 집단을 만났습니다. 기쁨에 찬 형제의 재회는 아니었지요. 디아스포라의 양쪽 끝에서 온 두 유대인 집단은 서로를 경계했습니다. 동양의 철저한 전통주의자 유대인들과 유럽에서 온 젊고 무모한 개척자들 사이에는 오해만 커졌지요.

하지만 어떻게 보면 예멘의 카발리스트들이 옳았습니다. 1882년은 유대인에게 구원의 해였습니다. 근대에 시온으로 귀환하는 시작점을 알렸으니까 말입니다. 그리고 그 탄생의 순간에 유대인의 동양과 유대인의 서양이 서로 아무리 다를지라도 만남을 가졌습니다. 그 전에는 전혀 소통한 적이 없었지요. 예멘 유대인들은 유럽에서 형성되던 젊은 시온주의자 그룹들에 관해 알지 못했습니다.

그 예멘인들은 어떤 정치적 의미에서 보더라도 '시온주의자'들이 아니었습니다. 하지만 그들은 가장 깊은 의미에서 시온주의자들이었지요. 그들은 민족 주권이 회복되기를 기대하면서 고국으로 돌아오는 유대인들이었거든요.

70년간 이어진 공산주의에서 도망친 러시아 유대인들이 이스라엘로 대규모 이주를 하면서 시온주의는 20세기 말에 다시 원점으로 돌아왔습니다. 정부에 의해 동화를 강제당하고 자기 종교를 배우고 실천하는 것을 거부당한 탓에 많은 이들이 거의 유대인처럼 보이지 않았지요. 하지만 여기서 그들은 유대 민족에 다시 합류하면서 히브리어를 배우고, 유대력의 리듬에 따라 생활하며, 다른 디아스포라 지역 출신 유대인과 결혼을 합니다. 이스라엘은 동화가 유대인의 연속성을 위해 작동하는 장소입니다.

저는 팔레스타인 지도자들이 러시아에서 이주자들이 들어온 것—그리고 다른 종족과 결혼하는 부부가 많아지는 현상—을 유대 민족의 진정성을 부정하는 증거로 거론한다고 들었습니다. 하지만 시온주의의 관점에서 보면, 우리 나라에 들어온 이민 물결 가운데 어느 집단도 더 '진정한' 유대인들이 아닙니다. 이라크와 예멘 출신의 전통적 유대인, 구소련 출신의 동화된 유대인. 그들 모두 고국에 귀환하는 토착민의 아들딸입니다. 반시온주의자들이 주장하는 것처럼, 시온주의를 유대교와 분리하는 게 가능할까요? 시온주의는 '정치'일 뿐이고, 진정한 '종교'인 유대교와 대립하는 걸까요?

그 답은 시온주의라는 말로 과연 무엇을 의미하는지에 따라

달라집니다. 시온주의가 19세기 말 등장한 정치 운동을 가리킨다면, 확실히 시온주의와 무관한 형태의 여러 유대교가 있습니다. 이스라엘이 수립되기 전 시대에 유대인들은 시온주의 프로그램이 과연 지혜로운 것인지를 놓고 열렬히 논쟁을 벌였습니다. 마르크스주의자 유대인들은 시온주의가 예견되는 세계 혁명으로부터 관심을 다른 데로 돌리는 이념이라고 거부했습니다. 초정통파 유대인들은 시온주의가 세속화 운동이라고 거부한 반면, 어떤 이들은 오직 메시아만이 유대인을 고국으로 데려올 수 있다고 주장했지요.

하지만 '시온주의'가 이스라엘 땅에 대한 유대인의 애착과 우리가 태어난 장소에서 유대인의 주권을 부활시키는 꿈을 의미한다면, 시온주 없는 유대교란 존재하지 않습니다. 유대교는 단지 의례와 규칙의 집합이 아니라 한 장소와 연결된 전망입니다. 이 땅에 대한 사랑과 귀환의 꿈으로부터 단절된 형태의 유대교를 만들어낸 현대의 운동들은 모두 결국 수포로 돌아갔습니다.

국가가 수립될 무렵에는 이미 반시온주의가 유대인의 삶에서 주변부로 밀려난 상태였습니다. 시끄러운 비주류를 제외하면 대부분의 초정통파 유대인들은 유대 국가와 화해했습니다. 초정통파부터 공산주의자에 이르기까지 유대인 공동체의 거의 모든 스펙트럼의 대표자들이 이스라엘 독립선언서에 서명했습니다. 이 문서는 유대인들 내에서 시온주의가 창조한 국가의 정통성을 입증하는 것입니다.

최근에 특히 디아스포라 좌파 비주류에서 이스라엘과 단절된 유대인 정체성을 창조하려는 새로운 시도들이 있었습니다. 하지만 전 세계 유대인의 절반 가까이가 유대인이 다수를 차지하는 번성하는 국가에서 살고 있기 때문에 그 논쟁은 이미 오래전에 해결되었지요. 과거에는 이스라엘 땅을 유대인의 삶과 분리할 수 없었다면, 오늘날에는 이스라엘 국가를 유대인의 삶과 떼어놓을 수 없습니다.

1982년 여름 티샤 베아브 직후에 저는 뉴욕시의 집을 떠나 엘알 항공 비행기에 올라 역사상 가장 위대한 도전에 나선 유대인들의 대열에 합류했습니다. 그때 스물아홉 살의 언론인이었고 미혼이었죠. 과거의 생활을 뒤로하고 돌아보지 않았습니다.

레바논 전쟁이 막 시작된 때였는데, 이스라엘은 심각하게 분열돼 있었습니다. 좌파와 우파가 거리에 몰려나와 서로 고함을 질러댔죠. 인플레이션은 3백 퍼센트에 달했습니다. 저는 고국에 돌아왔고요.

어떻게 보면 이스라엘 역사에서 바닥을 친 시점에 온 게 좋은 일이었습니다. 환상이나 실망을 느낄 여지가 없었으니까요. 저는 전제 조건이나 기대 없이 온 거예요. 이 이야기가 어떻게 펼쳐지든 간에 이제 제 이야기가 될 겁니다.

'고국에 사는' 사람들이 어리둥절한 표정으로 왜 미국을 떠나 중동으로 왔냐고 물었을 때, 저는 언론인 특유의 비유를 구사했습니다. 신문 헤드라인만이 아니라 뒷면에 실린 기사를 통해서 이스라엘의 현실을 알고 싶었다고요. 유대인 귀환의 생생한 질감을 미묘한 차이까지 알고 싶었습니다.

모든 게 익숙하기도 하고 낯설기도 했습니다. 천천히 거리를 걷다 보면 우연히 유대인의 미래와 마주친 과거의 시간 여행자처럼 느껴지기도 했지요. 유대인이 고국에 돌아오면 이렇게 보이는구나, 하고 계속 혼잣말을 했습니다.

이스라엘 보통 사람들이 당연시하는 불굴의 정신, 전쟁과 테러, 끊임없이 밀려드는 가난한 이민자들의 물결에 맞서 싸우는 그들의 능력을 보다 보면 저절로 겸손한 마음이 들더군요. 유대교 축일을 원래 지켜야 하는 곳에서 직접 경험하니 특권을 누린다는 느낌이 들었습니다. 1980년대 초반 이스라엘 생활의 어처구니없는 면모에 웃음이 나왔습니다. 정부가 운영하는 유일한 흑백텔레비전 방송을 시청하는 즐거움의 대가로 시청료를 내는 게 대표적인 예였죠. 압력솥에 들어간 것처럼 생활에 가해지는 감정적, 심리적 충격을 이해하려고 노력했답니다. "왜 미국을 떠난 거예요?" "거기 생활이 좋지 않았나요?" 이스라엘의 10대들이 당혹스러운 표정으로 저한테 물으면서 미국 비자를 받으려면 어떻게 해야 하는지 문의하더군요.

그 시절 내내 한 가지 불안감이 마음속을 떠나지 않았습니다. 과연 이번에는 유대인들이 성공할까? 어쨌든 우리는 전에 이 땅을 두 번이나 잃었으니까요. 유대인 역사의 커다란 아이러니는 이스라엘 땅에서 유대교가 중심을 차지하기는 해도 우리는 그 땅 안보다는 바깥에서 우리 역사의 훨씬 많은 시기를 살았다는 겁니다. 우리는 고국의 민족이자 디아스포라의 민족이지요. 토라는 우리가 하느님의 기대에 부합하게 살지 못하면 이 땅이 "우리를 토해버릴 것"이라고 경고합니다. 이보다 더 분명한 언어는 없겠지요. 유대교의 한 기도 문구를 빌리면, "우리는 우리가 지은 죄 때문에 우리 땅에서 추방당했습니다". 우리가 귀환하기 위해서는 예사롭지 않은 조건이 붙습니다. 유대인의 주권은 우리에게 맡겨졌습니다. 우리는 그 주권이 명백해지는 모습을 지켜보는 세대가 될까요?

우리가 직면한 과제는 압도적입니다. 여러 세기 동안 거의 소통하지 못한 모래알 같은 공동체들을 바탕으로 어떻게 단일한 민족을 다시 만들 수 있을까요? 종교적 정체성과 세속적 정체성의 균형은 어떻게 맞출까요? 유대계 이스라엘인과 아랍계 이스라엘인이 공유하는 공적 공간을 어떻게 창조할까요? 우리가 여기에 존재할 권리를 받아들이지 않는 적들과 어떻게 화해를 이룰까요? 사방의 국경으로부터 제기되는 위협에 맞서서 우리 자신을 어떻게 지킬까요? 우리 민족을 위험에 빠뜨리지 않은 채 당신네 민족에게 어떻게 권력을 줄까요?

이스라엘인들에게 위안이 있다면 우리가 직면한 이 과제들이 처음 귀환한 시점부터 거의 불가능한 일이었다는 사실입니다. 이스라엘은 좋은 쪽으로나 나쁜 쪽으로나 끊임없이 경이를 낳았습니다. 가끔 보면 우리는 불과 수십 년 만에 모든 꿈을 압축해서 이룸으로써 2천 년 동안 잃어버린 주권을 보상받으려는 것처럼 보입니다. 물론 다른 나라들이 여러 세기에 걸쳐 저지르는 온갖 실수를 되풀이하면서 말입니다.

하지만 이스라엘이 그 어떤 딜레마나 실패를 겪는다 해도 저는 여기서 살겠다고 결심한 것을 조금도 후회하지는 않습니다. 오히려 정반대입니다. 이스라엘이 가진 결함은 방해물이 아니라 도전 과제입니다. 그건 모두 **저의** 결함이고, 유대인으로서 제가 직면해야 하는 왜곡된 상황입니다. 성공하든 실패하든, 영예를 누리든 치욕을 당하든 말입니다. 이스라엘의 운명 역시 저의 운명이고, 그 책임도 공유합니다. 저로서는 바로 이것이 시온주의의 의미입니다.

유대교는 공동체의 삶을 위해 만들어진 것으로 한 사회의 윤리와 행동을 규정합니다. 그렇다면 여기 엄연한 현실을 바탕으로 우리의 가장 고귀한 이념—추방된 추상적 관념—을 시험해 볼 기회가 있습니다. 바로 여기서 유대인의 이야기가 가진 가치가 결정되는 중이지요.

이곳으로 이주한 것은 개인적인 결정이었지만, 이스라엘은 저를 고국에 귀환하는 사람들 중 한 명으로 받아들였습니다. 제가 뉴욕 출신인지 뭄바이 출신인지, 경제적 자산이 될지 부담이 될지 하는 것은 중요하지 않았지요. 저는 고국으로 돌아오는 유대인이었고, 따라서 이스라엘 시민권을 받을 자격이 있었습니다.

저는 유대인이 요청하는 경우에 시민권을 부여하는 '귀환법 Law of Return'에 따라 이 나라에 받아들여졌습니다. 팔레스타인 국가가 첫 번째로 통과시킬 법률도 아마 고국에 들어오기를 바라는 디아스포라 팔레스타인인 누구에게나 자동으로 시민권을 부여하는 귀환법이 될 테지요. 바로 그것이 추방을 철회하는 것이 존재 이유인 국가가 할 의무입니다.

해외여행을 갔다가 벤구리온 공항에 도착해서 이스라엘 여권 소지자 전용 줄로 향할 때마다 저는 신규 이민자 때와 똑같은 전율을 느낀답니다. 감상에 빠지지 말자고 다짐을 하지만 그렇게 되지가 않아요. 오랜 세월을 살았어도 지금도 고국에 돌아오는 이스라엘 사람이라는 사실에 감사하는 마음이 듭니다.

제가 이스라엘에 온 동기가 아무리 이상적이고 큰 뜻이 있었다고 해도 결국 여기 온 이유는 한 가지입니다. 여기 올 수 있었기 때문이에요. 이제는 티샤 베아브가 유대 역사에 대한 결정적인 판정이 아닌 시대에 사는 게 특권인 거지요.

숙명과 운명

이웃의 친구에게

그런데 유대인을 정하는 기준이 뭘까요? 종교? 민족? 종족? 인종?

이 질문은 우리 사이의 갈등에 직접적인 영향을 미칩니다. 아랍 세계가 유대인의 민족 국가로서 이스라엘의 정통성을 거부하는 핵심적인 이유가 여기에 있지요.

유대인들은 하나의 가족으로 시작됐습니다. 4천 년 전에 아브라함과 사라가 창설한 왕조가 한 민족이자 종교가 된 것입니다. 하지만 가족—종교나 정치적 신념과 관계없이 하나의 운명 공동체에 속한다는 기본적인 인식—은 그 후로 줄곧 유대인 정체성의 핵심으로 남아 있습니다.

유대인들의 가족적 유대는 극적인 방식으로 표현할 수 있습니다. 제가 전 세계적인 유대인 가족에 속해 있다는 경험을 처음 한 계기는 구소련의 유대인들을 구하기 위한 항의 운동이었습니다. 1960년대에 브루클린의 소년이던 저는 그 운동에 합세해서 수천 마일 떨어진 곳에 사는 본 적도 없는 유대인들을 위해 시위를 벌였지요. 가족에는 국경이 없습니다. 저의 형제자매가 위기에 처하면 그들을 구하는 데 힘을 보태는 게 제 책임이라는 건 자명해 보였지요. 소련의 유대인들을 '구한다'는 것은 그들을 물리적 위험으로부터 보호한다는 의미가 아니었습니다. 그 사람들이 실제로 파멸의 위협을 받은 건 아니었으니까요. 하지만 유대교 교육과 실천을 금지한 정부 정책 때문에 그들의 유대인 정체성이 공격을 받고 있었습니다. 유대인의 모습을 지워버리려는 시도였지요. 그래서 우리는 가족의 일원인 그들을 잃어버리는 일이 없도록 나선 겁니다.

세계 각지의 유대인들이 25년간 지속적으로 항의 캠페인을 조직해서 유대인의 정체성과 의미를 재정의하는 데 일조했습니다. 곳곳의 디아스포라에서 수많은 유대인들이 소련으로 여행을 갔습니다. 순전히 동료 유대인들을 만나서 계속 버티라고 격려하기 위해서 말이지요. 항의 캠페인은 세계 곳곳으로 퍼져나가서 아무리 작고 외딴곳에 있을지라도 거의 모든 유대인 공동체가 캠페인에 참여했습니다. 마침내 1980년대 말 소련의 문이 열리고 잃어버린 유대인들이 다시 유대 민족에 합류했습니다.

유대인 가족은 또한 더욱 친밀한 방식으로도 나타납니다. 저는 여러 차례 여행을 하면서 너그러운 확대가족에 속하는 축복을 경험했습니다. 가족에 대한 인식도 넓어졌고요. 뭄바이에서는 자녀가 없는 유대인 부부의 집에 묵으면서 아들 대접을 받았는데, 어떤 의미에서는 실제로 아들이었습니다. 프랑스 남부에 있는 어느 마을에서 1년을 보내던 중, 어느 날 신선식품 몇 상자를 받게 되어 깜짝 놀랐습니다. 모르는 어떤 사람이 유대 설날 선물로 보내준 거였지요. 동료 유대인이 해외에서 찾아와 머무르고 있다는 소식을 들은 농부였습니다. "유대인인가요?" 공항에서 가끔 이런 질문을 받곤 하는데, 질문의 의도가 반감인지 기대감인지 알아채기란 어렵지 않지요.

우리는 역경 때문에 약해졌지만 또한 강해지기도 했습니다. 유대인들이 서로에 대해 그렇게 열정적으로 신경을 쓰는 한 가지 이유는 역사적 필요성 때문입니다. 그런 가족 의식은 우리의 분쟁에도 영향을 미치지요. 지난 수년간 이스라엘을 파괴하거나 훼손하려는 시도가 벌어질 때마다 세계 각지의 유대인들이 유대 국가에 보내는 지지는 강해지기만 했습니다.

하지만 역설적으로, 이런 압도적인 가족 의식은 또한 유대인의 연대를 훼손할 수도 있습니다. 어떤 가족이든 그렇겠지만, 상호 기대는 배신감으로 이어질 수 있거든요. 유대인들은 동료 가족 구성원들이 공동체의 이해나 가치를 배신했다고 판단하면, 지독하게 경멸하면서 서로에게 등을 돌릴 수 있습니다. 유대인 가족의 어두운 면이지요.

유대인 가족은 민족의 형태를 띱니다.

유대인 정체성에서 민족이 중심을 차지한다는 사실이 유대인 무신론자들이라는 외견상 이상한 존재를 설명하는 데 도움이 됩니다. 가령 이슬람과 기독교에서 신앙의 기본 교의를 믿지 않게 된 신자는 이제 더는 무슬림이나 기독교인이 아니지요. 하지만 유대인은 신앙이 없어도 자기 민족에게 여전히 충실하기만 하면, 그러니까 유대 민족의 안녕에 기여하고 자녀를 유대인으로 기르면, 동료 유대인들이 대체로 유대인 공동체에 속한다고 인정해줍니다.

여러 해 동안 저는 팔레스타인 사람들과 무슬림들한테서 다음과 같은 이야기를 여러 형태로 몇 번이고 들었습니다. "우리는 종교로서의 유대인에게는 아무런 문제가 없다. 우리는 기독교인들보다 당신들을 더 잘 대해준다. 하지만 당신네가 국가주권을 가진 하나의 민족임을 고집하는 것은 전혀 공감할 수 없다. 당신네가 민족이 아니라 종교라는 것을 알고 있기 때문이다."

유대인이 민족이라는 것을 부정하는 태도가 우리를 갈라놓는 핵심적인 요인 가운데 하나입니다. 유혈 사태를 끝내기를 원하는 제가 아는 팔레스타인 온건파들도 유대인이 하나의 진정한 민족이라는 사실을 부정하는 경향이 있습니다. 팔레스타인 지도자들이 우리가 고대 이래로 해온 것처럼―특정한 신앙을 가진 민족으로―우리의 정체성을 스스로 정의하게 내버려두는 대신 유대인을 하나의 종교로 정의하기를 고집하는 한, 이스라엘은 언제까지고 정통성이 없는 나라로 간주되고, 그 존재는 미해결된 문제가 될 겁니다.

유대교에서 민족에는 대단히 중요한 영적 차원이 있습니다. 유대인들이 단지 자기 보전에 관심을 가진 한 가족, 그러니까 운명을 공유하는 것으로만 묶인 가족에 불과하다면, 과연 우리가 수천 년의 유랑과 역경을 뚫고 살아남을 수 있었을까요? 유대인 집단은 두 차원에서 기능합니다. 가족으로, 그리고 신앙으로. 유대인 가족을 튼튼하게 만든 것은 운명 의식입니다. 유대 민족은 인류의 진화에서 절박한 영적 역할을 해야 한다는 의식이지요. 운명은 숙명에 의미를 부여합니다.

유대교는 하느님과 한 민족의 사랑 이야기입니다. 이 연애 이야기는 종종 떠들썩하지요. 성경에 기록된 것처럼, 때로는 하느님이 믿음이 없다고 유대인을 나무라고, 때로는 유대인들이 특히 모진 박해를 받을 때면 하느님이 자신들과의 약속을 저버렸다고 받아치면서 비난합니다. 하지만 유대 민족이 존재하는 한 사랑 이야기는 계속됩니다.

유대교가 추구하는 목적은 모든 민족들을 신성하게 만드는 목표를 추구하도록 한 민족을 신성하게 만드는 겁니다. 이 믿음에 따르면, 하느님은 인류 가운데 한 집단—뚜렷하게 구별되는 성자들의 민족이 아닙니다—을 무작위로 떼어내서 시나이산에서 집단 계시를 내렸습니다. 시나이산에서 하느님은 유일한 위대한 영혼인 모세만이 아니라 이스라엘 민족 모두에게 나타나셨지요. 해방된 노예들의 나라인 이스라엘 민족이 평범하다는 사실 자체가 어떤 의미로는 그들이 선택된 중요한 이유였습니다. 다시 말해 유대인들이 선택을 받은 것은 그들이 특별하게 타고나서가 아니라 특별하지 않기 때문입니다. '보통 사람', 즉 모든 사람, 여느 사람에 해당하는 민족인 거지요. 유대인은 인간의 한 부류가 아무 매개도 없이 신과 직접 만날 때 어떤 일이 벌어지는지를 보기 위한 시험 사례였습니다. 시나이는 인류가 역사의 정점에서 경험하게 될 계시를 미리 보여주는 일종의 리허설이었던 거지요.

유대인들이 같은 일신교 신자인 무슬림, 기독교인과 많은 믿음과 가치를 공유하기는 해도 결정적인 차이점이 있습니다. 이슬람과 기독교는 보편적인 신앙이며 원칙적으로 모든 인간을 위한 종교입니다. 두 종교는 각각 자기 이미지에 따라 개조되는 미래의 세상을 그립니다. 역사의 종말이 오면 인류가 그 길을 받아들일 것이라고 믿지요.

이와 대조적으로 유대교는 특별한 사람들을 위한 신앙입니다.

유대교는 이슬람, 기독교와 보편적인 전망을 공유합니다. 언젠가 지금 물질적 실재가 그런 것처럼 신의 실재가 자명하게 될 것이라고 보지요. 세 종교 모두 인간으로 하여금 하느님의 존재가 드러나는 때를 대비하게 만들고자 합니다. 유대교가 꿈꾸는 미래에서는 모든 인류가 존재의 합일을 인정하고 예루살렘에 있는 '하느님의 집'을 향해 순례에 나설 겁니다.

하지만 유대교는 인류가 전부 유대인이 될 것이라고 기대하지 않습니다. 그 대신 유대인의 역할은 영적 전위가 되어―특히 도저히 믿기 어려운 생존을 통해―하느님의 존재를 증언하고 인류가 초월로 나아가도록 대비하게 도와주는 겁니다. 보편적 목표를 위한 배타적 전략이지요.

히브리 성경의 구조는 유대인의 목적을 드러내줍니다. 성경은 보편적인 이야기로 시작됩니다. 최초의 인간이 창조되고, 고차원적인 존재 상태인 '에덴동산'으로부터 알 수 없는 이유로 이 물질세계로 추락하며, 형제 살해가 시작되고, 인간은 동물적 존재의 수준을 넘어서지 못합니다. 그러다가 성경에 '홍수'로 나오는 묵시록적 파괴에서 정점에 달합니다.

인간이 하느님이 세운 계획을 실행하지 못하자 하느님은 새로운 전략을 마련해야 했습니다. 그리하여 하느님은 아브라함에게 민족을 세우라고 명했습니다. 성경에 적힌 대로 그 민족을 통해 "세상 모든 민족이 복을 받게 될 것"이었지요. 그리하여 성경은 초점을 좁혀서 인간 본성을 넘어서서 "제사장의 나라이자 거룩한 민족"이 되기 위해 분투하는 한 민족의 이야기가 됐습니다. 인류를 구원하기 위한 하느님의 계획에는 그 전망을 역사를 통해 이어가는 민족이 필요했습니다. 따라서 유대교에서 민족과 신앙은 떼려야 뗄 수 없습니다. 유대 민족이 없으면 유대교도 없습니다.

히브리 성경은 보편적인 전망에서 정점에 다다릅니다. 이사야의 말대로 하느님의 존재가 "바닷물처럼 눈에 보이"고 인간이 하나인 그 존재를 받아들이는 때이지요. 성경의 서사는 보편적 뿌리로 돌아가고 인간은 에덴동산으로 돌아가지만, 더 높은 발전 상태에서 역사의 경험을 통해 성숙한 상태입니다.

각 종교의 전략—이슬람과 기독교의 보편적 접근법과 유대교의 민족적 접근법—에는 영적인 장점과 단점이 있습니다. 보편적 신앙의 장점은 인류 전체를 직접 책임져야 하는 존재로 본다는 것입니다. 수많은 민족을 대표하는 수백만의 순례자가 메카에 운집한 광경을 보면 마음속 깊이 감동이 입니다. 하지만 모두를 끌어안는 보편적 신앙은 자신의 경로가 하느님에게로 가는 유일하게 정당한 길이라고 정의하려는 유혹에 맞서 싸워야 합니다.

유대교는 특정 민족을 위한 종교이기 때문에 다른 신앙들의 정당성을 수용할 수 있습니다. 유대인인 저는 인류를 제가 믿는 종교의 이미지에 따라 개조하려고 기대하지 않으며, 따라서 다른 종교들이 하느님에게로 가는 각기 다른 길을 제시하는 데 감사함을 느낍니다. 이슬람과 기독교는 무수히 많은 사람들을 하느님과 관계 맺도록, 그리고 공교롭게도 유대 민족의 신성한 이야기와 관계 맺도록 인도했습니다. 이제 유대교는 힌두교, 불교와 조우하고 있으며, 랍비와 학자들은 이런 중요한 종교들을 유대교적으로 이해하기 위해 씨름하기 시작했습니다.

민족에 바탕을 둔 신앙의 위험은 자기 집착입니다. 특히 열렬한 전통적 유대인들 가운데에는 비유대인 전체와 인류의 문제를 무시하려는 경향이 있습니다. 이런 태도는 수천 년간 박해를 받은 결과 많은 유대인이 일종의 방어적 고립 상태에 빠진 탓이기도 합니다. 하지만 유대교가 직면한 유혹은 그 보편적 목표를 잊어버리고 하느님의 가장 중요한 관심사가 인류가 아니라 한 민족이라고 상상하는 겁니다.

유대인은 단일한 종족이나 인종이 아니며 외부와 격리된 폐쇄적인 민족이 아닙니다. 이스라엘 어느 거리를 보아도 전혀 다른 외모의 유대인을 볼 수 있지요. 유대교는 개종자들에게 열려 있습니다. 정통파 유대교는 개종 과정이 만만치 않습니다(다른 유대교 교파는 그렇지 않지요). 하지만 일단 개종을 마치면 다른 유대인과 똑같이 대접받습니다. 동료 유대인들은 개종자가 원래 어디 출신인지 말해선 안 되며, 이스라엘 공동체에서 배제된다는 메시지를 넌지시 언급해서도 안 됩니다.

　가장 사랑받는 유대인 인물 가운데 하나는 모압 사람 룻입니다. 룻은 유대교로 개종한 인물로, 메시아 계보의 창시자인 다윗 왕의 증조모지요. 개종자를 메시아와 연결 짓는 이런 전통은 유대인들에게 하나의 메시지가 됩니다. 우리는 보편적인 목적을 추구하는 특별한 민족인 겁니다.

롯기에 따르면, 다윗 왕의 증조모가 개종을 하게 된 과정은 그냥 한번 선언하는 것이었습니다. 롯은 이스라엘 사람인 시어머니 나오미에게 말했지요. "어머님의 겨레가 내 겨레이고, 어머님의 하느님이 내 하느님입니다."

두 맹세의 순서를 보면, 고대 유대교에서 유대인이 되는 과정만이 아니라 유대인 정체성의 성격을 어떻게 보았는지와 관련해 아주 중요한 점이 드러납니다. 우선 롯은 이스라엘 민족에게 충성을 맹세합니다. 그리고 하느님에 대한 믿음을 확인합니다. 유대인이 되는 바탕은 민족인 것입니다.

제가 일부 팔레스타인 사람들로부터 들은 주장 하나는 아슈케나지 유대인―유럽 출신 유대인―은 고대 이스라엘 사람의 후손이 아니라 중세 하자르족―이 투르크 종족의 왕은 많은 백성과 함께 서기 8세기에 유대교로 개종했습니다―의 후손이기 때문에 이스라엘 국가는 역사적 정통성이 없다는 겁니다. 대다수 역사학자들은 아슈케나지 유대인이 하자르족의 후손이라는 통념을 무시해버립니다. (그런데 미즈라히 유대인―중동 출신 유대인―은 어떨까요?)

하지만 설사 오늘날 살아 있는 모든 유대인이 하자르족의 후손이라고 하더라도 유대인으로서 그들의 정통성이 영향받는 건 아닙니다. 개종자든 타고난 유대인이든 다를 바가 없습니다. 유대 민족과 신앙에 자신을 맡기는 순간 소급 적용되어 그 기원, 그러니까 최초의 유대 개종자인 아브라함과 사라에게로 연결되는 것이니까요. 개종자들의 영혼이 시나이산에 서서 다른 유대 민족들과 나란히 토라를 받았다는 신비적인 통념도 있습니다.

제 아내 사라는 기독교인으로 자라다가 룻과 비슷한 개종 과정을 겪었습니다. 처음에는 유대 민족과 사랑에 빠지고(룻처럼 한 특정한 유대인을 통해), 그다음에 유대 민족의 하느님을 사랑하여 그 길을 걷게 됐습니다. 개종을 하면서 아내는 사라라는 이름을 택했는데, 성경에 나오는 같은 이름의 사람처럼 아내 역시 유대인의 한 계보를 만들었기 때문이지요.

성스러운 목적을 위해 만들어진 유대 민족은 그 자체가 하나의 종교적 범주가 됐습니다. 유대교에서 볼 때, 유대 민족에 충성하는 것은 **종교적** 행위입니다. 독실한 시온주의자들이 세속적 시온주의자들과 손잡기를 주저하지 않는 것은 그 때문이지요. 세속적 시온주의자도 자기 민족을 사랑하고 보호하니까요. 독실한 유대인들이 보기에, 유대 민족을 강화하는 것은 세상에서 하느님의 사자로 일할 수 있는 이 민족의 능력에 기여를 합니다.

민족과 종교의 이런 고유한 관계를 모든 유대인 집단이 항상 받아들인 것은 아닙니다. 가령 19세기에 개혁파 유대교는 유대인은 하나의 믿음일 뿐이라고 선언했습니다. 그런 입장은 이후 계속 발전해서 오늘날 개혁파 유대교는 민족과 이스라엘에 대한 애착을 포함하는 규범적인 유대인 정체성을 신봉합니다. 종교 스펙트럼의 반대편 끝에 있는 초정통파는 19세기 유럽에서 반근대주의 이데올로기로 등장했는데, 그들과 민족의 관계는 양가적입니다. 민족을 종교적 정체성의 일부로 확실히 받아들이는 한편, 분리주의적 초정통파는 사실 기본적인 유대인의 통일성보다 엄격한 종교적 실천을 앞세우면서 주류 유대인 공동체의 다수를 소외시킵니다.

하느님의 선택을 받은 민족이라는 관념은 책임보다 특권을 부여하기 위해 만들어진 게 아닙니다. 유대인의 역사를 보면 이 역할이 영광보다는 부담을 수반한다는 사실이 증명됩니다. 유대인들이 자신들의 역사를 이해한 고전적인 방식은 강렬한 하느님의 존재 안에서 살지 못한 민족의 이야기입니다. 히브리 성경에서 서술되는 이야기지요. 민족의 서사시가 민족을 기리기는커녕 가차 없이 비판한다는 점에서 사뭇 놀랍습니다.

기독교와 이슬람이 부상하는 가운데 우리가 영적으로 실패했다는 유대교의 자기비판은 우리의 정통성 자체에 대한 외부적 공격이 됐습니다. 유대교는 진부한 종교, 실패한 종교로 치부됐지요. 하지만 유대인들은 그런 판정에 저항했습니다. 여러 세기 동안 종종 적대적인 땅에서 살면서도 그들은 자신들이 역사에서 핵심적인 영적 역할을 하는 것이 하느님의 뜻이라고 믿었습니다. 그리고 그 역할은 고국에 돌아가서 다시 주권적 집단으로 제 역할을 할 때 가능한 일이었지요.

선택받은 민족이라는 사실을 왜곡해서 인류에 봉사하기 위한 토대가 아니라 세상으로부터 고통받은 분리주의로 만드는 유대인들이 있습니다. 선택받은 민족이라는 사실은 일종의 자만, 스스로를 찬미하는 신학이 될 수 있습니다. 방대한 유대교 종교 문헌을 슬쩍만 들춰보아도 사해동포주의와 나란히 국수주의의 사례를 쉽게 찾을 수 있지요. 일부 유대인들에게는 특수은총설〔하느님의 은총이나 속죄가 모든 사람이 아니라 특별히 선택된 사람에게만 한정된다는 설—옮긴이〕이 그 자체로 목적이 되며, 이스라엘 민족이—여러 민족을 위한 축복이 되라는—어떤 보편적 목적을 이루도록 정해졌다는 사고 대신 유대인이 세상의 중심이라는 과장된 의식이 굳어졌습니다.

하지만 우리는 또한 정반대의 문제에 직면해 있지요.

우리 역사 내내 보편적인 최종 시점을 갈망하면서 유대 민족에서 빠져나간 유대인들이 있었습니다. 만약 그 목표가 인간의 하나 됨이라면 왜 낡아빠진 분리주의에 계속 집착하는 걸까요? 다소Tarsus의 사울, 성 바울이 주장한 것이 사실 바로 그런 것이었지요. 19세기와 20세에 많은 유대인들은 '부족 중심주의'를 참지 못한 나머지 유대인 정체성 대신 메시아적 마르크스주의를 택했습니다. 하지만 이런 마르크스주의는 특히 유대인 자신들에게 재앙적 결과를 안겨주었지요.

특수와 보편 사이에서 긴장을 유지하는 것이야말로 오늘날 유대인이 직면한 가장 커다란 과제로 손꼽힙니다. 일부는 우리 전통 가운데 가장 제한된 승리주의적 측면 안에 스스로 똬리를 틀어 처박혔고, 다른 일부는 세계 전체에 지나치게 문호를 개방한 나머지 유대인의 이야기에서 아예 희미하게 사라질 지경입니다.

제가 보건대, 때로 적대적인 환경에 압도당하면서도 4천 년 동안 번성한 전통을 이어나가는 것은 특권이자 책임입니다. 우리의 이야기는 인류 이야기에서 없어서는 안 될 일부였고, 저는 인류가 여전히 유대인 역사의 목소리를 필요로 한다고 믿습니다. 저의 유대인 정체성 속에는 특수와 보편이 공존합니다. 한쪽에 마음을 쏟으면 다른 쪽도 강해집니다.

서사와 존재

이웃의 친구에게

오늘은 이스라엘의 독립기념일이어서 집 근처 언덕이 온통 국가를 상징하는 파란색과 흰색으로 뒤덮여 있습니다. 차창 밖에 작은 이스라엘 국기가 걸려 있고—몇몇 차에는 국기가 두 개나 나부끼고 있습니다—, 집집마다 발코니에 커다란 국기를 내걸었지요.

독립 이후 70년의 시간 속에는 무척 많은 역사가 압축돼 있습니다. 우리는 젊은이들이 일종의 종교적 헌신으로 땅에서 일한 개척 시기의 이스라엘에서 쇼핑몰과 리얼리티TV가 가득한 포스트모던한 이스라엘로 도약했거든요. 가난하고 침체된 농업 사회에서 세계적으로 많은 첨단기술 스타트업을 자랑하는 경제 강국으로 우뚝 섰습니다. 유대인 난민들이 빼곡하던 판자촌은 텔아비브의 반사유리 고층건물 숲으로 변신했고요. 총리와 총리 집무실 청소부의 임금 격차가 가장 근소하던, 서구식 나라 가운데 가장 평등한 사회였다가 서구에서 임금 격차가 가장 큰 사회로 바뀌었습니다. 키부츠 공동체로 이루어진 존경받는 작은 이스라엘에서 요르단강 서안 정착촌을 자랑하는 욕먹는 '대이스라엘'로 변모했습니다.

이스라엘의 가장 큰 성공은 인구입니다. 거의 9백만 명에 달하는 인구 가운데 2백만 가까이가 아랍인입니다. 이스라엘은 최대 규모의 유대인 공동체를 품고 있습니다. 전 세계 유대인의 절반에 가깝지요. 현재의 인구 추세가 지속된다면 얼마 지나지 않아 전 세계 유대인의 과반수가 여기에 살게 될 겁니다. 1948년에 국가가 창건됐을 때는 50만 명이었는데 말입니다.

헬리콥터 한 대가 당신네 언덕을 가로지르는군요. 무심결에 안도감이 듭니다. 특히 테러 공격의 유혹이 커지는 오늘 같은 날 우리는 보호받는 중입니다. 하지만 이내 당신 생각이 나네요. 헬리콥터들이 당신 집 상공을 날아가는 소리가 들리면 당신과 아이들은 얼마나 겁이 날까요? 우리 양쪽의 관계가 낳은 저주지요. 제가 보호받으면 당신이 취약해지고, 당신 쪽이 패배한 날을 우리가 축하하는 셈이니까요.

그 반대도 참일 수 있습니다. 때로는 저의 불행이 몇몇 팔레스타인 이웃 사람들의 기쁨이 되더군요. 헤즈볼라[레바논의 이슬람 시아파 무장조직이자 정당. 이스라엘이 1982년 레바논 남부를 점령한 이래 양쪽의 충돌이 되풀이되었다—옮긴이]가 이스라엘 북부에 있는 도시들에 미사일을 발사하거나 하마스[1987년 창건 이래 팔레스타인의 이슬람 저항 운동을 계속하다가 2006년 팔레스타인 자치정부의 집권당이 되었다—옮긴이]가 남부 도시들에 미사일을 발사하면, 당신네 언덕에서는 이를 축하하는 불꽃놀이가 벌어집니다.

사라하고 저는 휴일을 맞아 가족과 친구들을 초대해 아파트 바깥에 있는 잔디밭에서 피크닉을 즐깁니다. 독립기념일마다 텔레비전에서 보는 오래된 이스라엘 코미디를 오늘도 보지요. 어디든 가고 싶은 마음이 들지 않는군요. 그냥 집에서 소박하게 즐기는 날입니다.

현충일인 어제는 슬픔에 빠졌습니다. 독립기념일이 바로 다음 날이라는 사실은 우리의 국가적 삶이 정서적으로 양극화되어 있음을 여실히 보여줍니다. 하지만 애도와 축하가 이렇게 가깝게 붙어 있다는 사실에는 뭔가 심오한 의미, 그러니까 우리가 독립을 위해 치른 대가를 고집스럽게 기억한다는 의미가 담겨

있습니다. 이 나라에서 가장 슬픈 순간은 지난주에 있었던 홀로
코스트 기념일이 아니라 현충일입니다. 이 나라는 이스라엘이
생존하기 위해 때로 부모가 자녀의 주검을 묻어야 하는 곳임을
상기시키는 날이니까요. 홀로코스트 기념일에는 우리가 힘이
없어서 생긴 결과를 애도하고, 현충일에는 힘이 있어서 생긴 결
과를 애도하지요.

　항구적인 포위 상태에 처한 나라로서는 보기 드물게 현충일
에도 민족주의적 호언장담이 터져 나오는 일이 거의 없습니다.
라디오에서 흘러나오는 노래들은 애절하고 고요하지요. 텔레비
전에서 방영되는 단편영화들은 하나같이 너무 이른 나이에 스
러진 젊은이의 삶에 초점을 맞추면서 민족의 이야기보다는 인
간의 이야기를 들려줍니다. 이런 짧은 다큐멘터리들에는 조국
에 대한 깊은 사랑이 담겨 있지만 희생을 미화하지는 않습니다.
이따금 젊은이들이 영웅으로 기억되는 일도 있지만 언제나 아
무개의 아들이나 형제, 친구로 등장하거든요. 병사가 죽으면 우
리는 그를 어린이로 돌려놓습니다.

물론 우리의 독립기념일 다음 날에는 또 다른 기념일이 있습니
다. 당신네 애도의 날인 나크바의 날이지요. 1948년 팔레스타
인 재앙의 날입니다. 1967년도 아니고, 점령이나 요르단강 서

안 정착촌 건설도 아닌, 이스라엘 건국이 재앙인 겁니다. 바로 이 재앙이 팔레스타인이 우리한테 품은 불만의 핵심입니다. 우리의 국가적 존재가 불만인 거지요.

그러니 이웃의 친구여, 1967년 국경선에 근거한 두 국가 해법에 어떻게 도달할지를 이야기하기에 앞서 우선 1948년으로 돌아가야 합니다. 아니 훨씬 더 전인 충돌의 기원으로요. 젊은 시온주의자들로 이루어진 첫 번째 집단이 야파 항구에 상륙한 1882년으로 말입니다. 우리는 우리 각자가 품고 있는 상충하는 역사적 서사, 외교관들이 해법을 찾는 과정에서 에둘러 피해 가려 한 서사를 이해할 필요가 있습니다. 당연한 얘기지만 외교관들은 결국 그토록 음울한 결과만을 낳았지요.

제 앞에는 성지의 사진을 담은 책이 한 권 있습니다. 19세기 말 투르크의 술탄인 압둘 하미드 2세가 주문해서 찍은 사진들은 시온주의자들이 나타나기 직전 이 땅의 모습을 보여줍니다. 시간을 초월한 듯 보이는 신성한 장소들의 사진이 있지요. 오늘날 빼곡히 모여드는 신자들과 여행객의 모습은 보이지 않습니다. 마을은 말할 것도 없고 소도시들도 사람이 별로 없어서 텅 빈 주변 환경에 압도되는 풍경입니다.

계속 들여다보게 되는 사진들은 아랍 사람들의 모습입니다. 여기 물주전자를 머리에 이고 우물 근처에 모여 있는 한 무리의 여자들이 있습니다. 바위에 앉아 서로를 마주 보며 카메라를 의식하지 않은 채 대화를 나누는 남자와 여자도 있고, 허연 턱수염에 터번과 긴 겉옷을 입은 채 먼 곳을 향해 미소를 짓는 셰이크도 있고요.

그와 대조적으로, 앨범 속에 있는 유대인들은 주변 환경에 시달린 모습입니다. '오래된 이슈브yishuv'에 사는 독실한 사람들입니다. 이슈브란 시온주의 이민이 들어오기 전부터 여러 세기 동안 이 땅에 소수자로 존재한 유대인 공동체를 말합니다. 이미지에 담긴 표정에는 미소가 전혀 없고 편안한 몸짓도 없습니다. 턱수염이 덥수룩한 남자들은 간혹 꼬질꼬질한 터키식 상의 차림인데, 괴로운 노년을 견디는 듯한 모습입니다. 앨범에 실린 사람들은 아랍인이고 유대인이고 간에 거의 전부 가난하지만, 유대인의 가난이 더 모질게 보입니다. 평범한 삶, 유대인 염소지기나 농부의 모습은 전혀 없지요. 그 대신 기도를 하거나 그냥 종교 책자를 들고 포즈를 취하는 남자들 사진입니다. (유대인 여자는 어디에도 보이지 않습니다.) 어떤 이들은 성지에서 죽으러 온 사람들이고, 대부분은 해외 유대인들이 보내주는 기부금으로 살았지요.

오래된 이슈브에 살던 그 유대인들에게 감사하는 마음입니다. 이스라엘 사람들과 시온의 유기적인 연결을 계속 이어준 사람들이니까요. 그들이 여기에 존재한 사실 자체가 언젠가는 결국 돌아올 것이라는 약속을 상기시켜주는 증거입니다. 하지만 처음 온 시온주의자들이 그 사람들에게 경멸감을 느낀 것도 이해가 갑니다. 젊은 개척자들은 유럽의 게토(유대인 거주 구역)를 뒤로하고 땅에서 일하는 새로운 유대인의 삶을 건설하기 위해 온 이들이었습니다. 그런데 예루살렘과 헤브론과 제파트의 옛 유대인 지구에서 게토에서와 똑같이 허리를 굽혀 일을 하고, 습관적으로 신중해지고, 수동적이고 가난한 삶에 직면했지요. 오래된 이슈브는 유대인의 삶에 유랑 생활로 찌든 흔적을 남겼습니다. 이스라엘 땅에서 사는 유대인들도 뿌리 뽑힌 것처럼 보였지요.

앨범 맨 뒤에 실린 사진에는 야파 항구에 도착하는 배에서 승객과 짐을 실어 나르는 사공들이 등장합니다. 암초 때문에 큰 배는 부두에 대지 못했거든요. 몇몇은 페즈 모자(챙이 없고 위가 약간 좁은 원통형 모자. 오스만제국 말기에 많이 썼다—옮긴이)를 쓴 사공 아홉이, 노를 세워 준비를 한 채 긴 보트에 앉아 있습니다. 멀리 선박 두 척이 다가오고 있고요. 아마 선박에는 젊은 유대인 개척자들이 새로운 고향을 보려고 목을 길게 빼고 있겠지요. 잠시 후면 사공들이 활기차게 움직이면서 이민자들을 항구로 실어 나를 겁니다.

이 사진을 오래 들여다보고 싶군요. 예술적으로 아름답기 때문이 아니에요. 사람들의 얼굴이 뚜렷하지 않고, 사진도 평범합니다. 하지만 저한테는 이 사진이 책에서 제일 가슴 저미는 이미지랍니다. 사진 속 주인공들이 바로 그 순간 그들이 사는 세상을 영원히 박살 내버릴 변화의 순간을 관장하고 있음을 전혀 알지 못하기 때문이에요.

젊은 시온주의자들은 강력한 서사를 품은 채 왔습니다. 유대 민족을 이 땅에 연결시켜주는 4천 년 묵은 이야기지요. 그들은 건설 인부와 농부와 염소지기가 됐습니다. 술탄 압둘 하미드의 사진에 등장하는 유대인들과 정반대가 된 겁니다. 그들이 성공을 거두자 유대인들이 다시 토착민이 되었고, 유대인 토착민이 세대를 이어 이 땅에서 자라났습니다.

팔레스타인 사람들은 종종 저한테 오스만투르크 사람들이 여기 왔다가 떠나고 영국인들이 왔다가 떠난 것처럼, 시온주의자들도 언젠가 떠날 것이라는 이야기를 했습니다. 그런 비유는 시온주의의 독보적인 업적을 무시하는 처사입니다. 이 침략자들 가운데 누구도 주권국가는커녕 번성하는 사회도 만들지 않았습니다. 그들은 결국 자기들의 고국으로 돌아갔지요. 다른 무엇보다도 당신이 이 점을 이해해주었으면 좋겠습니다. 유대인들은 십자군과 오스만 사람들, 영국인들이 실패한 곳에서 성공했습니다. 우리는 그냥 여기에 온 게 아니라 돌아온 거였기 때문이지요.

우리의 비극은 양쪽 모두 분쟁의 각기 다른 국면에서 상대방의 민족 정체성의 정당성을 부정하고, 상대의 절멸을 합리화하려고 했다는 사실입니다. 일부 유대인들은 팔레스타인의 민족 정체성이 허구임을 '증명'하려고 계속 시도합니다. 당신네는 발명된 민족이라는 거지요. 물론 당신네는 발명된 민족입니다. 우리도 마찬가지고요. 모든 민족 정체성은 정의상 발명되는 겁니다. 어떤 시점에서 한 무리의 사람들이 자신들에게 다른 점보다 공통점이 더 많다고 판단하고서 스스로를 하나의 민족으로 발명합니다. 공통의 언어와 기억, 역사 이야기를 가진 민족이 되는 거지요. 민족의 등장은 본질적으로 주관적인 과정입니다. 현대 시온주의의 탄생에 관한 오래된 히브리 노래에 이런 말이 나오지요. "어떤 사람이 갑자기 아침에 깨어나/민족이 되었음을 느끼고/걷기 시작하네." 저는 민족의 탄생에 관해 이보다 더 좋은 설명을 알지 못합니다.

우리는 각자의 이야기를 할 수 있는 서로의 권리를 존중할 필요가 있습니다. 지금 이웃 친구인 당신에게 이 편지를 쓰는 것도 그 때문이지요. 당신네 이야기가 아니라 저의 이야기를 들려주려고요. 제가 바라는 대로 답장을 쓰기로 마음먹으면, 당신네 역사를 이해한 내용을 들려주세요. 당신이 스스로를 정의할 권리를 존중하며, 제 권리도 주장하겠습니다. 그게 평화에 이르는 길입니다.

저는 1차 인티파다 시기에 군 복무를 하는 동안 팔레스타인 민족 정체성의 힘을 이해하게 됐습니다. 가자지구와 요르단강 서안을 순찰하다가 총을 든 군인들에게 돌을 던지면서 자기 민족을 위해 싸우는 젊은이들과 마주친 일이 있습니다. 적이긴 해도 당당한 그들에게 존경심이 느껴지더군요. 제가 그런 처지라면 똑같이 행동했을 겁니다. 1차 인티파다는 많은 이스라엘인들이 자신들이 팔레스타인 민족을 무시한 게 잘못된 일이었음을 깨닫기 시작한 순간이었지요. 이스라엘의 다수가 점차 두 국가 해법을 중심으로 뭉쳤습니다. 그때까지만 해도 이스라엘에서 대체로 극좌 과격파가 이런 입장을 견지했습니다. 팔레스타인의 자결권이 이스라엘 주류 담론의 일부가 됐습니다.

하지만 파타〔팔레스타인 자치정부 초대 수반인 야세르 아라파트 등이 1959년 창설한 팔레스타인해방기구PLO의 최대 조직—옮긴이〕에서 하마스에 이르기까지 여러 팔레스타인 민족운동은 아랍과 이슬람 세계의 대다수와 나란히 유대 민족이라는 관념 자체를 계속 무시합니다. 처음에는 이런 부정이 이해할 만한 일이었습니다. 유대인은 어쨌든 여러 세기 동안 이슬람 치하에서 종교적 소수파로 살았으니까요. 무슬림들은 왜 우리가 19세기에 유대인이 한 민족으로 재발명된 것을 받아들여야 하느냐고 주장했습니다. 그런 인식은 유대인들이 줄곧 스스로 특별한 신앙을 가진 한 민족으로 이해한 사실을 근본적으로 오해한 결과입니다. 유대인들은 어쩔 수 없는 상황 때문에 종교적 소수자로 살았습니다. 언젠가 다시 주권국가를 세울 것이라는 기대를 내려놓은 적이 없습니다. 그런 희망이야말로 종교적 믿음의 토대였으니까요.

충돌이 시작됐을 때 이 땅은 대부분 텅 비어 있었습니다. 술탄 압둘 하미드의 사진들만 봐도 그런 인상이 압도적으로 드러나고, 통계로도 뒷받침됩니다. 19세기 말에 주민이 겨우 50만 명이었습니다. 압도적 다수가 아랍인이었고요. (지금은 1,300만에 육박하는 사람들, 이스라엘인과 팔레스타인인이 요르단강과 지중해 사이에 살고 있지요.) 아랍인 공동체와 유대인 공동체의 존재가 커지는 가운데서도 이 땅은 두 민족을 너끈히 수용할 수 있었습니다.

시온주의가 생각한 의도는 유대인을 재정착시키는 것이었지 팔레스타인인들을 쫓아내는 게 아니었습니다. 국가 창건 이전 시대에 가장 비타협적인 시온주의 지도자인 제에브 야보틴스키 Ze'ev Jabotinsky도 미래의 유대 국가에는 아랍계 소수자도 다수 포함

될 것이라는 점을 자명한 사실로 받아들였지요. 그러면서 아랍계도 유대인과 동등한 대우를 받을 거라고 말했습니다.

우리 두 민족이 충돌한 건 불가피한 일이었을까요?

양쪽의 서사와 욕구를 감안하면서 지금의 시각으로 보면, 공존은 아마 불가능했을 겁니다. 1930년대에 시온주의와 팔레스타인 양쪽의 지도자들은 은밀하게 타협을 이루려고 시도했습니다. 하지만 그 시절에 시온주의 주류의 입장은 두 민족을 위한 두 국가를 지지한 반면, 팔레스타인 주류의 입장은 이 땅의 어느 한 부분에서도, 아무리 크기가 작더라도 유대인에게 주권을 줄 수 없다는 것이었지요.

갈등은 주로 유대인 이민자 유입에 집중됐습니다. 유대인들은 적어도 이 땅의 한 부분에서라도 주권을 갖는 다수가 될 필요가 있었습니다. 그러려면 많은 수의 이민자를 들여와야 했지요. 한편 팔레스타인 사람들은 이 땅의 어느 부분에서도 자신들이 소수가 되는 사태를 막으려고 했습니다. 그러려면 유대인 이민자 유입을 봉쇄해야 했고요.

'히브리인의 노동Hebrew labor'을 둘러싸고 또 다른 기본적인 이해의 충돌이 벌어졌습니다. '히브리인의 노동'이란 젊은 유대인들에게 육체노동의 삶을 받아들이도록 장려하는 사회주의적 시온주의의 정신이었지요. 그 시절에 시온주의 주류는 대체로 사회주의 성향이었고, 강경한 급진 좌파도 있었습니다. 유서 깊은 사회주의적 시온주의의 이데올로기에 따르면, 유대인의 유랑 생활은 여러 면에서, 특히 경제적으로 부패한 상태였습니다. 여러 세기에 걸쳐 유대인은 대개 토지를 소유해서 농민이 되는 것이 금지되었기 때문에 경제적 주변부로 밀려났습니다. 사회주의적 시온주의자들이 보기에, 유대 민족을 치유하려면 유대인을 상인과 세상 물정에 어두운 지식인에서 농민과 노동 계급으로 변신시켜야 했습니다. 사회주의적 시온주의자들은 이스라엘 땅에서 자급자족하는 유대인 사회를 건설하는 유일한 길은 유대인 프롤레타리아 계급을 창조하는 것이라고 주장했습니다. 유대인이 관리자가 되고 아랍인이 노동자가 되는 계층화된 사회는 어떻게 해서든지 피해야 했지요.

하지만 20세기 전환기에 사회주의자 개척자들이 도착하기 시작했을 때, 그들은 판이한 현실과 마주쳤고, 공포와 수치를 느꼈습니다. 1882년에 시작된 1차 시온주의 물결에서 먼저 온 비사회주의자 개척자들은 농촌 마을을 세워 아랍 농민들을 값싼 노동자로 고용하고 있었습니다. 사회주의자들은 최악의 악몽에 부딪힌 거지요. 도대체 어떻게 유대 국가가 지주 계급 손에 세워질 수 있었을까요? 사회주의자들이 보기에, 유대 민족의 미래 자체가 유대인 노동 계급을 창조하는 데 달려 있었습니다.

그래서 젊은 개척자들은 노동조합을 조직해서 농장 노동자 일자리를 놓고 아랍인들하고 경쟁했습니다. 그 취지는 아랍인의 노동을 부정하는 게 아니라 유대인이 일을 하게 만드는 거였지요. 그 결과로 유대인 노동 계급이 등장했습니다. 간혹 아랍 노동자를 희생시켜가면서요.

'히브리인의 노동'이 교훈적인 건 시온주의가 직면한 불가능한 선택을 여실히 드러내기 때문입니다. 비사회주의적인 방식을 선택하면 결국 아랍 노동자들을 지배하게 됩니다. 반면 사회주의적 방식을 선택하면 고용 시장이 두 민족이 싸우는 전장으로 바뀌지요.

두 민족이 갈등을 겪게 된 가장 큰 근원은 땅 문제였습니다. 처음에는 오스만의 지배 아래서, 그리고 다음에는 영국의 지배 아래서 시온주의 운동은 토지를 사들였습니다. 이 수십 년 동안 유대인이 정착한 두남duman[오스만제국의 토지 단위. 지역에 따라 면적이 달랐지만 팔레스타인 지역의 경우에는 9백 제곱미터였다—옮긴이]마다 꼬박꼬박 값을 치렀습니다. 일하는 유대인의 존재를 재이식하는 이 결정적인 국면에서 토지 몰수는 전혀 없었습니다. 시온주의 운동은 법적으로 토지를 팔 자격이 있는 모든 사람에게서 땅을 사들였지요. 아랍인 부재지주인 경우가 많았습니다. 때로는 시온주의자들이 무인 지대인 땅—말라리아가 창궐하는 습

지나 돌투성이 땅— 에 대해 터무니없이 높은 값을 치렀습니다.
(1910년에서 1944년 사이에 토지 가격이 **5천 퍼센트** 인상된 건 주로 시
온주의자들이 매입에 나섰기 때문이지요.) 하지만 불굴의 유대인들은
언뜻 봐도 사람이 도저히 살 수 없는 지역을 들판과 정원으로
바꿔놓았습니다.

 부재지주가 소유한 이런 땅 가운데 일부에는 아랍 농부들이
살고 있었습니다. 평생을 거기서 일한 이 농부들은 어느 정도
금전 보상을 받기는 했어도 이제 쫓겨나는 신세가 됐습니다. 새
로 매입한 땅에서 평등한 공동생활체를 만드는 주인공이 바로
급진 사회주의자들이라는 사실은 아이러니만을 더욱 부각했지
요. 이렇게 펼쳐지는 비극의 또 다른 한 단면에서는 어느 쪽도
상대방을 자신의 가장 기본적인 욕구를 가로막는 장애물로 보
지 않을 수 있었습니다.

 이 역사를 곰곰이 돌아볼 때면 한편으로는 박수갈채를 보내
면서도 다른 한편으로는 깊은 슬픔에 빠집니다. 겨우 10대를 벗
어난 영웅적인 젊은이들이 인생 최고의 시절을 바쳐 땅을 일구
고 나무를 심어 귀환하는 유대인들을 위해 땅을 가꾸는 모습을
보면서 박수갈채를 보내지요. 그리고 이웃의 친구인 당신네를
위해 애도를 보냅니다. 술탄의 사진에 등장하는 사람들, 생활이
점점 혼란스러워지다가 1948년에 양쪽의 갈등이 중대한 순간

에 다다르면서 뿌리를 뽑히고 파괴되는 사람들에게 말입니다. 그리고 이웃의 친구인 당신과 저를 위해 애도합니다. 1947년에 두 국가 해법이 실현될 기회가 헛되이 날아간 바로 그 순간, 우리 또한 존재 자체를 건 갈등의 모순적 논리에 갇히는 것 같아서요. 세대마다 나름의 쓰라린 감정과 서로에 대한 불만을 더할 뿐이지요.

우리 사이의 이런 논쟁을 더는 견딜 수 없을 때가 있습니다. 우리 중 어느 쪽이—역사나 이데올로기, 정치에 대해—어떤 주장을 내놓든 간에 항상 반론이 제기될 수 있는 것 같습니다. 우리는 자기 쪽 주장은 정당하고 상대방 주장은 공허하다는 것을 입증하기 위해 얼마나 많은 에너지를 허비했을까요? 끝이 없어 보이는 이 논쟁에 전 세계가 얼마나 많은 관심을 돌렸을까요? 역사학자인 아르메니아의 한 지인은 언젠가 이런 말을 하더군요. 자기 민족이 종족 학살을 당한 사실에 관해 글을 쓰면서 잡아떼는 터키를 반박하는 데 시간을 허비하는 게 정말 견디기 힘들더라고요. 모욕적이고 지적으로 답답했다고 하더군요. 아르메니아의 주장을 입증하는 데 몰두하느라 쓰지 못한 책이 너무 많다고 개탄했습니다.

저 또한 우리가 벌이는 이런 말다툼 때문에 진이 빠진 것 같습니다. 하지만 제가 논쟁을 계속하는 건 이스라엘 이야기의 정당성이 공격을 받고 있고, 유대인의 존재 자체가 위협받기 때문입니다. 저는 유대인을 이렇게 정의합니다. 우리는 우리가 누구라고 생각하는지에 관해 우리 스스로에게 들려주는 이야기라고요. 유대교에서 아무리 벗어나 있다고 해도 대다수 유대인이 준수하는 유대교의 핵심 의례가 유월절 밤 축제인 것도 이런 이유 때문이지요. 한 민족으로서 우리의 오랜 기원을 다시 이야기하는 때거든요.

언젠가 우리가 서로 공유하는 비극적 과거를 놓고 논쟁을 벌이지 않아도 되고, 그 대신 우리가 공유하는 미래에 초점을 맞추는 때가 오기를 바랍니다.

시온주의에 맞선 전쟁은 1차대전 이후에 본격적으로 시작됐습니다. 이 땅에서 유대인의 존재가 부각됨에 따라 아랍인들이 점점 폭력적으로 대응했지요. 제정러시아에서 팔레스타인으로 포그롬이 유입됐습니다. 최악의 사건은 1929년 성스러운 도시 헤브론에서 일어났는데, 비무장 상태의 유대인 69명—오래된 독실한 이슈브의 성원들이었지요—이 아랍 폭도들에게 살해당했습니다. 많은 이들이 말 그대로 산산조각이 났지요. 그와 동시에 유대인 4백 명 정도가 아랍인 이웃들 손에 구조됐습니다.

이 사건은 시온주의 사고에서 전환점이 됐습니다. 그때까지만 해도 많은 이들이 공존이 가능하며 장기적으로는 더욱 가능성이 높다고 믿었습니다. 그런데 그 사건 이후 다비드 벤구리온David Ben-Gurion을 비롯한 시온주의 지도자들은 장기적인 충돌을 준비하기 시작했지요.

한편 아랍 세계에서는 백만 명에 육박하는 유대인을 겨냥한 위협이 격렬해졌습니다. 가장 유명한 팔레스타인 지도자로 손꼽히는 예루살렘의 대무프티[무프티는 이슬람법인 샤리아를 해석해서 적용하는 권한을 지닌 학자다. 대무프티는 수니파 이슬람 국가에서 종교법상 가장 높은 직책이다—옮긴이] 하즈 아민 알후세이니Haj Amin al-Husseini는 2차대전 동안 베를린에서 히틀러의 손님으로 지내면서 이슬람 세계에 나치와 손을 잡으라고 호소하는 방송을 하는 한편, 나치에게는 유럽에서 중동으로 종족 학살을 확대하라고 부추겼습니다. 아랍연맹 사무총장인 아잠 파샤Azzam Pasha는 1947년에 이집트 신문과 인터뷰를 하면서 유대인들에게 국가를 만들지 말라고 경고했습니다. "유대인들이 우리를 이 전쟁으로 끌어들이지 않기를 바랍니다. 틀림없이 절멸과 대학살의 전쟁이 될 테고, 몽골의 학살과 십자군처럼 회자될 테니까요." 아잠 파샤는 최소한 유감을 표명하면서 이야기했지만, 다른 아랍 지도자들은 기대라도 하듯 종족 학살의 언어를 들먹였습니다.

최종 단계는 1947년 11월 29일에 시작됐습니다. 총회 결의안의 언어를 빌리면 유엔이 "아랍과 유대의 독립 국가"를 세우기로 표결한 것이지요. 시온주의 운동에 속한 대다수는 이 결정을 받아들인 반면, 팔레스타인 민족운동은 전부 거부하면서 유대인의 존재에 대해 전쟁을 선포했습니다. 유엔 표결 다음 날, 유대인들은 전국 각지에서 공격을 받았습니다. 그리고 6개월 뒤인 1948년 5월 14일 이스라엘이 수립됐을 때 아랍 5개국 군대가 침공을 했습니다. 유대 국가가 탄생하는 순간 파괴하려는 의도였지요.

당시 사태에 관한 당신네 편의 서사는 팔레스타인 지도자 마무드 아바스가 2011년 『뉴욕 타임스』에 기고한 기명 칼럼에 요약돼 있습니다. 아바스의 말에 따르면, 유엔의 분할 표결 직후에 "시온주의 세력은 장래의 이스라엘 국가에서 유대인이 결정적 다수를 점하기 위해 팔레스타인 아랍인들을 쫓아냈고, 결국 아랍 각국 군대가 개입"했다고 합니다. "전쟁과 추가적인 추방이 이어졌다."

이스라엘 유대인들이 아바스의 이야기를 읽다 보면 속이 부글부글 끓습니다. 시온주의가 분할을 수용한 건 어떻게 보십니까, 아바스 씨? 팔레스타인이 분할을 거부한 건요? 유엔 표결 직후에 아무 도발도 없었는데 곳곳에서 팔레스타인 쪽이 유대인 공동체를 공격한 건요? 아랍 각국 군대가 '개입'한 건 팔레스타인 사람들을 돕기 위해서였나요, 아니면 각국 지도자들이 거듭 공언한 대로 유대 국가를 파괴하기 위해서였나요?

언젠가 미국의 한 무슬림 친구가 아랍과 이슬람 국가들이 만장일치로 분할을 거부한 이유를 설명해준 적이 있습니다. 친구 말로 그 시절 유엔은 백인 클럽에 불과했고, 중동에서 땅을 분할할 권리가 전혀 없었습니다. 영국의 1917년 밸푸어선언에 팔레스타인의 일부라도 유대인에게 줄 권한이 없었던 것처럼요.

하지만 유대인들은 우리 주장이 정당하다는 것을 입증하기 위해 국제사회의 동의를 필요로 하지 않았습니다. 이스라엘 독립선언은 우리에게 정당성이 있다는 증거로 이 땅에 대한 유대인의 역사적 뿌리와 애착을 인용하고서 그 후에야 유엔이 유대 국가를 지지한다고 언급하지요. 독립선언의 첫 문장이 "이스라엘 땅은 유대인의 탄생지"라는 것입니다. 유엔이 유대인에게 국가를 '부여'한 것이 아니고, 또한 영국이 우리에게 토착적 권리를 '준' 것도 아닙니다. 이 땅에 대한 우리의 권리 주장은 우리의 존재 자체에서 나오는 겁니다. 태동하는 국가의 기반시설을 건설한 유대인들한테서 나온 거지요. 유엔 표결이 이루어질 무렵에는 이름만 없을 뿐 이미 국가가 존재했습니다. 우리의 권리는 지하 전쟁을 벌이면서 영국 점령자들을 쫓아낸 유대인들한테서 나온 겁니다. 이 전쟁은 중동에서 가장 성공한 반식민주의 반란으로 손꼽힙니다.

아랍의 분할 거부를 옹호하는 사람들은 유엔 분할안이 소수에 불과한 유대인들에게 이 땅의 55퍼센트를 주었다고 지적합니다. 하지만 그런 거부는 유대 국가로 지정된 광대한 땅의 절반 이상이 사막인 반면, 아랍 국가로 지정된 지역에는 가장 비옥한 땅이 포함돼 있다는 사실을 무시합니다. 그런데 어떤 분할안이든 간에 과연 아랍 쪽이 받아들일 수 있었을까요? 유대 국가가 이 땅에서 조그만 한 조각이라도 받았다면, 아랍 세계는 그래도 분할을 거부했을 게 분명합니다. 이 땅에서 어떤 형태로든 유대인이 주권을 갖는 것은 범죄로 여겨졌으니까요.

제가 보기에 분할에 반대하는 팔레스타인의 설득력 있는 주장은 더욱 직설적인 것입니다. 팔레스타인 사람들이 이렇게 하는 말을 자주 들었습니다. 만약 어떤 낯선 사람이 당신 집을 차지하고 앉으면, 그 사람과 집을 나눠 갖는 걸 받아들이겠습니까? 그가 당신에게는 방을 세 개 주고 자기는 '겨우' 두 개만 차지한다면, 그 타협이 공정한 것이라고 생각할까요?

그런 입장에 공감하는 마음도 있습니다. 저는 우파 시온주의 청년 운동인 베타르Betar—야보틴스키하고 메나헴 베긴이 이끈 비타협주의적 운동입니다—내부에서 성장했는데, 이 운동도 유엔 분할안을 거부했지요. 저는 열세 살에 베타르에 가입했는데, 모든 땅이 당연히 우리 것이라는 비타협적인 주장에 깊은 감동을 받았습니다. 10대 시절에는 우리가 생각하는 이스라엘 땅을 형상화한 조그만 지도 모양 은목걸이를 걸고 다녔어요. 요르단강 서안뿐만 아니라 요르단 왕국이 된 영역도 포함된 지도였지요. 영국인들이 역사적 팔레스타인에서 분리해서 하심가(家)에 준 땅 말입니다. 우리는 우리 조상 대대로 물려받은 땅의 운명을 결정하는 영국인들이 누구냐고 물었습니다. 이런 노래를 불렀지요. "요르단강 양쪽 다 우리 땅이다. 이쪽하고 저쪽 둘 다."

저는 우리 민족이 주장하는 권리의 정당성에 깊이 매혹된 나머지 당신네 민족의 반대 주장을 들을 수 없었습니다. 나이가 들어 20대가 돼서야 전복적인 질문을 던지기 시작했지요. 팔레스타인 사람들은 이 분쟁을 어떻게 인식할까? 그들 주장의 근거가 무얼까? 호기심은 공감으로 이어졌습니다. 독선의 최대의 적이지요. 마침내—개인의 삶에서든 한 민족의 삶에서든—타협은 비타협적 입장에 못지않은 '진정한' 성취를 가져다준다는 것을 깨닫게 됐습니다.

하지만 1948년에 두 민족이 각각 민족 생존 전쟁으로 생각하는 전쟁을 벌이는 가운데, 어느 쪽도 공감을 느낄 여유가 없었지요. 민간인과 전투원이 거의 구분되지 않는 총력전이었으니까요. 도로와 마을, 도시 거리와 집집마다에서 격렬한 전투가 벌어졌습니다. 양쪽 모두를 대상으로 학살극이 벌어졌고요.

팔레스타인 사람들한테 당신네 편이 학살을 벌였다고 언급하면 보통 이런 반응이 나옵니다. 그렇긴 해도 전쟁을 시작한 건 당신네 쪽이고, 우리는 대응했을 뿐이라고요. 이스라엘 유대인들도 똑같이 말할 겁니다. 아랍 군대가 승리를 거두는 곳마다 단 한 명의 유대인도 남아나지 못했습니다. 수백 년 동안 대를 이어 동예루살렘 동네에서 살아온 유대인들이 쫓겨났습니다. 다른 곳에서는 유대인들이 아랍 전사들에게 잡혀서 학살을 당하고 살던 동네가 사라졌습니다. 선택의 여지가 있기는 했지요. 추방당하든지 아니면 학살당하든지.

우리가 벌인 전쟁에서 양쪽 모두 이점이 있었습니다. 당신네 편은 이웃한 다섯 나라 군대의 지원을 받았지요. 우리 편은 탱크 세 대하고 전투기 네 기로 전쟁을 시작했습니다. 그리고 우리뿐이었고요. 하지만 결국 드러난 것처럼, 그런 상황이 결정적인 이점으로 작용했습니다. 고립무원 상태라는 절망감 때문에 우리는 생존이 걸린 전쟁에 전체 사회를 동원할 수밖에 없었거든요. 당신네 편이 승리했다면 아마 이 땅에 유대인이 거의 남아나지 않았을 겁니다. 그 결과 유대인들은 똘똘 뭉쳐서 단호하게 싸웠고, 우리가 살던 지역 가운데 패배한 곳은 한 줌밖에 안 됐습니다. 어디 도망칠 데가 없었거든요. 이미 우리는 유대 역사에서 더는 내몰릴 곳이 없었던 겁니다.

물론 결국 가장 파괴적인 결과를 겪은 것은 당신네 편이었습니다. 팔레스타인 사람 70만 명이 난민이 됐으니까요.

전쟁이 끝난 뒤 난민의 비극에 관해 두 가지 상충하는 서사가 등장했습니다. 여러 해 동안 우리 편은 전투를 피해 자발적으로 도망친 경우는 있어도 추방은 전혀 없었고, 아랍 지도자들이 팔레스타인인들에게 집을 포기하라고 부추겼다고 주장했습니다. 아랍 군대들이 금방 승리를 거둘 테니 길을 내주라고 말이지요. 당신네 편은 시온주의 계획에서 사전에 준비된 대로 추방이 조직적으로 진행됐다고 주장했습니다.

두 서사 모두 사실이 아니었습니다. 새로운 세대의 이스라엘 역사학자들은 난민의 대다수가 실제로 이스라엘군에 의해 쫓겨났음을 입증했습니다. 일부 아랍 지도자들이 팔레스타인인들에게 도망치라고 부추긴 것은 사실이지만, 도주와 추방을 가르는 선이 언제나 뚜렷했던 것은 아닙니다. 많은 이들이 추방이나 학살이 두려워서 도망쳤습니다.

난민의 비극은 이스라엘의 체계적인 정책이 낳은 결과가 아니라 종종 지역 사령관들이 내린 결정 때문이었습니다. 한 사례에서 벤구리온 총리는 실제로 분명하게 추방을 명령합니다. 텔아비브 근처에 있는 리다[지금의 로드—옮긴이]하고 라믈레[지금의 라믈라—옮긴이]에서 몰아내라는 것이었지요. 그리고 리다에서 벌어진 추방은 학살을 동반했습니다. 전투를 피한 일부 아랍 마을은 고립된 채 남았습니다. 그리고 유대인과 아랍인이 섞여 살던 하이파 시에서는 유대인 시장이 거리에 버티고 서서 도망치는 아랍인들에게 그냥 남으라고 애원했습니다. 전투가 치열해짐에 따라 팔레스타인 중산층 수만 명이 안전을 찾아 도망쳤습니다. 유대인이 패배한 다음에 다시 돌아오겠다고 기대하면서요. 그들이 떠나자 팔레스타인 사회는 사기가 한층 더 떨어졌습니다. 당신네 사람들은 많은 수가 추방되고 많은 수가 도망쳤지요. 그리고 일부는 남았습니다. 그 때문에 현재 이스라엘에는 팔레스타인계 시민이 150만 명이 넘습니다. 그때 남은 가족들의 후손이지요(이스라엘이 창건된 뒤 15만 명 정도가 남았습니다).

그런데도 전쟁이 끝날 무렵 산산이 박살 난 쪽은 당신네 사회였습니다. 이스라엘은 텅 빈 팔레스타인 마을 4백여 곳을 파괴했고, 대부분 아랍 국가들에서 온 유대인 난민들이 그런 마을에 다시 정착을 했습니다. 팔레스타인 난민들은 시리아와 레바논과 요르단, 그리고 요르단이 차지한 요르단강 서안과 이집트가 차지한 가자지구 등지에 뿔뿔이 흩어졌습니다. 우리 이스라엘 사람들이 주권을 되찾고 잇따라 승리를 거둔 것을 축하하는 동안, 당신네 사람들은 집과 올리브밭을 잃고 그 대신 불길에 그을은 난민촌의 땅을 받아서 아무 희망도 없이 아이들을 길렀습니다. 아랍 세계에서도 환영받지 못하는 추방자 신세가 된 거지요. 쓰라린 유랑 속에 허비된 삶과, 제가 느낀 기쁨과 대비되는 당신의 절망에 비통함을 느낍니다.

하지만 살아남았다는 사실을 사죄할 수는 없습니다. 아마 이스라엘 유대인이라면 누구나 만약 팔레스타인과 아랍 지도부가 사생결단의 전쟁을 선포하는 대신 타협을 받아들이기만 했다면, 팔레스타인의 비극은 발생하지 않았을 것이라고 말할 겁니다.

이스라엘의 유대인들이 1948년 이야기에 범죄자로 등장하는 것을 거부하는 데는 또 다른 이유가 있습니다. 최소한 이스라엘 인구의 절반은 고대로부터 이어진 중동 곳곳의 유대인 공동체에 뿌리를 두고 있습니다. 이스라엘이 창건되고 20년 만에 유대인이 북적거리며 살던 그 생활 중심지들이 거의 완전히 사라졌습니다. 유대인들은 폭력적인 반유대주의를 피해 도망쳤거나—일종의 추방이지요—반유대주의 폭동이 두려워서든 아니면 시온을 향한 열망 때문이든 자발적으로 떠났습니다. 1940년대 내내—바드다드와 벵가지, 알레포를 비롯한 아랍 도시들에서—

벌어진 유대인 학살 때문에 수백 명이 목숨을 잃고 공포 분위기가 조성되어 대대적인 탈주 사태가 일어났습니다. 유대인들은 재산을 모조리 빼앗기고 수감되어 교수형에 처해졌습니다. 미즈라히 유대인들은 스스로를 보이지 않는 난민이라고 불렀지요. 1948년 당시에 거의 백만 명에 가까운 유대인들이 이슬람 세계에서 살았는데, 지금은 겨우 4만 명이 남아 있습니다.

제가 좋아하는 히브리 노래 하나는 〈토드라 마을The Village of Todra〉이라는 곡인데, 모로코 유대인들의 잃어버린 문화에 바치는 만가(挽歌)입니다. 지금은 아틀라스산맥 곳곳의 유대인 동네와 더불어 사라진 의식을 노래하는 곡이지요. 이 의식에서는 유대인 소년을 나무판에 벌꿀로 히브리 문자를 써놓은 시나고그로 데려갑니다. 그러고는 소년에게 꿀을 핥으라고 하지요. 토라의 문구가 입에 달게 느껴지라고 하는 겁니다. 그런 민담 같은 관습을 회상하는 이야기 이면에는 분노가 있습니다. 한 세계가 파괴되었다는 사실에 대한 분노가요.

이스라엘 사람들은 가끔 이스라엘/팔레스타인을 인도/파키스탄에 비유합니다. 1947년에 인도가 분할되면서 수백만 명의 힌두교도와 무슬림이 국경을 가로질러 도망쳤습니다. 양쪽 모두에서 끔찍한 학살이 벌어졌습니다. 유대인과 아랍인이 경험한 그 어떤 사건보다도 규모가 훨씬 컸지요.

우리의 분쟁과 비교하는 것은 정확하지 않습니다. 인도와 파키스탄에서는 양쪽 난민들이 자기 고국에서 안식처를 찾은 반면, 여기서는 아랍 각국에서 도망친 유대인만이 고국에 다다랐거든요. 유대인 난민들은 처음에는 이민자 판자촌에 자리를 잡았다가 나중에는 주택단지와 영농 공동체에 재정착했습니다. 그 시절에는 미즈라히, 그러니까 이슬람 나라 출신의 유대인에 대한 차별이 많았는데, 그 시기에 생긴 상처는 지금도 이스라엘 사회 깊숙이 남아 있습니다. 하지만 비록 이스라엘이 미즈라히 유대인을 흡수하는 데 아무리 많은 실수를 했다 할지라도 잘난 체하는 이스라엘 주류조차 그들을 '올림olim', 즉 조상들의 땅으로 '올라가는 사람들'로 간주했습니다.

팔레스타인 난민들은 종교와 언어를 공유하는 이웃 나라들로 도망치긴 했지만, 유랑 생활을 위해 고국을 떠난 것이었습니다. 아랍 국가 출신 유대인들과 정반대의 경우였지요. 팔레스타인 난민들은 대체로 이방인 취급을 받았습니다. 그들이 처한 곤경은 해결을 필요로 합니다. 그리고 이스라엘은 아랍 세계와 나란히 이 상처를 치유할 책임이 있습니다. 이스라엘은 팔레스타인 난민의 후손들에게 보상금을 지불해야 할 텐데, 아랍 각국 역시 마찬가지로 유대인 난민의 후손들에게 보상금을 지불해야 합니다.

1948년에 이스라엘을 창건하고 수호한 50만 명의 유대인들은 아마 역사상 가장 주목할 만한 유대인 집단일 겁니다. 그 사람들은 건설자이자 혁명가, 신비주의자였고, 죽은 언어를 되살리는 작가이자 시인이었으며, 세상의 구제를 꿈꾸는 유토피아주의자들이었지요. 그들은 독립을 달성하는 방법 혹은 미래 유대 국가의 성격을 놓고 격렬하게 논쟁을 벌였습니다. 그들은 자신들이 어떤 역사적 시기에 살고 있는지, 그리고 낙담한 사람들을 등에 업고 나아가야 한다는 것을 분명하게 인식하면서 살았습니다.

소년 시절에 친구들과 저는 서로에게 묻곤 했습니다. "과거 어느 시대에 다시 태어날 수 있다면, 유대인 역사의 어느 시기에 살고 싶어?" 저는 이렇게 대답했습니다. "나는 이스라엘 창건 직전 시대에 우리 국가가 부활하는 길을 닦던 시온주의자들 중 하나로 태어나고 싶어."

그 젊은이들이 직면한 과제는 한 국가의 창건자들이 직면한 그 어떤 과제보다도 벅찬 것이었습니다. 그들은 자기 사회를 외국(영국)의 지배로부터 해방시켜야 했을 뿐만 아니라 그 사회를 토대에서부터 새로 만들어야 했지요. 그들은 언어를 부활시키고, 그 본질을 파괴하지 않은 채 한 문화를 근대화하고, 공통점이 거의 없는 여러 공동체를 하나로 묶어서 민족을 다시 창조해야 했습니다.

한편 20세기 중반에 유대인들은 파멸에 맞닥뜨렸습니다. 유럽에서 유대인들은 죽음의 수용소로 실려 가고 있었습니다. 중동에서는 유대인을 겨냥한 군중 폭력의 위협이 고조되고 있었지요. 소련에서는 정부 포고령에 의해 강제로 동화되고 있었고요.

1940년대 초 시온주의자들이 직면한 유대인들의 상태가 바로 이런 모습이었습니다. 그들은 믿음과 현실주의를 결합함으로써 유대 민족을 구제하고 그 역사를 부활시켰습니다.

하지만 이스라엘 창건자 세대에게 애정과 존경심을 느끼기는 해도 저는 다른 시대에 살고 있습니다. 그리고 지금의 시대는 새로운 초월의 기회를 줍니다. 벤구리온 세대가 국가 건설이라는 과제 때문에 내부로 고개를 돌리고 가차 없이 자기도취에 빠졌던 것과 달리 우리 세대 이스라엘인들이 직면하는 과제는 외부로, 당신네 이웃에게 고개를 돌리는 겁니다. 저의 미래는 당신의 미래와 떼려야 뗄 수 없으니까요.

이스라엘 창건을 둘러싸고 서로 대립하는 우리 양쪽의 서사 사이에 놓인 간극을 메울 길이 없을지도 모릅니다. 두 국가 해법two-state solution을 추구하는 바로 그 순간에도 두 서사 문제two-narrative problem는 여전히 남을 공산이 큽니다. 하지만 그런 역사적 분리 때문에 정치적 타협이 가로막혀서는 안 됩니다. 저는 역사를 존중합니다. 역사가 이제 더는 영감을 주지 못하고 오히려 구속하는 지경에 이르지만 않는다면요. 우리 양쪽의 서사를 모두 받아들이고 모순되는 두 이야기를 안고 사는 법을 배우는 것이야말로 과거가 미래를 가로막지 못하게 만드는 유일한 길입니다.

깊은 밤에 이 편지를 쓰고 있습니다. 당신네 언덕 쪽에도 몇 집만 불이 켜져 있네요. 혼자 달리는 차 한 대가 양쪽 언덕을 가르는 도로의 정적을 깨고 있습니다. 당신에게 손을 뻗으면서 저 건너편에 대화 상대가 있다고 상상하니 이 침묵 속에서 외로움이 그나마 덜어집니다.

　동트기 전 울려 퍼지는 무엣진 소리가 들리는데, 사방을 둘러싼 언덕마다 있는 이슬람 사원의 뾰족탑들에서 여러 무엣진 소리가 잇따라 울려 퍼지며 서로 메아리칩니다. "알라후 아크바르, 하느님은 위대하시다." 조용하면서도 끈질긴 목소리, 부드럽게 깨우는 소리, 곧 바쁜 하루가 시작됨을 알리는 소리에 마음이 편해집니다. 무엣진들이 목소리를 높입니다. "잠보다는 기도가 좋나니." "기억하라. 우리는 잠시 여기 머무를 뿐이다. 평생 몽유병자로 살지 말라. 영원의 환상에 사로잡혀 시간을 허비하지 말라." 그러고는 돌연 조용해집니다.

우리는 이렇게 가까이 살면서 서로의 숨소리까지 들릴 정도입니다. 이 땅을 공유하는 것 말고 다른 어떤 선택을 할 수 있겠습니까? 제가 말하는 공유란 실체적으로만이 아니라 개념적으로도 공유하는 겁니다. 우리는 서로 상대방의 서사를 받아들이는 법을 배워야 합니다. 제가 계속 당신한테 편지를 쓰는 것도, 우리 양쪽의 언덕을 가르는 작은 공간과 거대한 심연을 가로질러 손을 뻗으려고 애를 쓰는 것도 그 때문입니다.

6일과 50년

이웃의 친구에게

오늘은 예루살렘의 날, 그러니까 6일전쟁 중인 1967년 6월 7일
에 이 도시를 재통일한 것을 기념하는 날입니다. 사막에서부터
뜨거운 바람이 일어나는군요. 이따가 예루살렘 전투에 참여했
던 늙어가는 재향군인들―좌파와 우파, 세속주의자와 독실한
신자―이 전투가 벌어진 동예루살렘 거리 곳곳에 있는 석재 기
념물 주변에 모여 조용한 의식을 치르면서 스러진 친구들을 회
상하고 찬송가를 읊을 겁니다. 동예루살렘 다른 곳에서는 젊은
우파 유대인들이 노래하고 춤을 추며 팔레스타인 동네를 헤집

고 다니면서 예루살렘이 이스라엘의 통제 아래 하나의 도시가 되었다고 선언할 겁니다. 공존을 추구하는 몇몇 단체들이 이 행진의 경로를 바꿔달라고 대법원에 상고했지만 대법원은 표현의 자유를 인정했습니다. 유감스러운 판결이지요. 아무리 신성한 원칙일지라도 때로는 상대방의 요구와 감성을 수용하기 위해 누그러뜨릴 필요가 있는 겁니다. 어쨌든 그런 이의 제기는 우리의 분쟁을 정의하는 데 도움이 됩니다.

제가 이스라엘과 처음 만난 것은 6일전쟁이 발발하기 불과 몇 주 전의 일입니다. 1967년 5월 중순이었는데, 당시 이스라엘은 절멸의 위협을 받고 있었습니다. 아랍 지도자들은 유대인을 바다로 밀어내겠다고 맹세했습니다. 카이로와 다마스쿠스에 운집한 시위대가 "유대인에게 죽음을"이라는 구호를 연호하면서 해골 깃발을 흔들어대는 모습을 TV로 보았지요. 그때 처음 충격을 받았습니다. 유대인을 겨냥한 종족 말살 위협이 홀로코스트로 끝난 게 아니었던 겁니다.

이집트 대통령 가말 압델 나세르는 이스라엘 남부에서 동쪽으로 나가는 운송로인 티란 해협을 봉쇄하고 이스라엘 국경에 있던 유엔 평화유지군을 쫓아냈습니다. 그때 두 번째로 충격을 받았습니다. 평화유지군이 배치된 건 바로 그런 순간을 대비한 게 아니었나요? 그런데도 유엔은 안보리에서 토론을 하지도 않은 채 평화유지군을 철수하라는 나세르의 요구를 받아들였습니다.

시리아와 요르단 군대가 이집트에 가세해서 이스라엘을 포위했습니다. 이스라엘 예비군 수십만 명이 소집되어 당시 인구가 3백만에 불과하던 나라의 경제가 마비됐습니다. 고등학생들은 학교의 지시에 따라 공원에 가서 집단 무덤을 팠습니다. 수천 명의 민간인 사상자가 발생할 것이 예상됐기 때문이지요. 이스라엘 방위군IDF 참모총장 이츠하크 라빈은 엄중한 위협에 압도당해 일시적 신경쇠약을 겪었습니다. 세계 각지의 유대인들은 이스라엘의 붕괴가 임박했다는 공포에 떨었습니다.

그 시절에 저는 제 내면에서 본질적인 사실을 발견했습니다. 저는 이스라엘이 없는 세상에서 살 수 없었습니다. 그런 깨달음은 이웃 친구인 당신한테는 이상하게 들릴지 모르겠군요. 어쨌든 저는 당시 브루클린에 사는 열세 살짜리 소년이었으니까요. 도대체 어떻게 그 순간 이런 원초적인 애착이 강렬해져서 전에 가본 적도 없는 나라를 위해 평생을 바칠 각오를 하게 된 걸까요?

지금 생각해보면, 이스라엘이 붕괴하면 유대인들이 살아남지 못할 것이라는 직관적 인식이 들었던 것 같습니다. 물론 유대인들이 갑자기 사라지는 일은 없었겠지요. 세계 각지에 유대인 공동체가 계속 존재할 테니까요. 하지만 생명력과 자신감, 역사를 꿈꿀 수 있는 능력과 유대인의 이야기에 대한 믿음—이 모든 것은 연기처럼 사라졌을 겁니다. 온갖 역경을 버틸 수 있게 우리를 지탱해준 열망은 우스갯거리가 됐을 테고요. 결국 또 다른 악몽이 되고 만 사건을 2천 년이나 기다린 셈이니까요. 세계 각지에서 시온으로 모였는데, 구원이 아니라 궁극적인 붕괴를 맞으려고 모인 겁니다.

물론 유대인들은 과거에 민족 주권을 잃고도 살아남았습니다. 하지만 서기 70년에 유대 국가가 무너졌을 때, 우리는 여전히 활발한 믿음을 가진 민족이었습니다. 우리는 깨진 조각들을 끼워 맞춰 유대인 생활의 새로운 패턴을 만들었습니다. 종교의 렌즈를 통해 우리의 운명을 해석하는 법을 알고 있었기 때문입니다. 역설적인 얘기지만, 하느님이 유대인을 벌하셨다는 믿음 덕분에 우리 선조들은 지탱할 용기를 얻었습니다. 벌을 주신 바로 그 하느님이 언젠가는 구원도 주실 테니까요. 형기를 살면 되고, 유랑 생활도 끝이 있었습니다. 하지만 현재 우리는 유대교 신앙이 산산이 부서진 여파 속에서 살고 있습니다. 서구 세속주의와 홀로코스트가 한 요인이었지요. 현대 세계에서 우리가 치른 경험 속에서도 살아남은 신앙이 있다면 아마 이스라엘의 붕괴라는 사건 때문에 한계점까지 시험에 들 겁니다. 하느님의 징벌이라는 또 다른 서사를 받아들이는 유대인은 아마 거의 없을 거예요. 많은 독실한 유대인들이 보기에도 이스라엘의 붕괴는 도가 지나친 징벌이 될 겁니다.

1967년 6월 5일 아침에 일어나보니 아버지가 부엌에 있는 라디오 옆을 맴돌고 있었습니다. 전쟁이 시작된 겁니다. 당시 우리는 알지 못했지만, 이스라엘 공군이 이미 선제공격을 해서 지상에 대기하고 있던 이집트 공군기들을 거의 전부 파괴한 상태였습니다.

이스라엘은 요르단의 후세인 국왕에게 전문을 보냈습니다. 전투에 가담하지 않으면 우리도 요르단을 공격하지 않겠다고요. 하지만 동예루살렘에 주둔해 있던 요르단 군대가 서예루살렘의 유대인 동네를 포격하기 시작했습니다. 이스라엘 공수여단이 예루살렘으로 급파됐는데, 불과 몇 시간 만에 편제를 갖춰 지뢰밭과 철조망이 깔린 도시의 무인 지대를 건너 요르단 진지를 공격했습니다. 서예루살렘에 대한 포격을 중단시키고 동예루살렘의 스코푸스산에 있는 이스라엘 고립 지대를 보호하는 게 목표였습니다. 이스라엘 방위군이 예루살렘 구시가를 장악한다는 비상 계획은 전혀 없었지요. 공수부대원들이 구시가의 성벽을 에워싸는 와중에도 이스라엘 정부는 진입하라는 명령을 내리기를 주저했습니다. 1948년에 요르단이 그 지역을 차지한 이래로 우리가 접근하지 못한 유대교 성지가 여러 군데 있었는데도 말입니다.

이스라엘 내각에서 오랜 논쟁이 벌어진 끝에 6월 7일 아침에 결정이 내려졌습니다. 하지만 정부가 후세인 국왕에게 강화 회담을 개시하는 대가로 공수부대를 철수시키겠다고 제안하면서 최후의 호소를 한 이후의 일입니다. 후세인은 제안을 무시했지요. 그러자 공수부대가 구시가의 사자문Lion's Gate을 돌파해서 왼쪽에 있는 성전산(당신네는 하람 알샤리프Haram al Sharif, 즉 숭고한 성소라고 부르지요) 지역으로 방향을 튼 뒤 서쪽 벽에 다다랐습니다.

신앙에서 아무리 멀어졌다 하더라도, 옛날부터 쫓겨난 신자들이 기도를 드리던 서쪽 벽의 바위틈에 탈진한 유대 공수부대원들이 머리를 기댄 모습을 보고 마음이 움직이지 않는 유대인이 과연 있을까요? 그 순간을 담은 상징적 이미지는 공수부대원 몇 명이 서로의 어깨에 팔을 두르고 벽 앞에 서서 위를 올려다보는 사진입니다. 병사들은 이제 막 유대 역사에서 손꼽히는 대승을 거뒀지만, 젊은 얼굴들에 드러나는 표정은 승리가 아니라 경외감입니다. 이제 막 여정을 마친 순례자들 같지요. 그 순간 그들은 한 주권 국가가 가진 힘이 아니라 고대 민족이 품었던 희망을 표현하고 있었습니다.

전쟁이 끝나고 몇 주 뒤 아버지하고 저는 처음으로 이스라엘을 찾아갔습니다. 그냥 거리를 둘 수는 없었거든요. 그곳에서 저는 사랑에 빠졌습니다. 물론 그 나라의 풍경, 그러니까 지구 전체가 기다란 땅덩어리에 집약된 듯한 사막과 산과 해안의 다채로운 모습에 사랑에 빠졌습니다. 하지만 무엇보다도 다양한 유대인의 모습에 매혹됐습니다. 오스트리아–헝가리 제국의 여러 유대인 종족이 대부분인 브루클린의 동네에서 살던 저로서는 모로코와 이란, 인도, 그 밖에 수십 개 나라 출신의 유대인을 만나면서 피가 끓어오르고 유대인의 가능성에 대한 인식이 한껏 뻗어 나갔지요. 유랑 생활 때문에 우리는 조각조각 뿔뿔이 흩어졌는데, 바야흐로 불가능한 일이 벌어지고 있었습니다. 서로 거북하고 상처까지 유발하면서도 이 조각들이 다시 모이고 있었던 겁니다. 저는 이스라엘 사람들하고 사랑에 빠졌습니다. 그들이 보여준 용기와 굳건한 품위에 매혹된 거지요. 그 사람들은 역사가 자신들을 어떤 환경에 빠뜨리더라도 그 환경을 한껏 활용할 각오가 탄탄했습니다. 갈릴리 호숫가에 사는 제 10대 사촌, 골란 고원에서 시리아 군인들이 총을 겨누는 가운데 수영을 하며 자라 자기도 조만간 군인이 된다는 운명을 필연으로 받아들인, 저하고 이름이 같은 요시처럼 말입니다.

저는 이스라엘 사람들의 특성에 결함이 있음을 모르지 않았습니다. 가난한 민족이 으레 그렇듯 무례하고 편협하고, 속 좁은 물질주의에 빠져 있었지요. 하지만 그런 건 사소한 문제에 불과했습니다. 저는 아무 조건 없는 사랑에 빠졌거든요. 그해 여름 저는 제 삶에서, 아니 이스라엘의 삶에서 무슨 일이 벌어지든 간에 언젠가 이민자로 이 나라에 돌아오겠다고 결심했습니다.

하지만 그해 여름 승전, 그리고 삶 자체를 축하하는 군중의 한가운데에 마치 결혼식에서 곡하는 사람처럼 당신네가 있었습니다. 흰옷을 찢어 만든 천 조각이 팔레스타인 집집마다 항복의 표시로 내걸렸습니다. 나귀를 끄는 노인들이 마치 커다란 짐을 나르듯이 느릿느릿 움직였습니다. 이가 생길까 봐 머리를 빡빡 민 아이들이 급히 나무를 깎아 만든 낙타와 색색의 모래를 층층이 담은 탄산음료 병, 이스라엘 국방장관 모셰 다얀Moshe Dayan 의 사진이 담긴 엽서를 팔았습니다. 당신네가 패배했음을 상기시키는 기념물이지요. 이웃 친구인 당신도 어쩌면 그 아이들 중 한 명이었겠지요. 저는 그 아이들의 얼굴을 기억에서 지우고 동정심을 억누르면서 우리가 가까스로 절멸의 위협에서 벗어났음을 상기하려고 애썼습니다. 이스라엘 사람들이 만약 **저쪽**이 승리했다면 우리한테 어떤 짓을 했을지 서로에게 말하는 모습을 상상해보세요. 엘아리시에 있는 팔레스타인 난민촌에서 저는 어린 아이들이 그런 승리를 상상하면서 그린 그림을 봤습니다. 아랍 군인들이 초정통파 유대인들에게 총을 쏘는데, 옆에는 다윗의 별 모양이 새겨진 해골이 산더미처럼 쌓여 있었지요. 하지만 그런 그림을 봤어도 동예루살렘 거리에서 그때 본 어린아이들의 음울하고 당혹스러운 얼굴은 쉽게 지워지지 않습니다. 눈을 감으면 지금도 그때 모습이 떠오릅니다.

이스라엘 지도는 다시 바뀌었습니다. 세 단계를 거치면서 국경이 확대됐습니다. 첫 번째는 국가 수립 이전 토지 매입을 통해, 그다음은 1948년 전쟁으로, 그리고 마지막으로 6일전쟁으로 국경이 확대됐지요. 국제사회는 대부분 앞의 두 단계는 정당하다고 인정했습니다. 그리고 이스라엘과 팔레스타인 지도자들은 1949년 등장한 이스라엘 국경선을 기반으로 교섭을 진행해왔습니다. 국제사회에 관한 한, 현재 논란이 되는 것은 세 번째 단계의 영토 획득입니다.

　요르단강 서안에 처음 만들어진 정착촌인 크파르 에치온Kfar Etzion은 예루살렘 바로 남쪽 헤브론으로 이어지는 도로상에 있는데, 1967년 9월에 세워졌습니다. 6일전쟁이 끝나고 3개월도 채 안 된 시점이지요. 의회에서 논쟁도 없었고, 내각에서 결정된 것도 아니며, 원대한 팽창 계획이 있었던 것도 아닙니다. 그냥 젊은이 10여 명이 당시 총리인 레비 에시콜Levi Eshkol이 애매하게 동의하는 가운데 언덕 꼭대기로 올라간 겁니다. 논쟁이 없었던 이유는 원래 크파르 에치온이 1948년 전쟁 당시 파괴되었고, 그 젊은이들은 거기서 태어나서 어린 시절 함락 직전에 피난길에 오른 사람들이라 말 그대로 고향에 돌아가는 셈이었기 때문입니다. 크파르 에치온은 이스라엘의 정신 속에 박힌 쓰라린 상처 중 하나였습니다. 마을을 방어하던 사람들은 팔레스타인 민병대에 항복한 뒤 이스라엘이 독립선언을 하기 전날 학살당했습니다. 그러니까 요르단강 서안에 첫 번째로 세워진 정착촌은 근대에 존재했던 유대인 공동체를 복원한 겁니다. 이 정착촌은 적어도 초기에는 성서의 유산을 되찾으려는 시도가 아니라 이스라엘 국민들이 보기에 살아 있는 기억 속의 부당한 일을 바로잡는 일이었습니다.

6개월 뒤 한 무리의 정착민들이 헤브론으로 옮겨 갔습니다. 유대교에서 예루살렘에 이어 두 번째로 성스러운 도시지요. 이번에는 이스라엘인들 사이에서 격렬한 논쟁이 벌어졌습니다. 팔레스타인의 대규모 인구 밀집 지역에 유대인을 집어넣는 게 과연 지혜로운 일인지 논란이 거셌습니다. 아브라함과 사라가 묻힌 헤브론은 물론 유대인이 성경에 따라 이 땅의 권리를 주장하는 근거입니다. 하지만 헤브론은 또한 일종의 현대적 복원입니다. 1929년 학살 이후 오래된 유대인 공동체가 사라졌으니까요.

따라서 처음의 두 정착촌은 20세기에 파괴된 유대인 공동체를 복원한 겁니다. 이런 이유 때문에 많은 이스라엘 사람들은 이런 초기의 정착촌이 대규모 이동의 시초였음을 인식하지 못하지요. 물론 정착민들은 자신들의 행동이 장기적으로 어떤 함의를 가질지 잘 알았습니다. 아마 당신네도 잘 알았겠지요.

6일전쟁 직후, 아랍 세계 전체를 대표하는 아랍연맹이 이스라엘의 존재를 단호하게 거부한다는 점을 다시 확인했는데, 이런 태도 또한 많은 이스라엘 사람들이 정착촌 건설을 정당화하는 데 도움이 됐습니다. 정착촌 건설 운동을 이끈 지도자 가운데 한 명으로 지금은 고인이 된 유대 철학 교수 요세프 벤슐로모Yosef Ben-Shlomo는 헤브론에 유대인 공동체를 재건하는 데 반대하는 공개서한에 서명하는 것으로 정치 관여를 시작했습니다. 하지만 나중에 시간이 흘러 아랍 세계가 국경선을 어떻게 그리든 이스라엘의 정당성을 받아들일 생각이 없음을 깨닫자 땅을 주고 평화를 받는 합의가 순진한 희망임을 깨닫게 되었다고 설명했습니다.

팔레스타인이 벌이는 테러 행위는 이스라엘 사람들에게 타협의 가능성이 전혀 없다는 메시지를 더욱 강화했습니다. 야세르 아라파트의 부하들은 스쿨버스를 폭파하고, 고등학생들을 인질로 잡고, 이스라엘 국제공항에서 순례자를 학살하고, 이스라엘인 가정에 쳐들어가 사람들을 죽이고, 바위에 아이의 머리통을 찧어 죽이고, 이스라엘 올림픽 팀 선수들을 살해했습니다. 이스라엘 사람들은 그런 공격 행위를 팔레스타인 민족운동이 종족 학살을 목표로 소규모 사전 행동을 하는 것이라고 봤습니다. 타협은 불가능하다는 증거였지요.

하지만 1970년대 초반 내내, 당시 이스라엘에서 독보적인 집권당이던 노동당은 요르단강 서안의 정착촌 건설을 최소한으로 억제했습니다. 노동당은 팔레스타인의 대의를 대변한다고 주장하는 요르단에 영토를 반환하는 합의에 도달하는 데 전념했습니다. 정착 그룹들이 이 영토를 무단 점거했을 때, 노동당이 이끄는 정부는 군대를 보내 천막촌을 철거했습니다.

정착촌 운동을 통제하는 노동당의 능력은 정확한 날짜, 그러니까 1975년 11월 10일에 허물어지기 시작했습니다. 그날은 유엔이 찬성 72표, 반대 35표, 기권 32표로 시온주의가 일종의 인종주의라고 선언한 때입니다. 민족운동 가운데 그런 오명을 얻은 것은 시온주의가 유일하지요. 이슬람 국가들이 집단으로 똘똘 뭉치고 공산주의 세계가 힘을 보태자 이스라엘에 반대하는 결의안은 무엇이든 통과가 보장됐습니다.

그러자 이스라엘 젊은이 수천 명이 요르단강 서안 북부 사마리아에 방치된 오스만제국 시대의 기차역 주변에 모여들어 겨울 진흙 바닥에 천막을 쳤습니다. 그러고는 '시오니즘 애비뉴'라는 표지판을 세웠습니다. 에후드 올메르트라는 크네세트(의회) 초선의원은 언론인에게 이렇게 말했습니다. "이게 유엔에 대한 시온주의의 진짜 대답입니다." (2008년, 당시 이스라엘 총리인 올메르트는 당신네 지도자들한테 요르단강 서안과 가자지구 거의 전역에 국가를 세우는 것을 인정하겠다고 제안합니다.) 그전에 항상 이런 시위에 대해 점거자들을 몰아내도록 군대에 지시를 내리는 것으로 대응했던 노동당 정부는 이제 주저했습니다. 여론이 정착민들 쪽으로 움직였거든요. 유엔 표결 덕분에 말입니다. 점거자들을 쫓아내는 대신 정부는 타협안을 제시했고, 한 무리의 정착민들이 군 기지로 옮겨 갔습니다.

물론 유엔 결의안 말고도 결국 정착촌 건설 운동의 강화로 이어진 다른 중요한 요인들이 있었습니다. 특히 1977년 우파 리쿠드당이 선거에서 승리한 게 톡톡히 작용했지요. 하지만 이스라엘 대중이 유엔 결의안에 나타낸 반응을 보면 이스라엘인들의 특성과 관련해서 중요한 교훈을 얻을 수 있습니다. 부당하게 낙인찍힌다고 느끼면 우리의 입장이 더욱 강경해진다는 겁니다. 이스라엘을 고립시키고 정당성을 훼손하려는 시도의 가장 큰 수혜자는 강경 우파입니다.

하지만 정반대의 논리도 마찬가지로 사실입니다. 이스라엘의 정당성이 존중받으면 이스라엘 사람들은 평화를 위해 위험을 무릅쓰는 경향이 있습니다. 1977년 이집트의 안와르 사다트가 예루살렘을 방문해서 이스라엘을 인정한다고 선언했을 때 바로 그런 일이 벌어졌지요. 사다트의 선언에 대해 이스라엘 국민들은 6일전쟁에서 점령한 시나이 사막에서 전면 철수하고 정착촌도 모두 철거하는 안을 지지했습니다. 그리고 1990년대 초 소련과 공산권이 무너지자 유엔은 시온주의-인종주의 결의안을 폐기하기로 의결했고, 수십 개 나라가 이스라엘과 외교 관계를 수립했습니다. 이스라엘의 지위가 변화한 사실은 이스라엘 정부가 자신감을 갖고서 오슬로 평화 협상을 개시하고, 대다수 이스라엘인이 최소한 처음에는 협상을 지지한 한 가지 이유입니다.

6일전쟁 직후 대다수 이스라엘인 사이에서 영토에 정착촌을 건설해야 한다는 주장이 압도적인 듯 보였습니다. 어쨌든 우리는 파괴 시도에 맞선 방어전을 통해 우리 고국의 역사적 심장부로 돌아온 상태였습니다. 요르단강 서안에서 철수하면 유대 국가가 취약한 국경으로 줄어들 게 뻔했습니다. 아랍 국가들은 과거에 거듭해서 이 국경을 공격하고 싶은 유혹을 느꼈지요. 아랍

쪽이 이스라엘의 정당성을 거부한 탓에 조만간 이웃 나라들이 다시 모험에 나설 가능성이 높아졌습니다. 아랍 지도자들이 어떤 문서에 서명을 했든 간에 말입니다. 그리고 과연 그 누가 수천 년 동안 자기 것으로 여긴 땅을 되찾는 일을 거부하려고 했을까요?

하지만 반론도 그만큼 설득력이 있었습니다. 1967년의 의기양양한 여름에도 양가감정을 느끼는 많은 이스라엘 사람들이 지칭한 것처럼, '영토'에 정착촌을 건설하면 안 된다고 경고하는 목소리들이 있었습니다. 훗날 이스라엘에서 손꼽히는 소설가가 된 아모스 오즈는 젊은 시절인 그해 여름에 감동적인 에세이를 썼습니다. 자애로운 점령이나 '해방된 영토' 같은 것은 존재하지 않는다고 경고하는 글이었지요. 오즈는 해방될 수 있는 건 땅이 아니라 사람들뿐이라고 말했습니다.

정착촌 건설 운동이 성공한 것은 이스라엘의 안보 공포와 역사의 부름이 한 점으로 수렴된 결과입니다. 저 또한 1980년대 초반 이스라엘로 이주한 뒤에 그런 인력을 느꼈습니다. 당시에 많은 정착촌이 건설됐습니다. 이성적으로는 아모스 오즈가 옳다는 걸, 그러니까 이 운동은 결국 당신네 편만이 아니라 우리 쪽에도 재앙이 될 가능성이 높다는 걸 알았습니다. 하지만 정착촌을 보도하는 기자 시절 새하얀 언덕 아래로 하얀 집들이 쑥쑥 올라가는 광경을 보고 저절로 전율이 일더군요. 세계에 도전하면서 우리의 권리를 주장하는 이스라엘 젊은이들의 용기에 말입니다. 바로 그 기백 덕분에 우리가 한 민족으로 살아남을 수 있었다는 느낌이 들었지요. 한 친구가 정착촌 설립 기념식에 초대를 했습니다. 베들레헴 근처 사막 계곡 끄트머리에 있는 성경 속 드고아 자리였습니다. '드고아 사람'인 선지자 아모스가 선포하는 말이 담긴 깃발이 걸려 있었습니다. "'내가, 사로잡힌 내 백성 이스라엘을 데려오겠다. 그들이 허물어진 성읍들을 다시 세워, 그 안에서 살 것이다. …… 내가 이 백성들을 그들이 살아갈 땅에 심어서, 내가 그들에게 준 이 땅에서 다시는 뿌리가 뽑히지 않게 하겠다.' 주 너의 하느님이 말씀하신다." 그 순간 2,500년 전에 기록된 그 말이 이루어지고 제 눈앞에서 펼쳐지자 온갖 걱정이 누그러졌지요.

이 땅의 다른 어느 곳보다도 헤브론으로 순례를 갔을 때 저는 마치 돌아온 탕아가 된 듯한 느낌에 사로잡혔습니다. 저는 텔아비브, 그러니까 이 도시의 형식에 얽매이지 않는 활력과 끊임없이 변모하는 능력을 사랑하지만, 유대 역사와 중동의 기준에서 보면, 텔아비브는 한 세기도 되지 않은 신생 도시입니다. 하지만 헤브론에서는 여기 살았던 모든 사람들, 온갖 방언으로 아브라함과 사라의 하느님께 기도를 드렸던 사람들에게 에워싸인 것 같은 느낌이 들었지요.

저는 헤브론에 "돌아간다"고 쓰고 있지만, 사실 우리는 자진해서 떠난 적이 없습니다. 유대인이 헤브론에 남긴 흔적은 성경에만 있는 게 아닙니다. 이 흔적은 수백 년간의 유랑 생활 내내이어졌지요. 지금도 남아 있는 증거는 1929년 포그롬 이후 파괴되어 가축우리로 바뀐 아브라함 아비누Avraham Avinu(우리 아버지 아브라함) 시나고그의 중세 유대인 묘지에, 그리고 문설주에서 메주자mezuzah[신명기 6장 4~9절을 적은 종이나 양피지를 담은 작은 상자로, 집이나 호텔방의 문설주에 붙여놓는다―옮긴이]를 뜯어내 움푹 파인 공간에 있습니다.

어떻게 해서 유대인이 헤브론에 살지 못하게 된 걸까요? 저는 감정적으로는 정착민들과 생각이 같았습니다. 만약 우리가 여기에 속하지 않는다면 다른 어느 곳에도 속하지 못했으니까요.

아이러니한 일이지만, 정착촌 건설 운동과 저의 로맨스가 끝난 것은 바로 헤브론에서였습니다. 1984년 어느 가을밤, 저는 헤브론 거리에서 열리는 유대인 축하 행사에 관해 보도하러 갔습니다. 1년 동안 진행되는 시나고그에서 성경 읽기가 끝나는 것을 기념하기 위해 유대인들이 토라 두루마리를 들고 춤을 추는 축제인 심핫 토라Simchat Torah 축일 다음 날 밤이었습니다. 일부 유대인들은 하룻밤 더 춤을 추는데, 정착민들도 하루 더 춤을 추고 있었지요. 이 축일은 경의와 즐거움을 하나로 합치는 아름다운 관습입니다. 하지만 헤브론의 그날 밤은 아름답지 않았지요. 축하 행사를 진행하기 위해 군대가 거리를 봉쇄하고 팔레스타인 주민들에게 통금 조치를 내린 상태였습니다. 유대인들이 팔레스타인 이웃들을 몰아낸 채 거리에서 토라 두루마리를 치켜들고 춤을 추는 모습을 보았는데, 거기에는 우리가 이집트에서 이방인이었음을 기억하고, 따라서 이방인을 공정하게 대하라는 명령이 담겨 있습니다. 토라에는 이방인에게 공감해야 한다는 주장이 다른 어떤 구절보다도 훨씬 자주 나옵니다. 안식일을 준수하고 코셔kosher〔유대교의 전통적인 율법에 따라 식재료를 선택하여 조리한 음식을 일컫는 말―옮긴이〕를 지키라는 명령보다도 많이 나오지요.

제가 보기에 통금 조치는 정착촌 건설 운동의 치명적인 결함을 가리키는 은유가 됐습니다. 보지 않는 죄, 자기 이야기와 정의, 민족 서사시에만 도취하는 죄에 빠지면, 자기 민족의 꿈을 전부 실현할 때 다른 민족에게 어떤 결과가 나타나는지를 인정하지 못합니다.

저는 우리가 헤브론에 대해, 요르단강과 지중해 사이의 이스라엘 땅 전부에 대해 역사적, 종교적 소유권이 있다고 굳게 믿습니다. 제가 보기에 그 땅은 '점령지'가 아니라 성경 시대 이래로 유대인이 불러온 것처럼 유대와 사마리아입니다. 유대 땅에서 유대인은 이방인이 아닙니다. 하지만 많은 이스라엘 사람들이 그러하듯, 저도 이 땅을 분할할 각오가 돼 있습니다. 이런 거래로 평화를 이룰 수 있고, 테러가 더 확대되지만 않는다면 말입니다. 두 국가 해법을 지지하는 우리들이 보기에, 역사적 소유권을 실행하는 게 아니라 이스라엘의 안전을 보장하는 것이 이 영토의 운명을 결정하는 데서 가장 중요한 기준입니다. 저로서는 우리 양쪽이 공유하는 이 땅의 분할을 미루는 유일한 정당한 이유는 오직 하나뿐입니다. 분할하면 이스라엘이 치명적인 위험에 빠지는 경우 말입니다.

1989년 1차 인티파다가 최고조에 이르렀을 때 저는 이스라엘 방위군에 징집됐습니다. 제가 속한 부대는 결국 가자의 난민촌으로 파견됐는데, 거기서 저는 점령의 의미를 배웠습니다. 군이 말하는 것처럼 존재를 증명하기 위해 우리 부대는 낮에는 난민촌에 진입했습니다. 주름진 슬레이트 지붕을 블록으로 고정시키고 도랑으로 하수가 흐르는 판자촌이었지요. 밤에는 테러 용의자, 또는 이를테면 수도요금을 납부하지 않은 사람들을 찾기 위해 집집마다 수색을 했습니다. 우리는 군인이라기보다는 경찰관 노릇을 하면서 점령을 시행하고 있었는데, 이런 점령은 점점 유지가 불가능해 보였습니다.

　어느 날 밤늦게 우리는 반이스라엘 낙서로 뒤덮인 벽 바로 옆에 있는 문을 두드렸습니다. 중년 남자가 비틀거리면서 나오더군요. 낙서를 페인트로 지우라고 명령했습니다. 우리는 지프 전조등을 벽에 환하게 비추고는 남자와 아들이 욕설을 페인트로 지우는 걸 조용히 지켜봤습니다.

　야외 시장 근처에서 누군가 군인들에게 수류탄을 던졌습니다. 수류탄이 터지지는 않았지만 명령이 떨어졌습니다. '노점을 모두 폐쇄하라.' 우리는 노점상들에게 장사를 접으라고 정중하게 요청했습니다. 우리 대부분은 나이 든 신병이었는데, 우리하고 똑같이 가족들을 먹여 살리려고 나온 이 남자들 앞에서 같은 아버지로서 머뭇거릴 수밖에 없었지요. 우리가 우물쭈물하는 걸 알아채자 노점상들이 우리 말을 못 들은 척했습니다. 그런데 장교 한 명이 나타나더니 아무 말 없이 레몬을 파는 노점으로 가서는 모조리 땅에 엎어버렸습니다. 시장은 문을 닫았지요.

　통통한 팔레스타인 10대 소년 하나가 돌을 던진 죄로 잡혀서 눈가리개를 한 채 우리 막사로 끌려왔습니다. 국경경찰대 소속 병사들이 주변에 모여들었습니다. 한 명이 소년에게 아랍어로 말했습니다. "내 말을 따라 해." "후무스hummus[병아리콩을 으깨 오일하고 마늘을 섞은 중동 요리—옮긴이] 한 접시, 누에콩죽 한 접시.

국경경찰 사랑해요." 소년은 운율을 맞춘 아랍어 노래를 그대로 따라 했습니다. 웃음이 터졌지요.

이 마지막 이야기가 무엇보다도 뇌리를 떠나지 않습니다. 언뜻 보면 별로 대단치 않은 일이지요. 포로를 물리적으로 학대한 건 아닙니다. 아이를 사로잡은 젊은 군인들은 팽팽한 긴장감에 시달리다 장난거리를 찾은 거죠. 하지만 제가 보기에 이 사건이야말로 점령이 타락한다는 사실을 생생하게 보여주는 사례입니다. 제 아들이 막 군에 징집될 때쯤 그 애한테 말했습니다. "군인이 되면 사람을 죽여야 할 때가 있다. 그런데 어떤 상황에서든 다른 사람을 모욕해서는 안 된다. 그게 유대교의 핵심 원리야."

우리 세대의 많은 이스라엘 사람들과 마찬가지로, 저 역시 1차 인티파다에서 벗어나면서 점령은 무조건 끝내야 한다고 확신하게 됐습니다. 당신네를 위해서만이 아니라 우리를 위해서도요. 한 민족으로서 우리 자신에 관해 소중히 간직하는 모든 가치를 우스갯거리로 만드는 점령에서 벗어나야 해요. 정의, 자비, 공감, 이런 것들은 수천 년 동안 유대인의 삶의 토대였습니다. 토라는 "정의, 정의, 정의를 좇을지어다"라고 명령하면서 '정의'라는 단어를 강조합니다. 우리는 전통적으로 같은 유대인을 '자비로운 부모의 자비로운 자녀들'이라고 불렀습니다.

점령은 영혼에 침투합니다. 처음 가자지구에 갔을 때 군대 속어 때문에 불쾌했습니다. 병사들이 한 난민촌을 '암스테르담'이라고 불렀는데, 노천 하수도 때문에 그렇게 부른 겁니다. 또 다른 난민촌에서 중앙광장으로 통하는 모래밭은 텔아비브 중앙광장의 이름을 따서 '디젠고프Dizengoff'라고 불렀습니다. 몇 주 뒤 저도 가자지구의 비참한 상황을 조롱하는 그런 속어를 쓰게 됐지요.

이웃의 친구인 당신은 아마 자문하고 있겠지요. "도대체 왜이 이스라엘 사람이 **나한테** 점령의 의미에 관해 이야기하는 거지?" 제가 점령군 시절 경험을 털어놓는 건 우리 두 사회가 언젠가 동등한 이웃으로 공존하게 되면 양쪽이 병리적으로 뒤얽힌 이런 오랜 시련에 관해 대화를 시작할 필요가 있겠다고 믿기 때문입니다.

저는 가자지구에서 다른 것도 배웠습니다. 팔레스타인의 꿈은 이스라엘의 점령만이 아니라 이스라엘의 존재에서 완전히 벗어나는 것이라는 사실 말입니다. 낙서는 유대인에게 죽음을 약속했습니다. 가자지구의 담벼락에서 끝까지 살아남은 이미지는 이스라엘 지도에 단도와 칼을 찔러서 피가 흐르는 그림이었지요.

부대에서 친했던 친구 중 하나는 에티오피아 출신의 시몬이었습니다. 시몬에 관해서는 전에 말한 적이 있지요. 수단 군인한테 맨발을 밟혀서 다리를 저는 친구 말입니다. 시몬은 가자지구에서 저처럼 양가감정을 느끼지 않았습니다. 그 친구는 이스라엘을 없애버리겠다는 가자지구의 꿈에 맞서 자기 가족하고 나라를 지키기 위해 거기 온 거였거든요. 시몬은 저한테, 그자들은 우리를 파괴하려고 한다, 우리를 수단의 난민촌으로 돌려보내려고 한다고 말했습니다. 시몬은 가자지구가 자기 민족의 꿈이 실현된 걸 뒤엎게 내버려둘 마음이 없었습니다.

저는 도덕적 공포와 실존적 공포 사이에서 오락가락했습니다. 우리가 팔레스타인에서 부딪히는 딜레마인 가자지구에 대한 유대인의 대응으로 둘 다 타당하고 필연적으로 보였지요. 제가 볼 때, 유대인의 역사는 우리 세대에게 절대 타협할 수 없는 두 가지 명령을 내렸습니다. 첫째는 과거의 우리가 이집트 땅에서 이방인이었음을 기억하라는 거였습니다. 거기 담긴 메시지는 동정심을 가지라는 거지요. 두 번째 명령은 지금 우리는 종족 학살이 가능한 세계에 살고 있음을 기억하라는 거였습니다. 거기 담긴 메시지는 경계를 늦추지 말라는 거지요. 적들이 우리를 파괴할 생각이라고 말할 때 그 말을 곧이곧대로 믿어야 합니다.

제가 마주한 딜레마가 그토록 고통스러운 까닭은 유대인의 역사에서 나오는 타협할 수 없는 이 두 명령이 지금의 갈등으로 수렴되기 때문입니다. 지금 우리가 점령하고 있는 이방인은 우리를 쫓아내려고 하는 적입니다. 그러니 저는 당신을 어떻게 불러야 할까요? 피해자일까요, 아니면 잠재적 가해자일까요?

1992년 노동당 대표 이츠하크 라빈이 총리로 선출됐습니다. 라빈은 "텔아비브를 가자지구에서 빼내고, 가자지구를 텔아비브에서 빼내자"라는 구호를 내세워 선거운동을 했습니다. 다시 말해 이스라엘이 가자지구에서 철수해야 한다는 거였지요. 저는 라빈의 말에 깊이 감동받았습니다. 6일전쟁 당시 이스라엘 방위군 사령관이 나이 든 정치인으로 돌아와서 젊은 시절 우리에게 남긴 딜레마에서 우리를 해방시키고 있었지요.

라빈이 당선된 날 밤, 저는 안도감으로 흐느꼈습니다. 마침내 점령을 끝낼 기회가 온 것이었지요. 1년 뒤 라빈이 아라파트와 백악관에서 악수를 하며 오슬로 평화 협상을 개시했을 때, 저는 고민했습니다. 이게 평화로 가는 돌파구인지, 아니면 이제 막 우리 역사상 최대의 실수를 저지른 건지 알 수 없었습니다. 아라파트는 이스라엘을 파괴하고 우리의 정당성을 훼손하는 데 평생을 바친 사람이었어요. 그 세대에서 아라파트만큼 손에 유대인의 피를 흠뻑 묻힌 사람은 없었습니다. 하지만 라빈이 아라파트를 평화 중개자로 믿고 도박을 건다면 저도 그 도박에 돈을 걸겠다고 각오했습니다.

하지만 아라파트와 이후 팔레스타인 자치정부를 수립하게 되는 지도자들의 모습을 보면서 이스라엘 사람들은 그들이 말하는 외교란 사실 다른 수단을 사용하는 전쟁임을 확신하게 됐습니다. 아라파트는 자신만의 외교 언어를 창조했습니다. CNN을 만나서는 용감한 사람들의 평화 어쩌고저쩌고하면서 팔레스타인 사람들한테는 성전(聖戰)을 벌이라고 권했지요. 한편 하마스는 이스라엘 민간인을 겨냥한 테러 공격을 강화했습니다. 이스라엘 정보부는 라빈에게 아라파트가 비밀리에 하마스를 부추기고 있고 이미 일종의 분업 체계를 만들어냈다고 경고했습니다. 하마스는 폭력을 지속하는 한편 아라파트는 협상을 통해 영토를 획득한다는 거였지요.

1994년 아라파트가 요하네스버그 모스크에서 한 연설은 많은 이스라엘 사람들에게 전환점이 됐습니다. 연설은 언론에 공개되지 않았지만 한 언론인이 녹음기를 들고 현장에 잠입했습니다. 아라파트는 아랍 세계의 비판자들을 안심시켰습니다. 자신은 평화를 이룰 생각이 전혀 없고, 그런데도 평화 회담에 들어가는 유일한 이유는 지금 당장은 팔레스타인이 너무 약해서 이스라엘을 위협하지 못하기 때문이며, 오슬로 협상은 휴전에 불과할 뿐 언제든지 적절한 시기에 깰 수 있다고 말입니다. 그 연설문은 이스라엘 언론의 헤드라인을 장식했습니다. 아라파트를 옹호하는 사람들은 이스라엘인들을 안심시키려고 했습니다. 그냥 군중의 분위기에 영합했을 뿐이라고요. 하지만 아라파트가 구사하는 언어가 낳은 누적 효과 때문에 이스라엘 사람들 사이에서는 우리가 기만당하면서 방심을 하고 있다는 뿌리 깊은 공포가 더욱 커졌습니다.

대다수 이스라엘 사람처럼, 저 또한 우리가 바보 취급을 당했다고 생각하게 됐습니다. 아라파트는 두 국가 해법을 추구한 적이 없었던 겁니다. 그저 한 국가 해법, 그러니까 유대 민족의 주권이라는 꿈을 끝장내는 해법의 전주곡으로 써먹은 거지요. 이스라엘에는 평화란 없고, 오직 테러리즘이 동반되는 영토 철수만 있을 뿐이었습니다. 결국 이스라엘 우파의 주장이 옳았습니다. 이스라엘이 양보를 할수록 테러만 많아진다는 주장 말입니다.

저는 오슬로 평화 협상을 지지하면서 유대 역사가 명령하는 목소리 가운데 하나, 그러니까 순진하게 판단하지 말라는 경고를 어겼습니다. 저는 전쟁을 평화와 혼동하고, 하나의 거대한 팔레스타인을 작은 두 국가로 착각했습니다.

팔레스타인 쪽의 공식적이고 단호한 서사는—많은 이스라엘 사람들이 믿게 된 것처럼—우리의 충돌을 정당한 두 민족운동 사이에서 펼쳐지는 비극으로 보는 대신 식민주의자와 토착민의 충돌로 규정합니다. 그리고 현대사에서 입증되고 정의가 요구하는 것처럼, 식민주의자의 운명은 결국 자기가 가로챈 땅에서 쫓겨나는 겁니다. 텔아비브는 가자지구나 다름없습니다.

이스라엘 소설가 A. B. 여호수아는 우리의 분쟁을 '권리와 권리'의 싸움이라고 지칭한 바 있습니다. 그런 비극적인 통찰을 입 밖에 낼 팔레스타인의 A. B. 여호수아는 어디 있나요? 이스라엘 언론에서는 오래전부터 이스라엘 사람들이 상충하는 서사의 현실을 직시해야 한다고 요구하는 칼럼이 무수히 나왔습니다. 패자보다는 승자가 미묘한 차이를 보여주는 게 훨씬 쉽다는 건 이해합니다. 하지만 팔레스타인 언론을 오랫동안 유심히 지켜봤는데, 정치적 성향에 무관하게 유대인의 서사를 재평가해보자고 주장하는 칼럼이나 사설은 하나도 본 적이 없습니다. 일간신문을 아무리 뒤져봐도 저의 존재를 부정하고 조롱하고 비난하는 걸 맞받아치는 기사는 하나도 보지 못했습니다.

그리하여 대다수 이스라엘 사람은, 심지어 좌파의 다수도 이스라엘이 어떤 양보를 하든 간에 충돌은 계속될 거라고 결론을 내리게 됐습니다. 이스라엘 사람들은 팔레스타인 민족운동이 단지 1967년이 낳은 결과—점령과 정착—만이 아니라 1948년

이 낳은 결과—이스라엘의 존재—를 되돌리는 것을 목표로 삼고 있다고 굳게 믿습니다. 두 국가 해법을 신봉하는 우리가 보기에 이런 목표가 실현되면 그 참화는 압도적입니다.

우리 양쪽의 충돌은 비대칭으로 정의됩니다. 이스라엘은 중동에서 가장 강력한 국가이고, 팔레스타인은 가장 힘이 없는 나라이지요. 하지만 우리는 중동 지역에서 외로운 존재인 반면, 당신네는 아랍과 이슬람의 거대한 배후지에 속해 있습니다. 이런 비대칭은 분명히 보입니다. 그만큼 분명히 드러나지 않는 것은 양쪽의 정치적 차이입니다. 이스라엘 사람들 가운데 두 국가 해법을 지지하는 이들은 분할을 분쟁의 종식으로 간주합니다. 하지만 팔레스타인 사람들하고 수년간 대화를 하면서 저는 두 국가 지지자들조차 이를 일시적인 해법으로 여긴다는 걸 알게 됐습니다. 팔레스타인이 힘이 없어서 두 국가 해법을 지지할 뿐, 팔레스타인 난민들이 귀환하고 이스라엘이 해체되기 시작하면 결국 한 국가로 대체될 테고 유대인은 그나마 존재한다 할지라도 소수가 된다고 생각하는 겁니다. 그리고 이스라엘 온건파가 팔레스타인 주권을 정의의 필수적인 행위로 보는 반면, 팔레스타인 온건파는 대부분 이스라엘 주권을 어쩔 수 없는 부정의로 봅니다.

1930년대까지 거슬러 올라가보면, 팔레스타인 민족운동만큼 국가 지위를 주겠다는 제안을 퇴짜 놓은 민족운동은 도저히 찾아보기 어렵습니다. 시온주의와 이스라엘을 바라보는 인식을 감안하면 이해할 만한 일이지요. 만약 팔레스타인 사람들이 이스라엘은 악의 화신이어서 무너뜨려야만 한다고 믿는다면, 진정한 타협은 불가능해집니다. 팔레스타인 언론과 모스크와 교육 체계에서 전달되는 메시지를 살펴보면, 다른 합리적인 결론을 끌어내기가 어렵지요.

만약 당신이 제 입장이라면 어떻게 하시겠습니까? 과감하게 운에 맡기고 좁아진 국경으로 물러난 채 당신이 존재할 권리 자체를 부정하는 상대방 민족운동을 신뢰하실 건가요? 상대에게 힘을 주기 위해 당신 자신, 아니 당신의 존재 자체를 방어할 수 있는 능력을 위험에 내맡기실 건가요? 주변 지역이 활활 불타고 있는데도 그렇게 하실 건가요?

내가 양보를 할 때마다 화살이 되어 돌아온다는 결론을 내리고 나서도 저는 여전히 어정쩡한 상태에서 두 국가 해법을 지지하는 한편 현재 상태를 고수합니다. 하지만 끝이 없어 보이는 충돌이 이어지는 현 상태를 양쪽의 관계에 대한 최종적인 판결이라고 받아들이지는 못하겠습니다.

당신과 저는 아무 가망 없는 악순환에 빠져 있습니다. '폭력의 순환'이 아닙니다. 이런 게으른 정식화는 우리의 분쟁을 어

떻게 끝내야 하는지는 말할 것도 없고 애초에 분쟁이 왜 존재하
는지에 관해서도 아무 말도 해주지 않습니다. 우리가 빠진 덫은
아마 '부정의 순환'이라고 불러야 할 겁니다. 당신네 편은 우리
민족의 정당성과 자기결정권을 부정하고, 우리 편은 당신네 민
족이 민족 주권을 달성하는 것을 막고 있지요. 바로 이런 부정
의 순환이 우리가 공유하는 삶, 즉 폭력과 억압, 분노와 절망의
어쩔 수 없는 공존을 규정합니다.

우리가 힘을 모아야만 이 순환을 깨뜨릴 수 있습니다.

정의의 분할

이웃의 친구에게

그렇다면 이런 부정의 순환을 어떻게 끝내야 할까요?

국경과 정착촌, 예루살렘은 모두 해결책을 필요로 하는 중대한 문제입니다. 하지만 이런 가시적인 쟁점들은 우리의 분쟁을 부추기는 보이지 않는 공포와 갈망, 즉 생존과 존재의 권리, 역사적 기억과 민족 이야기의 정당성 등이 낳은 결과물일 뿐입니다. 어떤 정치적 정식화나 타협도, 지도상에 임의로 그리는 어떤 경계선도 양쪽 사람들의 가슴속 깊은 불안을 떨쳐주지 못합니다. 우리는 두 국가 해법이 우리 대다수, 이스라엘 사람과 팔레스타인 사람 양쪽 모두에 똑같이 그토록 커다란 상처를 남기는 이유를 인정할 필요가 있습니다.

당신에게 솔직히 털어놓자면, 사실 저는 분할이 걱정됩니다. 두 국가 해법을 바라며 필요로 한다고 저 스스로 다짐하는 만큼이나, 감정적으로 저는 이 작고 소중한 땅을 두 주권국가로 나눈다는 생각만 해도 겁이 납니다. 요르단강과 지중해 사이에 있는 땅, 즉 이스라엘, 요르단강 서안, 가자지구 등은 전부 합쳐봐야 11,000제곱마일〔28,600제곱킬로미터. 참고로 경상남북도를 합한 면적이 29,548제곱킬로미터다—옮긴이〕도 되지 않습니다.

유대 민족이 자기 몸에 스스로 상처를 내야 한다는 게 두렵습니다. 유대인의 역사에 대한 가장 기본적인 인식을 왜곡하지 않은 채 우리가 어떻게 헤브론을 포기할까요? 과거에 우리는 적들 때문에 유랑 길에 올랐는데, 그 덕분에 어쨌든 우리 운명을 받아들일 수 있었습니다. 하지만 이번에는 우리 스스로 유랑 길에 나설 겁니다. 그 쓰라린 심정을 어떻게 감내할까요? 물론 우리가 역사적인 땅의 일부분만을 포기할 뿐이며, 그 과정에서 유대 국가이자 민주주의 국가가 구원받는다는 건 압니다. 그리고 바라건대 그 대가로 어느 정도의 평화를 얻게 되리라는 것도요. 하지만 감정적으로 저는 정착민들과 똑같이 분할을 경험합니다. 자기 수족을 자르는 셈이지요.

저는 정착촌 건설 운동이 성공하는 것을 보고 깊이 감동받았습니다. 토박이 유대 사람과 사마리아 사람이 다시 나타난 것 같았지요. 실로Shilo와 오프라Ofra, 베트엘Bet El과 키르야트 아르바Kiryat Arba 등 재건된 유대인 지역에서 아이들에 이어 이제 손자 손녀들까지 태어나 자라고 있습니다. 우리 민족의 아동기를 상징하는 장소들입니다. 이 이스라엘 사람들은 자기 삶을 유대 역사에서 겪은 부당 행위를 바로잡는 일이라고, 즉 로마 정복자들과 우리를 지워 없애려 한 모든 이들에 대한 뒤늦은 대답이라고 생각합니다. 그들은 하루하루의 일상생활을 뿌리 깊은 역사를 확인하는 행위로 여기며 소중히 다룹니다.

지난 세기 동안 유럽과 이슬람 세계의 유대인 공동체 수천 곳이 파괴됐습니다. 그런데 지금 우리 스스로 이스라엘 땅에서 유대인 공동체를 파괴해야 하나요? 유대인의 유기적인 생활을 중심으로 만들어져 번성하는 도시와 마을들을요? 저는 걸핏하면 두 국가 해법을 지지한다고 별생각 없이 말합니다. 하지만 도대체 어떻게 수만 명의 동료 이스라엘인들을 그들의 집과 일터와 학교에서 끌어낼까요? 우리 세대는 수백 년에 걸친 유랑 생활 내내 유대인들이 다시 살기를 꿈꿨던 땅으로 돌아오는 특권을 누렸습니다. 유대와 사마리아의 언덕에서 유대인의 삶을 되찾은 세대로서 자진해서 다시 뿌리를 뽑는 일은 역사적 트라우마가 될 겁니다.

팔레스타인 사람들이 '이스라엘'이라는 단어 자체에 본능적으로 거부감을 느끼는 건 이해가 갑니다. 저도 '팔레스타인'에 대해 똑같은 느낌이 드니까요. 대다수 동료 이스라엘인들과 달리 저는 당신네 교실이나 사무실에 걸려 있는 지도에 유대 국가가 표시되어 있지 않은 걸 보고도 별로 당혹스럽지 않습니다. 제 마음속 지도에도 팔레스타인이 없으니까요. 내 소중한 땅에 어떻게 외국의 이름을 붙일 수 있겠습니까? 본능적으로 저는 '팔레스타인'이라는 이름 자체를 언어적 침략 행위라고 느낍니다. 어느 날 아침 일어났는데 태어나면서부터 쓴 이름을 빼앗기고 새로운 낯선 이름을 강요받는 것 같은 일이거든요.

선의를 품은 채 양쪽 사이를 중재하려고 노력하는 서구의 외교관들은 우리를 이해하지 못합니다. 우리 두 민족 모두에게 분할은 이상이 아니라 침해이자 절단입니다. 헤브론을 뺀 이스라엘요? 야파를 뺀 팔레스타인요? 상상도 할 수 없는 일이지요.

하지만 저는 분할 말고 다른 멀쩡한 대안은 전혀 알지 못합니다. 양쪽이 상대방의 지도를 지우려고 아무리 노력을 한들 이스라엘과 팔레스타인은 계속 존재합니다. 당신하고 저는 적어도 개념적으로는 두 개의 땅인 곳에서 살고 있습니다. 요르단강과 지중해 사이에는 이스라엘 땅과 팔레스타인 땅이 있습니다. 그런데 비극적이게도 이 두 나라가 같은 공간에 존재합니다. 만약 당신이 하이파가 당신네 땅이라고 말한다면, 저는 이렇게 대답할 겁니다. "당신네 관점에서 보면 하이파가 당신네 땅이지요. 하지만 문제는 우리 관점에서 보면 헤브론은 우리 땅이라는 겁니다."

평화 협상이 실패하고 양쪽 모두 분할에 정서적으로 저항하는 것을 보면, 한 국가 해법을 채택하고 싶은 마음이 듭니다. 팔레스타인인과 이스라엘인이 어떤 식으로든 공동 통치를 하는 겁니다. 하지만 허울만 좋은 그런 해법을 주장하는 사람들은 스스로를 속이는 셈입니다. 이 땅을 두 국가로 나누는 것보다 더 나쁜 해법이 있다면 결국 자멸해버릴 한 국가를 만드는 방법입니다. 백 년 동안 존재를 걸고 싸운 두 민족이 은밀한 부분이 있을 수밖에 없는 정부 운영을 공유할 수는 없는 법입니다. 현재 양쪽이 겪는 갈등은 하나의 권력 수단을 놓고 경쟁할 때 분출할 분노에 비하면 아무것도 아닙니다. 예상되는 가장 비슷한 모델은 유고슬라비아가 해체되면서 종족, 종교 파벌끼리 싸운 경험일 겁니다. 아니 그보다 훨씬 끔찍한 일이 생기겠지요. 한 국가 해법은 우리를 영원히 악몽에 빠뜨릴 테고, 정의가 요구하는 두 가지, 즉 자기결정권과 주권 영토에서 자유로운 국민으로 존재할 권리를 앗아갈 겁니다.

저는 유대 국가가 필요합니다. 단지 유대인을 위한 국가가 아니라—분할이 이루어진 뒤에도 이스라엘의 팔레스타인계 시민은 상당히 많은 소수자로 계속 살아갈 겁니다—유대인의 문화와 가치, 요구에 따라 공공 공간이 규정되는 국가, 동구와 서구에서 온 유대인들이 다시 모여서 함께 유대 문명의 새 시대를 창조할 수 있는 국가가 필요합니다. 지구의 한쪽 구석에서나마 명절 주기가 유대력 신년에 시작되고, 라디오에서 현대 히브리어 노래가 흘러나오며, 유대인의 경험을 기본 틀로 삼아 학교에서 역사를 가르치는 국가가 필요합니다.

과거에 이스라엘 사람들은 우리가 유대 민족을 위한 안전한 피난처를 만들어냈다고 믿었습니다. 하지만 수만 발의 미사일이 우리의 인구 밀집 지역을 겨누고 있는 오늘날에는 그런 확신이 약해졌습니다. 그래도 이스라엘은 유대교를 위한, 4천 년이 넘는 우리 문명을 위한 안전한 피난처입니다. 유대인이 비유대적인 다수 문화로 흡수돼 사라져버리는 것을 걱정하지 않아도 되는 유일한 나라입니다.

이스라엘을 방문한 미국 무슬림 친구 하나가 유대교 명절에 서쪽 벽에 갔다가 수천 명의 유대인 군중 속에 들어가게 됐습니다. 나중에 저한테 말하더군요. "이제 유대인이 왜 국가가 필요한지 알겠군요. 우리가 메카에서 하는 것처럼, 종교 생활을 보호하고 순례를 하려면 국가가 필요하겠어요." 친구는 '유대인의 하지hajj(메카 순례)'라고 지칭했는데, 유대인의 주권에 대한 무슬림의 독특한 통찰이었습니다.

야파가 당신네 땅이라면 헤브론은 우리 땅입니다. 그러니 두 가지 선택지가 있습니다. 다시 백 년 동안 싸움을 계속하면서 어느 한쪽이 승리하길 바랄 수 있지요. 아니면 거의 처음 분쟁이 시작된 이래로 계속 의제에 올라 있던 해법을 받아들이고 양쪽이 땅을 나눌 수 있습니다. 분할을 받아들인다고 해서 우리 각자가 역사를 배신하는 게 아닙니다. 역사가 우리에게 현실적인 선택의 여지를 주지 않았음을 인정할 뿐입니다.

다비드 벤구리온은 비타협적 시온주의자들과 마찬가지로 역사적으로 이스라엘이었던 땅 전부에 대해 유대인에게 권리가 있다는 것을 추호도 의심하지 않았지만, 그래도 1947년에 유엔이 제시한 분할안을 지지했습니다. 벤구리온은 유대인이 2천 년 만에 고향에 돌아가는 독특한 상황 때문에 시온주의도 겸손할 필요가 있다고 말했습니다. 우리 땅일지라도 타협을 해야 한다고 본 거지요.

그렇다면 서로를 배제하는 지리학에서 벗어나 상대방의 지도를 받아들이려면 어떻게 해야 할까요? 우선 양쪽 다 온전한 이 땅을 사랑하고 그 사랑을 거역해야 한다는 사실을 인정해야 합니다. 평화 협정이 맺어지면 근거가 줄어들긴 하겠지만, 양쪽의 비타협적인 권리 주장이 나름의 정당성이 있음을 솔직하게 인정해야 합니다. 분할은 팔레스타인인과 이스라엘인 모두에게 정의롭지 않은 일입니다. 양쪽의 꿈에 경계선을 인정하는 것이지요. 땅만이 아니라 정의 자체도 양쪽의 정당한 권리 주장자들 사이에 분할되는 겁니다.

어느 쪽도 완전한 영토에 대한 감정적 주장을 포기할 수 없습니다. 하지만 모든 권리 주장이 온전히 실현되어야 하는 것은 아니지요. 이스라엘 국가는 이스라엘 땅과 똑같을 수 없고, 팔레스타인 국가도 팔레스타인 땅과 똑같을 수 없습니다. 양쪽 국민들은 자기 땅의 일부에서만 국가주권을 행사할 겁니다. 우리는 완전한 권리 주장의 추상적인 정당성과 그 주장을 실현하는 것의 현실적인 부정의를 구분할 필요가 있습니다. 어느 쪽도 상대방의 권리 주장을 지워버리지 않은 채 자기주장을 온전히 실행할 수 없습니다. 따라서 분할의 도덕적 논거는 단순합니다. 상대방이 어느 정도 정의를 이룰 수 있으려면, 양쪽이 스스로 어느 정도 부정의를 감내해야 한다는 겁니다.

양쪽이 이스라엘/팔레스타인 전체에 대해 권리를 주장하는 평화 협정을 상상해봅니다. 하지만 평화 협정은 결국 양쪽에 평화와 부분적 정의를 안겨주는 쪽으로 결론이 날 텐데, 그러려면 가슴이 찢어지는 양보가 필요하겠지요. 양쪽 모두에게 정의의 적은 어느 한쪽을 위한 절대적 정의입니다.

토라는 "정의, 정의를 좇을지어다"라고 명합니다. 랍비들은 묻습니다. '정의'라는 단어가 반복되는 이유가 뭐냐고요. 때로는 정의 추구가 정의에 대한 두 권리 주장을 실현하는 것을 의미합니다. 둘이 서로 충돌할지라도 말입니다.

그러려면 맞바꿔야 합니다. 저는 대이스라엘을 빼앗기고, 당신은 대팔레스타인을 빼앗기는 거지요. 분할이 되면 소이스라엘과 소팔레스타인으로 양쪽 다 축소될 겁니다. 절대적 정의가 손상된 가운데 상처투성이 정의가 솟아날 테지요. 하지만 그 정의는 양쪽 모두에 충분한 공간을 줄 겁니다. 하시디즘 Hassidism〔18세기 동유럽에서 시작된 유대교 경건주의 운동―옮긴이〕의 위대한 스승인 코츠크의 메나헴 멘델Menachem Mendel of Kotzk이 말한 것처럼, "산산이 부서진 심장보다 더 완전한 것은 아무것도 없는 법"이지요. 우리에게는 분할이 깨지는 것보다 더 정의로운 것은 없습니다.

확실히 당신으로서는 유대와 사마리아에 대한 감정적 권리 주장을 반박하고 두 땅을 '점령지'라고 말하는 세속적인 좌파 이스라엘인이 상대하기가 한결 쉬울 겁니다. 하지만 좋든 나쁘든 간에 저 같은 사람이야말로 당신이 화해를 해야 하는 이스라엘 인입니다. 저는 이 땅의 구석구석을 사랑하고 한 조각의 땅이라 도 포기하고 싶은 마음이 없는 사람이니까요.

저를 당신의 파트너로 고려해야 하는 한 가지 이유는 현실적 인 겁니다. 이스라엘 국민의 상당수가 저와 똑같은 감성을 갖고 있습니다. 하지만 더 깊은 이유도 있습니다. 제 견해가 당신 자 신의 소유권 개념과 거울처럼 똑같다는 겁니다. 제가 만나본 팔 레스타인 사람들은 거의 하나같이 이 땅 전부가 마땅히 자기네 소유라고 믿고 있습니다. 양쪽이 서로 상대방이 자기 자신의 본 질적인 일부를 어느 정도 희생했다는 걸 알 때에만 평화가 가능 합니다. 저 같은 이스라엘인들은 분할의 고통을 똑같이 겪는다 는 점에서 당신의 파트너가 될 수 있습니다.

이스라엘 좌파는 대부분 유대와 사마리아에서 감정적으로 철 수하면서 사실상 우리의 역사적 권리 주장을 포기하는 치명적 인 오류를 범하고 있습니다. 아이러니하지만 논리에 어긋나지 않는 게, 6일전쟁에서 획득한 영토에서 실질적인 철수를 개시 한 유일한 이스라엘 지도자들은 죄다 우파였습니다. 메나헴 베 긴은 1982년 시나이 사막에서 철수했고 후에 정착촌을 철거하 는 첫 번째 지도자가 됐습니다. 그리고 2005년, 아리엘 샤론은 자신이 직접 건설한 가자지구의 정착촌을 철거했습니다. 이스라엘 정치의 양상을 보면, 좌파의 상상력을 실행에 옮기는 것은 우파입니다. 좌파는 철수를 주도할 수 없습니다. 안보 문제에 관해서 국민들이 우파만 신뢰하기 때문이지요. 이스라엘 사람들은 또한 지도자가 영토를 양도하면서 진심으로 불안을 느끼기를 바랍니다. 이스라엘의 심장부를 빼앗기고 유대인 공동체가 파괴되는 걸 보고 비통해하는 이들에게만 그런 애끓는 과정을 믿고 맡길 수 있으니까요.

분할 과정에는 두 적수가 있습니다. 하나는 우리 편입니다. 정착촌 건설 운동이지요. 다른 하나는 당신네 편입니다. 팔레스타인 난민을 이스라엘로 귀환시켜야 한다는 요구지요. 이 둘은 같은 목표를 추구합니다. 이 땅의 어느 부분에서도 상대방의 민족 주권 주장을 부정하는 겁니다. 정착촌 건설 운동은 요르단강 서안을 이스라엘인들로 가득 채워서 철수가 불가능하게 만들려고 합니다. 그리고 팔레스타인 지도자들은 평화 협정을 1948년 난민 후손들의 귀환과 연계함으로써 이스라엘을 수많은 팔레스타인인들로 채우려고 합니다. 유대인들이 결국 다수자 지위를 상실하고 유대 국가가 사라지기를 바라는 거지요.

저는 정착촌 건설 운동이 이미 승리했기 때문에 이스라엘이 그 영토에서 손을 떼기에는 너무 늦었다는 비관주의자들의 결론에 동의하지 않습니다. 어쨌든 이스라엘은 가자지구에 있던 정착촌을 모두 없애버렸습니다. 그리고 요르단강 서안에는 정착민이 훨씬 많지만 다수는 예전 1967년 국경 가까이에 살고 있으니, 이스라엘이 '정착 지구'를 병합하고 그 대가로 다른 이스라엘 영토를 팔레스타인에 양도하면 됩니다. 일부는 가자지구에 인접한 지역을, 일부는 요르단강 서안에 인접한 지역을 주면 되지요.

가능한 해법의 한 가지는 유대인들이 팔레스타인 국가의 시민으로 계속 살 수 있게 하는 겁니다. 아랍인들이 이스라엘에서 시민으로 사는 것처럼, 유대인들도 팔레스타인에서 시민으로 사는 겁니다. 유대와 사마리아에 애착이 커서 이 땅에서 쫓겨나느니 차라리 소수자로 살겠다는 사람들은 그냥 남게 해야 합니다.

철수가 가능하려면 협정을 확실히 준수하는 강력한 지도자와 이스라엘 다수 국민의 확고한 지지가 필요합니다. 그리고 회의적인 이스라엘인들을 설득하려면 팔레스타인이 유대 국가를 진정으로 수용한다는 신호가 필요하지요. 현재는 이런 조건들 중 어느 하나도 존재하지 않습니다. 하지만 우리가 익히 알다시피, 중동에서는 어떤 일이든 가능합니다. 그리고 지금 당장 최종 지위 협정을 이룰 수 없다면, 과도 협정이라도 생각해 봐야 합니다.

최종 지위 협정을 가로막는 핵심 장애물은 여전히 '귀환권', 즉 1948년 발생한 팔레스타인 난민의 후손들이 팔레스타인으로 귀환할 권리입니다. 유대인들이 고향에 돌아오기를 갈망한다는 제 이야기를 읽고 난 뒤, 당신은 당연히 이렇게 묻겠지요. 하고많은 민족들 중에 유대인들은 팔레스타인인의 귀환에 대한 갈망을 이해할 수 있지 않냐고요. 유대인들은 2천 년이 지난 뒤에 귀환의 권리를 주장했습니다. 그런데 어떻게 팔레스타인 사람들이 겨우 70년 뒤에 돌아올 권리를 부정할 수 있을까요?

저는 당신네가 귀환할 권리를 인정합니다. 하지만 문제는 어디로 돌아오느냐는 겁니다. 두 국가 해법을 지지하는 이스라엘 사람들은 팔레스타인 주권국가가 될 고국의 일부로 돌아오는 것을 생각합니다. 하지만 팔레스타인 지도자들은 귀환권에 지금의 이스라엘 국가도 포함되어야 한다고 요구하고 있지요.

우리 양쪽 모두 무척 광범위한 디아스포라 인구가 있습니다. 1950년, 신생 국가 이스라엘은 '귀환법Law of Return'을 통과시켜서 세계 모든 지역에서 어떤 상황에서든 고국으로 돌아오는 유대인에게 자동적으로 시민권을 보장해주었습니다. 저도 그렇게 해서 이스라엘 사람이 됐지요. 어느 날 벤구리온 공항에 내려서 돌아온 아들이라고 선언한 겁니다. 귀환법은 유대 국가를 떠받치는 기틀로 유대인에 대한 도덕적 책임을 규정합니다. 팔레스타인 국가 역시 분명 당신네 민족을 위해 비슷한 법을 제정할 겁니다. 귀환 관련 법률은 주권국가라면 제정할 권리가 있는 이민법입니다. 자기 민족을 상대 국가로 이동시켜서 상대방의 주권을 사실상 부정하는 '권리'하고는 전혀 다른 겁니다.

불가피한 일이지만, 양쪽은 '귀환'을 국가주권의 필수적인 구성 요소로 간주합니다. 정착촌 건설 운동은 우리 편이 하이파뿐만 아니라 헤브론에도 귀환할 권리가 있음을 세계만방에 표현하는 겁니다. 당신네가 말하는 귀환의 권리하고 비슷하지요. 당신네도 헤브론뿐만 아니라 하이파에도 귀환할 권리가 있다고 말하니까요.

팔레스타인인들이 현재 이스라엘 영토에 대해 귀환권을 요구하는 건 이스라엘이 팔레스타인 국가 안에서 정착촌을 계속 건설할 권리를 요구하는 것과 정치적으로 똑같은 겁니다. 그건 상대방이 생명력 있는 고국을 건설할 능력을 고의로 방해하고 파괴할 '권리'이지요. 그렇다면 분할을 실제로 실행하려면 양쪽이 각자 국가주권을 행사할 지역에 대해 **정당한** 귀환권을 제한해야 합니다.

평화를 이루려면 서로 어느 정도 축소를 감내해야 합니다. 우리 편은 정착촌을 축소하고, 당신네는 난민의 귀환을 축소해야 하지요. 이런 상호 양보가 두 국가 해법의 전제 조건입니다. 우리 쪽은 이스라엘 땅 전부가 아니라 이스라엘 국가에 대한 귀환권을 실현하겠습니다. 당신네는 팔레스타인 땅 전부가 아니라 팔레스타인 국가에 대한 귀환권을 실현하세요.

그렇다면 1948년을 1967년하고 맞바꾸는 겁니다. 저는 당신이 1948년 이스라엘 창건을 받아들이는 대가로 1967년에 획득한 영토 대부분을 포기합니다. 그리고 양쪽 모두 상대방의 주권을 잠식하려고 하지 맙시다. 정착촌 건설이든, 난민 귀환이든 어떤 방식으로도 말입니다.

팔레스타인 국가수반 마무드 아바스는 이와 같은 비약적 사고 전환에 거의 근접했습니다. 2012년 한 이스라엘 기자가 어디까지를 팔레스타인으로 보느냐고 묻자 아바스는 이렇게 답했습니다. "지금 내가 생각하는 팔레스타인은 동예루살렘을 수도로 하는 67년 경계선입니다. 지금부터 영원히. …… 바로 이게 내가 생각하는 팔레스타인입니다. 나는 난민이지만 지금 라말라[요르단강 서안에 있는 팔레스타인 자치정부 임시 행정수도—옮긴이]에 살고 있습니다."

기자가 계속 따져 물었습니다. "가끔 보면 그쪽 공영방송에서 …… 아크레와 라믈레, 야파(67년 이전에 이미 이스라엘에 속한 도시들이지요)를 '팔레스타인'이라고 하던데요."

아바스: "나는 요르단강 서안하고 가자지구가 팔레스타인이고, 나머지는 이스라엘이라고 생각합니다."

아바스의 가족이 살다가 1948년에 도망친 이스라엘 북쪽 도시 사페드는 어떨까요?

"그곳을 보는 건 내 권리지만 거기 사는 건 내 권리가 아니지요."

그야말로 깜짝 놀랐습니다. 2차 인티파다 이래로 몸에 달고 산 마비 상태가 한순간에 씻은 듯이 사라지더군요. 다시 한번 희망을 품게 됐습니다. 간절히 기다리던 순간이었지요. 사고의 돌파구가 열린 겁니다. 아바스는 가장 감동적이고 직접적인 방식으로 더없이 분명히 밝혔습니다. 거짓말이나 속임수 따윈 전혀 없었어요. 1967년하고 1948년을 바꾸자고 한 겁니다.

하지만 곧바로 팔레스타인인들 사이에서 항의의 목소리가 커지자 아바스는 물러섰습니다. 팔레스타인 자치정부 수반은 개인 자격으로 말한 것일 뿐이라고 했습니다. "누구도 귀환권을 포기할 수는 없습니다."

사실 양쪽 모두 두 국가 해법을 실현하겠다고 선언해놓고 행동은 정반대로 한 책임이 있습니다. 최근 역대 이스라엘 정부가 두 국가 해법을 확인하고 이스라엘 국민들도 오랫동안 두 국가를 지지했지만, 우리 쪽에서는 최선을 다해 신의를 보여주지 못했습니다. 시멘트로 정착촌 건설을 확대했으니까요. 그리고 당신네 사회가 스스로 매일같이 보여주는 메시지는 두 국가 해법이 한 국가 해법을 실현하기 위한 팔레스타인의 전술에 불과하다는 겁니다.

지난 20년 동안 팔레스타인 지도자들은 평화 제안을 죄다 거부했습니다. 귀환을 최대한 넓게 해석했기 때문이지요. 그 지도자들 입장에서 보면, 평화를 이루기 위한 전제 조건은 제가 자살에 동의하는 겁니다.

지금 우리 집 현관에서 보이는 팔레스타인 마을과 동네 중 하나인 아나타는 샤파트 난민촌이 있는 곳입니다. 팔레스타인 당국이 생활 조건을 크게 개선하는 것을 금지하는 가자지구의 난민촌과 달리, 여기서는 적어도 주택이 새로 지어지는 중입니다. 신축 아파트들이 장벽 너머로 어렴풋이 보입니다. 몇 군데 아파트에는 빨래가 널려 있는데 다른 동은 비어 있지요. 엄밀하게 말하면 예루살렘 시의 일부이지만, 시 소속인 환경미화원이나 전화 수리기사, 소방대원들은 그 마을에 들어가는 걸 두려워합니다. 하지만 아나타는 팔레스타인 자치정부의 일부도 아니지요. 그러니까 이곳 주민들은 일종의 무인 지대에서 사는데, 이곳에서는 평화 협상 실패에 따른 부작용으로 범죄와 마약이 판을 칩니다. 하지만 아나타가 비극적인 장소이긴 해도 이제 이 곳은 난민촌이 아닙니다. 아나타 주민들은 어디로든 '돌아가지' 않을 겁니다. 팔레스타인 국가가 세워지면 이곳 주민들도 그 나라 국민이 될 게 거의 확실하지요.

하지만 당신네 지도자들은 아타나가 난민촌이라는 허구를 주장합니다. 팔레스타인 사람들은 세대를 이어 이스라엘에 있는 사라진 고향으로 '돌아간다'는 환상에 사로잡혀 있습니다. 국제사회도 그런 기만에 공모하고 있고요. 1950년대에 이슬람권과 공산권, 비동맹 블록의 이해관계가 하나로 모아지면서 결국 유엔에 운르와UNRWA, 즉 유엔구호기구가 만들어졌습니다. 운르와는 팔레스타인 난민촌에 자금을 지원하면서 이를테면 레바논에 있는 난민촌과 요르단강 서안에 있는 난민촌을 전혀 구별하지 않았습니다. 운르와는 단일 난민 문제에 전념하는 유엔의 유일한 조직입니다. 그리고 팔레스타인 난민들은 홈리스 지위를 상속받는 세계에서 유일한 난민 집단이고요. 이 사람들은 팔레스타인에 살고 있어도 난민이지요. 그러니까 결국 다른 어떤 난민 문제보다도 팔레스타인 난민들에 대한 국제사회의 경제적 지원이 훨씬 많습니다. 그런 지원의 성과로 보여줄 게 뭐가 있을까요? 비참한 삶과 분노밖에 없습니다.

팔레스타인 난민들에게 시민권을 부여한 요르단을 두드러진 예외로 치면, 아랍 세계는 팔레스타인인들을 계속 난민으로 두었습니다. 국가 없이 난민촌 생활을 하게 내버려두면서 그 사람들의 비참한 생활을 이스라엘에 반대하는 영원한 증거로 정치적으로 써먹는 겁니다.

한편 다른 인도주의적 비상사태들에도 관심을 기울여야 합니다. 가장 최근에 계산한 바에 따르면, 세계 각지에 난민이 6천만 명 정도 있는데, 그들 대부분은 중동에서 새롭게 발발한 위기 때문에 생긴 겁니다. 팔레스타인 난민들만 특별 대우하는 것은 이제 유지하기 어렵습니다. 그리고 역대 이스라엘 정부가 이스라엘 본토로 돌아올 권리에 확고하게 반대하는 상황에서 이 문제는 당신네의 국가주권에 대한 기대를 가로막는 주요한 장애물이 됐습니다.

저는 우리 국민을 압니다. 이스라엘 사람들은 평화가 가능하다고 느낀다면 다수가 영토 양보를 지지할 겁니다. 1982년 시나이반도 철수와 1993년 오슬로 평화 협상을 다수가 지지한 것처럼 말입니다. 하지만 해체되는 중동에서 무섭게 느껴지는 안보 위험을 무릅쓰도록 이스라엘 사람들을 설득하려면, 우리가 존재할 권리 자체를 부정하는 참을 수 없는 주장이 마침내 사라졌다는 소식이 들려야 합니다. 우리 이웃들한테서 이스라엘이 계속 여기에 존재할 것이라는 말을 들어야 한다는 말입니다.

이삭과 이스마엘

이웃의 친구에게

이드 무바라크Eid mubarak〔라마단이 끝나고 열리는 이드 알피트르Eid al-Fitr 나 성지순례가 끝나고 열리는 이드 알아드하Eid al-Adha 같은 축제 기간에 서로에게 건네는 인사—옮긴이〕, 축하합니다. 오늘은 희생제인 이드 알아드하가 시작되는 날입니다. 아브라함이 이스마엘을 제물로 바치려다가 하느님이 만류해서 그만둔 이슬람의 전통을 기념하는 축제지요. 우리 동네에도 차량 통행이 줄었네요. 동예루살렘 에서 경전철을 타고 오는 팔레스타인 사람들도 줄었습니다. 저녁이 가까워지면서 당신네 언덕에는 색색의 불빛이 빛나는군요.

이슬람과 유대교는 그렇게 많이 얽혀 있는데, 우리 양쪽은 그 토록 갈라져 있습니다. 우리가 공유하는 종교적 감성에서는 법률과 영성이 분리 불가능하다고 여겨지고, 신성한 식생활을 위해 허용되는 음식과 금지된 음식이 규제되며, 우상은 신을 조잡하게 만드는 것이라고 혐오합니다. 우리의 종교는 둘 다 믿음을 넘어서 하느님과 직접 만나는 것을 열망하는 신비주의 전통이 있습니다. 우리 양쪽의 종교 공동체는 초기 형성기에 사막을 알았고, 살아남기 위해 고된 싸움을 치렀습니다. 그리고 물론 우리는 아버지도 공유하지요. 아브라함/이브라힘은 양쪽 전통 모두에서 환대의 본보기로, 천막을 활짝 열어놓고 여행자들을 쉬어 가게 했습니다.

얼마 전 저는 헤브론에 있는 족장들의 무덤에 가서 기도를 했습니다. 무슬림은 이브라힘 사원이라고 부르고 유대인은 막벨라 굴이라고 부르는 이 묘지에 가면 그 어떤 곳보다 더 꼼짝할 수 없고 방향감각을 잃어버립니다. '짝이 되다'라는 뜻의 히브리어 단어에서 따온 이름인데, 유대 민족을 창시한 조상인 아브라함과 사라, 이삭과 리브가, 야곱과 레아 부부가 묻혀 있기 때문이지요. 아마 '막벨라'는 다른 짝도 암시하지 않을까요? 아브라함의 아들들인 이삭과 이스마엘에서 생겨난 신앙인 유대교와 이슬람 말입니다. 하느님이 생각한 계획에서 어쩌면 우리는 한

데 얽혀서 함께 자라야 했던 것이겠지요.

하지만 우리가 기원을 공유하는 이 장소에서 무슬림과 유대인은 서로를 이 땅에서 떼려야 뗄 수 없는 존재로 인정하고, 히브리어와 아랍어를 이 땅의 영혼이 담긴 언어로 봅니다. 우리가 서로에게 가장 상처를 준 바로 여기서 말입니다.

저는 육중한 석조 건물 바깥 구석에서 순례를 시작했습니다. 유대 왕 헤롯이 놓은 토대 위에 현재 서 있는 모스크가 지어진 곳이지요. 표지판을 보면 한때 여기에 계단이 있었는데, 수백 년 동안 이슬람 당국은 유대인들이 일곱 계단 이상 올라가는 걸 막았답니다. 건물에 들어가는 걸 금지한 거지요. 아버지 아브라함과 어머니 사라 앞에 마음을 털어놓는 게 금지된 겁니다. 그 대신 유대인들은 돌 틈에 기도를 적은 쪽지를 꽂아놓곤 했습니다. 최근 순례자들도 바로 그 돌 틈에 쪽지를 끼우면서 한때 유랑의 굴욕을 상징하는 이 장소에 섰던 조상들의 기도와 자신의 기도를 연결합니다.

지금은 무슬림 기도자와 유대인 기도자의 구역이 나뉜 건물에 들어갔습니다. 얼마 전까지만 해도 다른 모습이었지요. 6일 전쟁 이후 수십 년 동안 무슬림과 유대인이 여기서 자유롭게 뒤섞였습니다. 턱 밑으로 머릿수건을 묶은 무슬림 여자들과 목 뒤로 머릿수건을 동여맨 유대인 여자들이 조용히 기도했습니다.

같이 하지는 않아도 적어도 나란히 서서 기도를 드렸지요. 그 시절에 그런 모습을 보면서 이 장소는 특별히 신성한 차원을 띤다는 느낌이 들었습니다. 무슬림과 유대인 순례자들이 한데 모이는 단순한 행위만으로도 그런 분위기가 생긴 겁니다. 물론 이스라엘군이 통제를 하고 있었고, 항상 긴장이 느껴졌습니다. 하지만 처음으로 우리 모두 여기에 모일 수 있었고, 저는 한데 뒤섞여서 기도하는 사람들의 축복이 느껴졌습니다.

두 세계가 한데 모인 이 빈약한 틈새는 1994년 2월 25일에 닫혀버렸습니다. 바루크 골드스타인이 라마단 학살을 저지른 겁니다. 독실한 유대인인 골드스타인이 이삭과 리브가의 방에 있던 무슬림 참배객들에게 총을 쏴서 29명이 죽고 수십 명이 부상을 당했습니다. 하느님의 이름을 내걸고 행동에 나선 그는 이 신성한 장소를 결국 더럽혀버렸습니다.

아브라함과 사라를 모신 구역으로 갔습니다. 높다란 아치형 천장으로 된 작은 방에는 아래 있는 굴에 무덤이 있음을 나타내는 석재 기념비가 있습니다. 이곳은 이 장소에 있는 '유대인' 구역의 일부인데, 맹꽁이자물쇠가 달린 문으로 '이슬람' 구역과 분리돼 있지요. 이슬람 구역에 있는 기념비는 아래에 리브가와 이삭의 무덤이 있음을 표시합니다. 유대인이나 무슬림이나 이 건물 안에 들어오면 어디에서든 이방인이 될 수 있지요.

저는 철문 앞에 놓인 벤치에 앉았습니다. 테러리스트가 올라서서 묵묵히 자동소총을 계속 장전하면서 허리 굽혀 기도하는 사람들에게 총을 쏜 자리입니다. 저는 테러리스트에게 물었습니다. "어떻게 그럴 수 있습니까? 도대체 어떻게 감히 하느님과 당신 민족의 이름을 더럽힐 수 있나요?"

무엣진이 기도를 알리는 소리가 건물을 가득 채웠습니다. 목소리가 워낙 커서 사방 벽에서 울려 퍼지는 것 같더군요. 유대인 몇 명이 눈에 띄게 불안해 보였습니다. 하지만 꼬불꼬불한 구레나룻에 검은 모자를 쓴 젊은 남자가 내게 말했습니다. 뉴욕에서 온 여행객이었지요. "저 사람들이 말하는 걸 들으면 '알라후 아크바르', 하느님은 위대하시다라고 하니까 좋은 뜻이죠?" 그건 맞는 말입니다만, 헤브론에서는 무슬림과 유대인이 절대 상대방의 선의를 당연하게 받아들여선 안 됩니다. 젊은이를 안아주고 싶더군요.

당신도 알다시피, 우리의 분쟁은 단순히 민족이나 영토 분쟁이 아니라 초월적인 차원을 띠었습니다. 무슬림과 유대인의 가슴속 깊이 자리한 공포와 희망을 건드리는 측면이 있었지요. 그런 까닭에 우리가 해법을 찾을 가능성도 굉장히 복잡합니다. 세계 곳곳에서 무슬림과 유대인의 관계가 악화되는 것도 이런 이유 때문이고요. 분쟁 때문에 양쪽 모두에서 고조되는 감정을 가라앉혀야 하는 책임이 우리에게 더욱 커집니다.

하지만 상대방의 종교적 헌신과 열망이 우리 자신의 종교를 위협하는 것처럼 보이는데, 어떻게 상대의 종교를 존중할 수 있을까요? 그런 고통스러운 딜레마는 특히 우리가 공유하는 성지의 지위를 둘러싸고 심각합니다. 우리는 성전산이라고 부르고, 당신네는 하람 알샤리프라고 부르는 성지는 이런 딜레마가 가장 부각되는 분쟁의 영적, 정서적 중심지이지요.

많은 유대인들이 성전산에 있는 알아크사Al-Aqsa 모스크와 무슬림들이 얼마나 깊은 관계인지 알지 못합니다. 이슬람 참배객들은 예언자의 가시적인 존재를 경험하려고 이곳을 찾습니다. 무함마드는 여기서 하늘로 승천하면서 이 세계와 내세를 가르는 장벽을 무너뜨렸지요. 저는 종종 특히 우파 유대인들이 성전산이 무슬림에게 갖는 의미를 가볍게 무시하는 경우를 접합니다. 어떤 이들은 그곳이 이슬람에서 세 번째 성지에 '불과하다'고 말합니다. 마치 성스러움을 수량화할 수 있는 것처럼 말이지요. (막벨라 굴은 유대교에서 두 번째 성지에 '불과하지만', 독실한 유대인들에게 이곳이 갖는 의미는 헤아리기 어려울 만큼 심오합니다. 게다가 많은 세속적 유대인에게도 이곳은 역사적 의미가 대단히 큽니다.)

우리 이스라엘인들은 또한 성전산이 어떻게 해서 무슬림들에게 점령의 상징이 됐는지를 이해할 필요가 있습니다. 이웃 친구인 당신이 보안 허가를 받지 않고 장벽을 자유롭게 넘어와 알아크사에서 기도를 드릴 수 없다는 사실은 사라지지 않는 상처입니다. 정치적인 동시에 정신적인 상처지요. 이스라엘 사람들은 우리가 보안상의 요구를 추구하면서 깊은 상처를 가하고 있음을 인식해야 합니다.

우리가 공유하는 성지에 관해 무슬림과 유대인이 나누는 대화에서 우리는, 우리가 떠받치고자 하는 성스러움 자체를 욕보이는 담론이 아니라 영적 존엄의 담론이 절실히 필요합니다.

많은 비유대인은 우리의 으뜸가는 성지가 서쪽 벽이라고 생각합니다. 사실 그곳은 한때 성전을 둘러쌌던 벽 중에 남아 있는 일부일 뿐입니다. 유대인들에게 성전산은 가장 성스러운 장소이며, 말 그대로 창조의 중심점입니다. 우리는 하느님의 존재가 이곳에서 이스라엘 민족 사이에 임하신다고 믿습니다. 유대인들은 성전이 사라진 것이 우리의 민족 주권이 종언을 고하고 이 땅에서 쫓겨나 유랑 생활을 시작한 계기일 뿐만 아니라, 더욱 깊은 의미로, 눈에 보이는 하느님의 임재가 우리에게서 '멀어진' 계기라고 통탄합니다. 지금까지 우리가 성전산과 깊숙이 이어진 것은 그런 추방을 최종적인 결정으로 받아들이기를 거부한 덕분입니다. 세계 어디에 있든 간에 유대인은 성전산을 향해 기도를 드립니다.

성경의 예언에 따르면, 종말의 날에 민족들이 성전산으로 향하는 순례에 오르고 하느님의 집이 "만민이 모여 기도하는 집"이 될 겁니다. 저는 그런 일이 어떻게 일어날지 알지 못합니다. 그 순간을 계획하는 것은 유대인으로서 저의 종교적 의무도 아닙니다. 미래에 성전이 어떻게 나타날지를 보여주는 지혜로운 랍비의 비유가 있습니다. 불이 구름처럼 번지는 가운데 하늘에서 내려온다는 겁니다. 이 비유는 특히 다시 예루살렘을 장악하고 있는 오늘날의 유대인들에게 보내는 일종의 경고입니다. "성전을 재건하는 것은 너희 소관이 아니다. 성전산은 하느님께 맡겨라."

그리하여 저는 유대교의 핵심적인 미래를 위반하지 않고는 성전산에 대한 저의 권리를 포기할 수 없지만, 인간의 손으로 그 미래를 실현하는 일은 포기합니다.

하지만 이웃의 친구여, 당신네 편도 성전산의 지위를 어느 정도 재고해주었으면 합니다. 당신네 지도자들이 유대교와 여러 성지의 연관성을 부정하는 캠페인을 그만두었으면 좋겠습니다. 팔레스타인 언론에서 가차 없이 흘러나오는 메시지는 예루살렘에 고대의 성전은 존재하지 않고, 서쪽 벽과 유대인은 무관하며, 유대인이 이 땅에 뿌리를 둔다는 고고학적 증거는 전혀 없다는 것입니다. 아바스 팔레스타인 자치정부 수반은 예루살렘에 관해 이야기할 때마다 이슬람과 기독교의 역사적 존재는 들먹이면서 유대인의 존재는 노골적으로 생략합니다.

여러 해 동안 제가 이야기를 나눠본 팔레스타인 지도자들은 종교 지도자든 정치 지도자든 간에 하나같이 팔레스타인 국가가 수립되면 유대인은 막벨라 굴에서 기도를 할 권리가 없을 테고, 유대인은 이 장소와 무관하며, 이곳은 이슬람 사원으로만 사용될 것이라고 고집했습니다. 팔레스타인 지도자들은 유대인들이 방문하는 것은 환영하지만 순례자가 아니라 여행자로 와야 한다고 말했습니다. 유대인들에게 이곳은 현대판 일곱 번째 계단이 될 테지요.

유대교에서 손꼽히는 성지와 저 같은 유대인의 연관성을 이렇게 체계적으로 부정하는 모습을 보자 감정적으로 마비 상태가 됐습니다. 어떻게 대꾸해야 할까요? 이스라엘 박물관들마다 넘쳐나는, 유대인이 이 땅에 역사적으로 존재했다는 고고학 증거를 들이대면 될까요? 아니면 여러 세기에 걸쳐 숱하게 나온 예루살렘 여행기에 실린 설명을 보여주면 될까요? 그냥 입을 다물어야 할까요? 논쟁에 발을 들여놓는 순간 어쨌든 그런 비난을 정당화하는 셈이니까요.

그리고 팔레스타인 지도자들은 알아크사에 대한 위협을 끈질기게 비난합니다. 최근 몇 년간 유대인은 단도, 총, 자동차 등 갖가지 무기를 동원한 일련의 테러 공격의 표적이 됐습니다. 하나같이 이스라엘 정부가 성전산에서 이슬람의 존재를 훼손하고 결국 완전히 파괴하려는 음모를 꾸미기 때문에 알아크사를 '지켜야' 한다는 명분을 내걸었지요.

이웃의 친구여, 정말로 다급하게 말합니다. 알아크사를 파괴하거나 어쨌든 성전산에서 무슬림의 존재를 줄이려는 정부 음모 같은 건 없습니다. 유대인이 알아크사를 겨냥해 음모를 꾸민다는 통념은 1920년대 이래 이런저런 형태로 퍼진 아무 근거 없는 소문입니다. 때로는 이런 소문 때문에 하느님의 이름 아래 살인을 부추기는 등 재앙적인 결과가 생겼지요(1929년 헤브론 학살은 이런 유독한 소문이 낳은 사건입니다). 6일전쟁 이래 이스라엘의 정책은 무슬림의 존재를 수용하고 유대인의 존재를 억누르는 것이었습니다. 심지어 유대인의 기도를 금지하기도 했지요.

1967년 6월 7일 아침 이스라엘 공수부대원들이 성전산에 다다랐을 때 그들이 첫 번째로 느낀 충동은 이곳을 유대 민족을 위해 수복하는 것이었습니다. 그래서 공수부대원 두 명이 바위돔에 올라가서 이스라엘 국기를 내걸었습니다. 근처에 있는 스코푸스산에서 쌍안경으로 상황을 지켜보던 국방장관 모셰 다얀은 공수부대 지휘관에게 무전 연락을 해서 당장 국기를 내리라고 지시했습니다. 지금 와서 보면, 놀라운 억제력을 발휘한 사례입니다. 유대 민족이 수백 년 동안 접근하지 못했던 최고의 성지에 이제 막 돌아온 참이었는데, 이 승리의 순간에 사실상 주권을 포기한 겁니다. 전쟁 직후에 다얀은 무슬림 관리들과 만나 성전산에서 기도할 권리에 대한 거부권을 그들에게 공식적으로 주었습니다.

독실한 유대인들은 대부분 그런 합의를 받아들였습니다. 사실 많은 사람들은 성전산에 올라가려고도 하지 않습니다. 성전의 가장 안쪽에 있는 거룩한 곳인 지성소Holy of Holies는 정확한 위치가 알려지지 않았는데, 혹시라도 그곳에 발을 들이게 될까 두렵기 때문이지요. 이스라엘 정부에 압력을 가해 유대인이 성전산에서 기도하는 것을 허용하는 식으로 현재 상태를 바꾸려는 운동이 고조되는 것은 사실입니다. 다행히도 아직은 비주류에 불과하지만요. 하지만 이스라엘 주류는 그런 위험한 열망을 억제하고 있습니다. 역대 우파 정부들도 이런 정책을 지지하고 있습니다.

이런 상황이 불합리하다고 생각하는 동료 유대인들이 이해가 가기는 합니다. 그리고 솔직히 말하자면, 불합리한 일이지요. 유대인들은 성전산에 올라갈 때마다 무슬림 관리들의 '호위'를 받습니다. 입속으로라도 혹시 기도를 하지 않을까 입술을 지켜보는 겁니다. 기도 금지를 위반하는 사람들은 밖으로 끌려 나가 체포됩니다. 이스라엘 경찰한테요. 유대인이 하고많은 곳 가운 데 거기서 기도하는 걸 유대 정부가 금지하다니요?

하지만 대다수 이스라엘 사람들처럼 저도 우리가 스스로 부과한 제한을 받아들입니다. 확실히 유대인이 성전산에서 기도하는 것을 금지하는 이스라엘 정부는 이타적인 고려가 아니라 실용적인 목적에서 행동하는 겁니다. 종교 전쟁을 막기 위해서요. 하지만 특히 종교적 권리 주장에 관해서 보면 실용주의는 중동 지역에서 아주 소중하면서 보기 드문 일입니다. 그리고 종교 역사상 한 민족이 가장 성스러운 장소에 대해 그렇게 자제심을 보인 전례가 있을까요?

결국 평화는 상호존중의 문제입니다. 이스라엘 사람은 팔레스타인 사람을 존중할 필요가 있습니다. 사실 대다수 이스라엘 유대인에게 타인을 존중하는 것은 하나의 과제일 수 있습니다. 이스라엘은 정처 없이 떠돌다가 다시 뿌리를 내린 난민들과 난민 자녀들로 이루어진 불안한 사회이며, 우리가 가진 활력의 어두운 면은 쉽게 무례함으로 바뀔 수 있는 솔직함입니다. 예의 바른 아랍 사회와는 정반대이지요. 이스라엘 사람들은 대개 서로를 어떻게 존중해야 하는지를 알지 못합니다. 하물며 우리가 점령하고 있는 사람들에 대해서는 말할 것도 없지요. 우리는 민족 국가를 갖지 못한 잃어버린 수백 년 세월을 보상받느라 분주한 민족이며, 우아한 예절에는 관심이 없는 민족입니다. 가끔 이런 생각이 듭니다. 우리가 당신네한테 소박한 존중이라도 보여주는 법을 알았더라면 지금 상황이 많이 달랐을 거라고요.

당신한테 바라는 게 있다면 우리 민족의 이야기를 존중해달라는 겁니다. 우리가 이 땅과 성지들에 연결되어 있음을 부정하는 캠페인을 접하다 보면, 유대인들은 우리의 분쟁이 점령이나 정착촌 건설과 관련된 문제가 아니라 유대 역사를 겨냥한 전쟁이라고 느끼게 됩니다. 많은 유대인들은 유대인이라는 개념 자체를 지워버리려는 시도가 우리를 물리적으로 없애기 위한 첫 단계라고 두려워합니다.

양쪽 모두 상대방에 대한 공격이 심리적으로 어떤 영향을 미치는지 직시해야 합니다. 우리는 서로가 어떻게 해서 상대방에게 가장 두려운 존재가 되는지를 인정하고 상대방의 지난한 역사를 존중하는 법을 배워야 합니다. 우리 편은 식민주의에 대한 무슬림의 트라우마를 부추기는 것을 멈춰야 하며, 당신네 편은 유대인이 겪은 파괴의 트라우마를 부추기는 것을 중단해야 합니다. 우리의 분쟁이 무슬림과 유대인의 과거의 상처에 계속 초점을 맞추는 한 평화는 요원한 일이 될 겁니다.

우리는 종교 때문에 영원히 끝없는 분쟁에 시달려야 하나요? 유대교와 이슬람, 두 성스러운 권리 주장은 충돌의 운명을 피할 수 없습니까?

저는 우리 각자의 종교에 서로 이웃으로서 평화롭고 존엄하게 살도록 도와주는 자원이 담겨 있다고 믿습니다. 하지만 솔직하게 인정합시다. 각 종교에는 또한 타협을 가로막는 장애물도 있습니다. 유대교는 하느님이 이스라엘 민족에게 믿고 맡긴 땅, 신성하게 여기는 땅을 분할하는 것을 받아들이고 다른 민족의 권리 주장과 타협할 수 있을까요? 이슬람은 이슬람 세계에 존재하는 유대인이 다수인 국가의 정당성을 받아들이고, 딤미dhimmi, 즉 이슬람 아래서 2등 신분에 만족하는 '보호받는 민족'으로가 아니라 민족 주권의 자격이 있는 동등한 존재로 유대인을 수용할 수 있을까요?

양쪽의 경전은 상대방에 대해 복잡한 묘사를 보여줍니다. 코란과 하디트Hadith[무함마드의 언행을 수록한 책. 이슬람에서 코란 다음으로 권위를 갖는다―옮긴이]에서는 유대인을 죄인이자 배은망덕한 민족으로 묘사하지만, 또한 기독교도와 나란히 존중을 해야 하는 '성서의 백성people of the Book'이라고 설명합니다. 토라와 랍비 주석가들은 이스마엘을 난폭하며 천하다고 묘사하면서도 하느님의 축복을 받은 사람이라고 말합니다. 아랍과 이슬람 민족들에 대해서도 암묵적으로 그렇게 보지요. 양쪽 전통에서 보이는 전형적인 묘사는 사탕발림과는 거리가 멉니다. 하지만 상대방의 영적 존엄을 존중할 토대도 담겨 있습니다.

우리 모두 각자의 전통 안에 담긴 이런 관용의 목소리를 찾아내고 오래된 개념을 새롭게 해석해야 합니다. 어쨌든 무릇 종교란 이런 식으로 변화에 대처하는 거니까요. 우리의 전통은 해석을 요구합니다. 바로 그런 유연성 덕분에 유대교는 살아남을 수 있었습니다. 종교는 끝없는 갈등을 낳는 힘이 되기도 하고, 평화로운 해법을 낳는 힘이 되기도 합니다. 우리가 신성한 문서를 어떻게 읽는지에 따라 그 결과는 달라집니다. 이슬람과 유대교는 풍부하고 복잡한 세계입니다. 우리는 여러 세기에 걸친 빛만이 아니라 무게도 감당해야 합니다. 각 전통은 각자의 도전에 맞서 씨름해야 합니다.

우리 편에서 보면, 토라에 담긴 메시지는 분명하게 드러날 겁니다. 하느님은 이 땅을 이스라엘 민족에게 주었습니다. 일부 유대인들은 이로써 이 문제가 최종적으로 결정되었다고 생각합니다. 우리는 이 땅의 정당한 소유자이며 더 이상 토론할 여지가 없다는 거지요. 다른 권리를 주장하는 사람, 그러니까 당신네하고는 확실히 이 땅을 공유하지 않는다고 합니다. 정착촌 건설 운동은 이 땅의 소유권 문제를 바로 이런 식으로 봅니다. 이런 시각에서 보면 당신네 민족의 주장은 일고의 가치도 없지요.

이 이야기를 또 다른 종교적 방식으로 읽는 법을 제안하고 싶습니다.

유대인과 이스라엘 땅의 관계에는 정기적으로 소유권을 포기하라는 계율이 붙어 있습니다. 7년마다 이 땅을 묵혀서 원래 상태로 돌려놔야 합니다. 그리고 50년째 해에는 모든 소유권과 부채를 몰수해야 합니다. 처음 3년 동안은 새로운 나무에서 열리는 과실을 먹어서는 안 됩니다. 자기 밭의 모퉁이는 가난한 사람의 몫으로 남겨야 합니다. 이런 농사 계율은 이스라엘 땅에만 적용됩니다.

성스러운 땅은 우리 것이 아니라 하느님의 것이라는 메시지가 담긴 계율이지요. 소유권을 주장하기 어렵다는 것은 이 땅이 신성하다는 표시입니다. 필멸의 존재가 신성한 것을 완전히 가질 수는 없는 법이니까요. 신성한 장소는 경계를 넘어 세상과 만나는 곳입니다. 인간의 모든 권리 주장이 통하지 않는 다른 차원이지요.

하느님은 우리가 이 땅을 배타적으로 소유하기를 바랄까요? 아니면 이번에는 다른 민족과 이 땅을 공유해야 하는 걸까요? 제가 보기에 소유의 조건 자체, 즉 어느 누구도, 어느 민족도 성스러운 땅을 실제로 소유할 수 없다는 사실이 우리 양쪽이 이 땅을 공유하기 위한 종교적 토대를 제공합니다. 우리 모두 소유자가 아니라 관리자인 거지요.

제가 가장 설득력이 있다고 느끼는 이스라엘의 독실한 대변인들은 조건적 소유에 충실한 이들입니다. 이스라엘의 지도적 랍비들 가운데는 이 땅 전체에 대한 우리의 권리 주장을 실현하는 것은 대가가 너무 크다는 고통스러운 결론에 도달한 이들이 있습니다. 일부 온건파 랍비들은 생명의 신성함, 즉 유혈 사태를 막아야 할 필요성이 땅의 신성함보다 중요하다고 주장합니다. 하지만 다른 이들은 이사야서의 구절을 상기시킵니다. "시온은 정의로 구속함을 받을 것이다." 유대 전통을 이렇게 해석하면, 이 땅에 충성하려면 우리의 배타적인 소유권을 기꺼이 포기해야 합니다.

2차 인티파다가 일어나기 전에 팔레스타인 이슬람 지역을 여행했을 때, 어느 수피교도 셰이크와 친구가 됐습니다. 그 사람 이름을 이브라힘이라고 부를게요. 셰이크 이브라힘은 그 지방 곳곳에 있는 모스크로 저를 데려갔습니다. 그의 영적 보호 아래 저는 어디를 가든 안전하다고 느꼈습니다. 우리를 하나로 묶어준 것은 서로의 세계에 대해 일종의 성스러운 호기심을 품고 있고, 우리의 공통점만큼이나 차이에 대해서도 기쁨을 찾는다는 점이었지요. 이브라힘은 코란의 감동적인 구절을 읊었습니다. "사람들이여 보라! 우리는 남자 하나와 여자 하나로 너희를 창조했고 너희가 서로를 알도록 민족과 부족으로 창조했다(코란 49장 13절)." 셰이크는 눈을 크게 뜨면서 외쳤습니다. "이 구절은 무슨 말을 하나요? 서로 죽이라고요? 아니죠! 서로 알라는 겁니다! 내 형제 요시 할레비는 무엇을 아는가? 그는 독실한 사람이다. 그가 가진 지혜는 무엇인가? 이브라힘은 누구이며 그는 요시 할레비에게 무엇을 가르쳐야 하는가? 하느님은 당신에게 나한테는 창조하지 않은 무엇을 창조했는가?"

저는 셰이크한테 아브라함이 아들을 제물로 바친 이야기가 토라와 코란에서 서로 일치하지 않는 사실에 관해 물었습니다. 이 이야기는 누구의 것일까요? 서로 경쟁하는 민족적, 종교적 서사를 놓고 현재 벌어지는 전쟁에서 팔레스타인 사람과 이스라엘 사람은 아브라함의 두 아들 사이에 벌어진 고대의 경쟁을 되풀이하고 있는 걸까요?

셰이크 이브라힘은 제 걱정을 간단히 떨쳐내주었습니다. "아무 문제도 없어요! 이스마엘이 탁월한 점이 무엇이었나요? 이삭이 탁월한 점이 무엇이었지요? 하느님이 원하는 것은 무엇이든 받아들였다는 겁니다. 요시 할레비의 자식들, 이브라힘의 자식들이 이삭하고 이스마엘 같기를 바랍니다." 셰이크가 저한테

해주는 말은 상충하는 세부 내용에 집착하지 말고 두 서사를 하나로 통합하는 메시지에 집중하라는 거였습니다. 이삭이든, 이스마엘이든, 아니 둘 다여도 좋습니다. 하느님을 사랑하고 하느님의 뜻에 따라 기꺼이 제물을 바치려고 하는 무슬림과 유대인 모두를 위해 제단에는 충분한 공간이 있었습니다.

양쪽의 종교 전통은 그 시초를 이루는 이야기에 충실하려고 애써왔습니다. 무슬림에게 그 이야기는 인간의 운명을 실현하기 위해 하느님 앞에 무릎 꿇는 것을 의미합니다. 유대인에게는 상처 입은 세계를 치유하는 것을 돕기 위해 하느님과 손을 맞잡는 것을 의미하고요.

두 접근법의 차이는 우리 양쪽의 성경에서 소돔의 멸망이 코앞에 닥쳤을 때 아브라함이 보인 태도에 관한 이야기에서 분명히 드러납니다. 토라에서 아브라함은 하느님과 협상을 합니다. 소돔에 의인이 50명 있다면 하느님은 이 죄 많은 성읍을 구해주실 겁니까? 40명이면요? 30명이면요? 10명이면요? 하느님은 아브라함의 필사적인 요청을 부추기는 것처럼 보입니다. 하늘을 위해 하늘에 반기를 들게 만드는 거지요.

코란에서도 이브라힘은 처음에 성읍을 멸망시키려 한 하느님의 결정에 이의를 제기합니다. 하지만 하느님은 금세 이브라힘의 입을 다물게 만듭니다. 인간에 불과한 네가 감히 내가 내린 결정에 토를 다느냐? 이브라힘은 이해할 수 없는 일이지만 마지못해 따릅니다.

두 이야기는 신과 인간의 대화에 관한 본보기를 제공하면서 두 종교의 차이점에 관해 본질적인 내용을 들려줍니다. 참고로 저는 이런 차이를 찬미합니다. 저는 신의 뜻으로 시작됐다 할지라도 고통을 참지 못하는 토라의 아브라함이 보여준 놀라운 대담함을 소중히 여깁니다. 그런 끈질긴 정신이 시나고그에 있는 토라 공부방에 구현됩니다. 공부방에서는 질문이 답만큼이나 중요하며 전통에 대해 집요하게 논할 것이 장려됩니다.

그리고 저는 코란의 이브라힘이 현명하게 굴복한 것을 소중히 여깁니다. 이브라힘은 겸손한 마음으로 인간의 생각과 욕심이 결국은 아무 쓸모가 없음을 인정합니다. 무슬림들은 기도 깔개에 엎드려 그런 겸손함을 실천하면서 하느님 앞에 자신을 전부 바칩니다.

물론 두 종교는 굴복과 끈질긴 질문을 둘 다 알았습니다. 유대교에는 우상 숭배 시대까지 거슬러 올라가는 강력하고 오랜 순교의 전통이 있습니다. 믿음이 굳은 유대인은 강제로 개종하느니 차라리 목숨을 내놓습니다. 유대교의 역사를 보면 하느님의 뜻에 헌신하고 굴복할 것을 강조하는 영적 쇄신 운동이 거듭 일어납니다.

그리고 이슬람에는 르네상스에 영향을 미쳐 인류를 변화시킨 철학적·과학적 탐구의 위대한 전통이 있습니다.

하지만 오늘날 각 종교 공동체는 종교적 활력의 여러 면에서 쇠퇴를 겪고 있습니다. 근대는 유대인의 영성에 친절하지 않았습니다. 대다수 유대인이 기본적인 믿음과 종교에서 단절되고 있습니다. 반면 이슬람 세계는 정반대의 문제에 시달립니다. 열린 탐구와 자기비판이 점점 사라지는 거지요.

어쩌면 우리는 서로 다시 균형을 잡도록 도와줄 수 있습니다. 제가 보기에 유대인은 무슬림의 기도 깔개 같은 게 필요합니다. 제 무슬림 친구들은 유대인의 토라 공부방 같은 게 필요하다고 말합니다. 우리는 각자 위대한 영성을 쇄신하도록 서로 영감을 불어넣어줄 수 있을까요?

우리 두 민족은 모두 자기들끼리는 따뜻하고 너그럽습니다. 하지만 상대방에게는 험악하기 짝이 없는 표정을 짓지요. 이제 우리 믿음의 가장 근원적인 자원에 의지해서 양쪽 다 서로 공유하는 신성한 이야기에서 도저히 떼어낼 수 없는 일부분임을 인정해야 하지 않을까요?

우리가 공유하는 이야기는 우리의 아버지인 아브라함/이브라힘이 우상 숭배에 반기를 들면서 자기 아버지를 새긴 형상을 깨부수고 하느님은 하나임을 선포하면서 시작됩니다. 그런 근본적인 통찰을 계속 이어가면 인간 역시 하나가 되지요. 우리가 공유하는 아버지의 유산을 소중히 여기면서 우리는 인간의 새로운 의식이 탄생하는 결정적인 순간에 참여합니다. 그리고 우리는 모든 형태의 우상 숭배, 신성한 실재에 대한 우리의 의식을 흐리게 만드는 모든 것에서 해방된 세계에 대한 갈망을 공유합니다.

우리 양쪽의 전통은 아브라함/이브라힘이 이삭과 이스마엘 손에 땅에 묻히고 두 아들은 아버지를 기리기 위해 경쟁을 극복했다고 말합니다. 갈등만이 아니라 그런 협력도 우리의 유산입니다. 우리 아버지의 관대함도 마찬가지지요. 어쩌면 우리는 우리 아버지가 보여준 환대의 기억에 힘입어 이 땅에서 서로의 존재를 받아들일 수 있는 길을 찾게 될 겁니다.

이스라엘의 역설

이웃의 친구에게

2000년대 초반 자살폭탄 공격이 잇따라 벌어지기 전, 장벽이 건설되기 전에 팔레스타인 사람과 이스라엘 사람은 서로 알게 될 기회가 있었습니다. 물론 점령은 언제나 우리 사이를 갈라놓았지요. 하지만 인간적 상호작용이 있었습니다.

그런데 이제 우리는 서로에게 추상적 존재가 돼버렸습니다. 다음 세대를 생각하면 걱정되는 것은 두 민족 사이의 제한된 만남조차도 점점 드물어진다는 사실입니다. 양쪽 모두 젊은 층에서 분노와 증오가 고조되고 있습니다. 공존이 가능하려면 양쪽이 적어도 어느 정도 긍정적인 상호작용을 하고 상대방이 처한 현실을 조금이라도 알아야 하는데 말입니다.

저는 이미 제 신앙과 개인사, 유대 민족의 이야기를 조금 털어놓았습니다. 이제 서로를 알라는 코란의 가르침에 비추어 현대 이스라엘에 관해 조금 말씀드리고 싶습니다. 당신네 언덕에서 빤히 보이는 곳에 존재하는 사회에 관해서, 우리가 누구이고 우리 내부 문제를 어떻게 관리하는지에 관해서 말씀드리지요. 어쨌든 우리 두 민족은 서로에 묶여 있습니다. 우리 나라가 어떻게 작동하는지를 알면 양쪽의 미래를 내다보는 데도 좀 도움이 되겠지요.

이스라엘 사회를 한마디로 정의하자면 '역설'이라고 말할 수 있습니다.

우리는 독립선언에서 이스라엘을 유대 국가이자 민주주의 국가로 정의했습니다. 독립선언 초안 작성자들에 따르면, 이스라엘은 자국 시민이든 아니든 간에 세계 각지에 있는 유대인의 고국이 되어야 했습니다. 그리고 유대인이든 아니든 간에 모든 시민의 민주적 국가여야 했고요. 유대 국가이자 민주주의 국가라는 이런 이중적 정체성은 창건자들이 우리에게 남겨준 원대한 과제입니다.

이스라엘은 세속 국가일까요, 종교 국가일까요? 이 질문을 어디서 묻느냐에 따라 답이 달라집니다. 코셔와 무관한 레스토랑과 클럽이 넘쳐나는 텔아비브에서 보면, 이스라엘은 철저히 세속적인 사회입니다. 반면 시나고그와 토라 공부방이 점점이 박혀 있는 예루살렘에서 보면, 뼛속 깊이 전통적인 사회이지요. 저는 이스라엘을 성스러운 땅에 세워진 세속 국가로 정의합니다. 시온주의가 시온 말고는 그 어떤 곳도 유대 민족의 고향이 될 수 없다고 결정한 이래 종교와 국가는 영원히 충돌할 수밖에 없었습니다. 이 충돌을 완전히 해결하기란 불가능하며 다만 관리할 수 있을 뿐입니다.

이스라엘은 동양과 서양 출신의 유대인들이 불편하게 모이는 만남의 장소입니다. 미즈라히, 즉 이슬람 국가 출신 유대인들에게 이런 만남은, 특히 이스라엘 초창기에, 종종 아슈케나지 유럽 주류파의 차별과 건방진 경멸을 의미했습니다. 오늘날에는 아슈케나지와 미즈라히가 결혼을 통해 결합하는 일이 점차 많아지고 있습니다. 이스라엘을 창건한 핵심 집단은 아슈케나지와 세속주의자가 주축이었는데, 세속주의는 지금도 활력이 넘칩니다. 그와 동시에 우리의 음악과 음식, 심지어 언어도 점차 미즈라히 전통 문화의 영향을 받고 있습니다. 우드oud[터키를 비롯한 중동 지역에서 연주되는 현악기―옮긴이]가 전기기타와 만났고,

미즈라히의 기도시(祈禱詩)인 피유트piyut는 세속적 이스라엘의 문화적 기억상실증에서 회복되어 손꼽히는 록 뮤지션들의 손에서 재탄생했습니다. 이스라엘 음악은 한때 세속적 정신의 메신저였지만, 지금은 유대 전통과 다시 연결하고 싶다는 이스라엘인들의 열망을 표현합니다.

저는 이집트의 위대한 가수 움므 쿨숨Oum Kalthoum에 대한 열정으로 가족 정체성을 채우는 중동 출신 이스라엘 유대인들을 압니다. 그리고 헤비메탈과 피유트를 결합한 음악을 하는 오펀드 랜드Orphaned Land처럼 아랍과 이슬람 나라들에서 인기 있는 이스라엘 가수와 밴드도 있지요. 이 밴드가 이슬람 나라들 중에 유일하게 허용된 터키에서 공연을 하면 레바논하고 이집트, 심지어 이란에서도 팬이 모여든답니다. 일부 팬들은 자기네 국기를 흔들어대지요.

최근에 유대 음악과 아랍 음악을 둘 다 찬미하는 콘서트에 갔었습니다. 예루살렘 구시가의 성벽 바깥에서 열렸지요. 콘서트에는 이스라엘 유대인만이 아니라 구시가를 비롯한 예루살렘 곳곳에서 온 팔레스타인 사람들도 있었습니다. 무대에 오른 유대인은 아랍어로 노래를 하고 아랍인은 히브리어로 노래를 했지요. 평화는 정치적 과제인 동시에 문화적 과제입니다. 이스라엘이 동양 정체성을 더 많이 되찾을수록 이 지역에서 우리의 자리를 찾을 가능성이 더 높아지겠지요.

세계 각지에서 온 유대인 이민을 가리키는 표현을 빌리자면 "유랑자들이 뭉쳐서" 만들어진 이스라엘 사회의 본성 자체에 역설이 새겨져 있습니다. 유대인들은 다양한 방랑 생활에서 배운 지혜와 공포를 고국에 가져와서 이스라엘의 현실에 강요했습니다. 1960년대 뉴욕에서 자라면서 미국 사회의 다원주의적 가치를 흡수한 유대인인 저는 민주주의 문화를 튼튼히 세우는 것을 돕겠다는 일념으로 이스라엘에 왔습니다. 저는 특히 평화 협상이 붕괴한 뒤 자라나서, 어린 시절을 떠올리면 레바논과 가자지구에서 일어나는 테러와 로켓 공격만 기억나는 이스라엘 젊은이들 사이에 민주적 규범이 약해지는 것이 두렵습니다. 이스라엘 방위군이 헤브론에서 무장하지 않은 팔레스타인인 공격자를 총으로 쏴서 죽인 이스라엘 군인을 재판에 회부했을 때 저는 감사한 마음이 들었습니다. 하지만 이 군인이 이스라엘군의 윤리 규범과 교전 수칙을 어겼는데도 많은 이들이 그를 영웅으로 치켜세웠습니다.

반면 저는 가령 전체주의 정권 치하에서 억압받는 소수로 자라난 구소련 출신 이스라엘 사람들을 압니다. 그 사람들이 제일 걱정하는 것은 오랫동안 무방비 상태였던 유대인은 아직 효과적으로 권력을 휘두르는 법을 모른다는 사실입니다. 그들은 군대의 윤리 규범 같은 고상한 민주주의는 포위된 나라가 감당하기 힘든 장식품일 뿐이며 그렇게 스스로를 제약하면 우리의 자기방어 능력만 약해진다고 걱정합니다.

간혹 보면 이스라엘의 국가적 논쟁은 정말로 유대인의 역사가 자기 자신과 말다툼을 벌이는 것 같습니다. "우리는 누구인가?" "우리의 역사는 우리에게 무엇을 기대하는가?" "우리는 수없이 많은 역설과 어떻게 화해를 이루거나 그냥 안고 살아야 하는가?"

불가피한 일이지만, 이스라엘은 유대인들이 가진 모순을 반영합니다. 우리는 유대 국가가 어떠해야 하는지에 대해 정반대의 기대를 안고 고국에 왔습니다. 세속적 시온주의자들은 버젓한 국가를 창설해서 역사상 가장 비정상적인 민족으로 손꼽히는 유대인을 '정상화'하는 국가를 갈망했습니다. 세속주의자들은 유대 민족의 신화를 벗겨내는 과정을 거치면서 반유대주의가 점차 사라지기를 기대했지요.

반면 종교적 시온주의자들은 유대인 예외주의가 옳음을 확인하고 '만민의 빛', 아니 인류에게 대속을 안겨주는 계기가 될 국가를 열망했습니다. 어떻게 하면 유대 국가가 정상적인 동시에 예외적일 수 있는지는 시온주의 운동에 여전히 추상적인 딜레

마로 남아 있었습니다. 우리가 실제로 국가를 이루기 전까지는
요. 이제 서로 모순되는 전망이 사회적 갈등으로 비화했습니다.

성경을 보면 이스라엘 장로들이 선지자 사무엘에게 다가가는
결정적인 순간이 나옵니다(우리 동네 언덕에서 멀지 않은 사무엘의
무덤이 자리한 건물에는 모스크와 시나고그가 평화롭게 공존합니다). 장
로들은 사무엘에게 "모든 이방 나라들처럼" 이스라엘에도 왕을
세워달라고 요구합니다. 선택받은 민족의 부담을 벗어버리는
게 정상이 되는 거지요. 사무엘은 화가 납니다. 이스라엘은 선
지자들이 다스리는데, 왜 장로들은 한낱 왕을 통치자로 세워달
라고 하는 걸까요?

그런 충동, 즉 정상적이면서도 예외가 되고 싶은 충동이 유대
의 역사를 관통하는 이중적 갈망입니다. 시온주의의 비범한 재
능이자 전 세계 유대인 사이에서 성공을 거둔 한 가지 이유는
이 두 가지 열망을 끌어안으면서 유대인들에게 둘 다를 이룰 수
있다고 약속한 것입니다.

저 역시 이런 모순된 열망을 공유합니다. 유대인들이 다시 주
권국가로 변신한 것은 유대 역사에서 손꼽히는 업적입니다. 저
는 이스라엘이 정상 국가가 되기를, 국제사회에서 받아들여지
고, 국내에서 평안한 일상을 누리며, 마침내 국가의 존재를 당
연히 여길 수 있게 되기를 바랍니다. 하지만 저는 또한 이스라

엘이 존재 이상을 추구하기를, 정의로운 사회에 대한 선지자들의 통찰력을 소중히 여기기를 바랍니다. 국가 창건에 쏟아부은 그 모든 희망과 기도와 노력에 값하는 나라가 되기를 간절히 바랍니다.

아이러니하게도 우리는 아직 정상 국가나 예외 국가 어느 쪽의 미래상도 정말로 실현하지 못했습니다. 이스라엘은 민족 국가이지만 정상 국가라고 보기는 어렵습니다. 우리는 걸핏하면 두드러진 예외 국가가 됩니다. 중동에서, 유엔에서 왕따 국가 취급을 받지요. 훌륭하고 모범적인 사회가 되고 싶다는 바람과 달리, 정치적 부패와 조직범죄, 현대사회의 온갖 병폐에 시달리는 이스라엘은 이런 면에서는 고통스러울 정도로 정상 국가지요. 이스라엘 창건자들은 세계와의 관계에서는 정상화되면서도 국제적으로는 예외적인, 민주적 사회주의의 실험실이 되고자 했습니다. 하지만 가끔 보면 정반대의 국가를 만든 것 같습니다. 대외적으로는 비정상이고 국내적으로는 전혀 예외적이지 않지요.

어쩌면 이런 현실이 이스라엘이 직면한 가장 큰 과제일 겁니다. 국가들 사이에서 정상 국가가 되는 한편, 유대 역사와 꿈에 걸맞은 사회를 창조하기를 열망하는 거지요. 제가 당신에게 굳이 손을 뻗는 것은 이 두 열망을 실현할 수 있는 이스라엘의 능력이 어느 정도는 당신, 그리고 당신 민족과의 관계에 달려 있기 때문입니다.

세속적 이스라엘인과 종교적 이스라엘인은 정상과 예외를 놓고 아직도 논쟁을 벌입니다. 양쪽 모두 유대인의 본질적인 요구를 주장하기 때문에 어느 쪽이 완전히 승리할 가능성은 없습니다. 홀로코스트가 일어난 뒤 훨씬 더 많은 유대인이 세속적 시온주의의 정상화 약속이 유대 민족에게 절실하게 필요한 치유책을 제공한다는 데 동의했습니다. 그리고 오늘날 우리 사회에 물질주의가 팽배한 가운데 많은 세속적 유대인은 이스라엘 사회에 영성을 불어넣을 필요가 있다는 데 동의합니다. 목적의식과 방향성을 새롭게 주입해야 한다면서요.

저는 전통과 현대가 불편하게 만나는 지점에 살고 있습니다. 저는 종교적 유대인이지만 종교 정당에 투표를 하지는 않습니다. 종교는 가능한 한 정치에서 멀어질수록 좋은 거니까요. 또한 이곳은 미국이 아니고, 우리 지역에서, 그리고 유대인이 다수인 나라에서는 종교와 국가를 완전히 분리할 수 없다는 것도 압니다. 언젠가 주류 랍비 세력에 대한 세속적 반란을 이끄는 지도자 한 명을 인터뷰한 일이 있는데, 그 지도자가 염두에 두는 이스라엘의 모델이 미국처럼 종교와 국가를 분리하는 것일 거라고 생각했습니다. 그런데 지도자의 말을 듣고 깜짝 놀랐지요. "이스라엘에선 그런 분리가 불가능하다"고 했거든요. 종교는 이 나라 정체성에서 너무도 커다란 한 부분입니다.

하지만 세속주의 또한 우리 정체성의 본질적인 부분입니다. 유대교에서는 한 민족이 중심을 차지하기 때문에 가장 엄격하게 종교를 준수하는 유대인은 아무리 세속적인 유대인이라도 동료로 받아들일 수밖에 없습니다. 그러니 이스라엘은 종교와 세속주의를 수용하면서 둘 다 자신들의 정체성이 민족정신에 반영된 것으로 봅니다.

종교와 세속주의의 긴장을 완화하기 위해 우리는 일련의 타협에 도달했습니다. 가령 정통파가 운영하는 국가 랍비 기구는 결혼 승인을 독점합니다. 모든 종교가 개인 신분 문제를 담당하는 법원을 독자적으로 갖고 있던 오스만제국의 유산이지요. (샤리아 법원도 이스라엘에서 랍비 법원과 똑같은 법적 지위를 갖고 있습니다.) 그러니까 결국 이스라엘에서는 유대인이나 무슬림이나 종교와 무관한 시민 결혼을 선택할 수 없습니다. 하지만 가령 20분 거리인 키프로스로 가서 법원에서 혼인신고를 하고 돌아오면 국가가 이 결혼을 인정합니다.

조만간 이런 불합리한 제도가 바뀌어야 할 테지만, 그 이유는 점점 더 많은 이스라엘 유대인 젊은이들이 당국을 무시하고 해외로 나가 정통파 랍비가 없는 곳에서 결혼을 하기 때문입니다.

그리고 공적인 안식일 준수에 관해서도 타협이 이루어졌습니다. 국가 창건 이후에 이스라엘에서 처음 논쟁이 된 문제들 가운데 하나는 현대 유대 국가가 공적 공간에서 어떻게 유대 안식일Shabbat을 지켜야 하는가였습니다. 정통파 법에서 정한 대로 안식일에 위배된다고 여겨지는 활동을 금지해야 하는가, 아니면 안식일도 다른 날과 똑같이 간주해야 하는가?

이스라엘은 언제나 그렇듯 혼란스러운 타협을 선택했습니다. 유대인 지역에서는 안식일에 대중교통이 운행을 하지 않고 상업 활동이 어느 정도 금지되지만, 문화와 스포츠 행사는 허용되며 식당과 카페는 문을 엽니다. 최근에는 이른바 안식일 준수 상황이 느슨해져서 안식일에도 문을 여는 가게가 늘어났습니다. 지도적인 랍비와 유력한 세속 법학자가 공동으로 제안한 가능한 제도 변경안에 따르면, 제한된 대중교통을 허용하고 오락을 유지하는 한편 상업 활동 금지는 강화한다고 합니다. 상업 활동은 안식일의 정신에 정면으로 위배되는 것이니까요. 그렇게 하면 이스라엘 유대인은 각자 안식일을 즐기는 법을 선택할 수 있습니다. 이런 타협안은 가장 좋은 종교와 세속의 관계를 보여주는 본보기입니다. 유대 전통을 잇는 광범위한 방식이 공적 공간에서 어떻게 자리를 잡아야 하는지를 보여주지요.

이스라엘을 세운 것은 세속적 유대인들—대다수가 독실한

가족에 반기를 들었습니다—이기 때문에 세속주의는 우리의 토대에 새겨졌습니다. 세속주의는 또한 고조되는 근본주의를 억제할 수 있는 안전망이지요. 하지만 대다수 이스라엘 유대인 이 그런 것처럼, 저 역시 우리의 공적 공간이 유대교의 가치와 문화에 따라 만들어지기를 바랍니다. ('유대교의 가치'가 무엇인지 는 우리의 정체성을 둘러싸고 계속 벌어지는 논쟁의 일부입니다.) 여론조 사를 보면 유대인 시민 대다수는 생활 속에서 종교적 법률은 줄이고 전통은 늘리기를 바랍니다. 저는 바로 이것이 이스라엘이 궁극적으로 지향하는 방향이라고 생각합니다. 세속적 정체성과 종교적 정체성 사이에서 미묘한 균형을 유지하면서 세대마다 세부적인 내용은 계속 다시 교섭을 해야겠지요. 이 모든 조정의 전제 조건은 이스라엘 사회의 어느 부분도 이스라엘 문화와 정치의 면모를 완전히 결정하지 못하게 해야 한다는 겁니다.

설상가상으로 이스라엘 정부와 유대교 개혁 교파 및 보수 교파는 서쪽 벽에서 드리는 기도의 통제권을 누가 갖는지를 놓고 계속 반목하는 중입니다. 정부가 자유주의 교파들에게 서쪽 벽의 한 구역에 대한 공식적 지위를 부여하는 타협안을 내놓았지만, 초정통파 당들이 반대하면서 수포로 돌아갔습니다. 이 당들은 비정통파 운동을 아예 인정하려고 하지 않지요. 유대교를 신봉하는 미국 유대인의 대다수가 개혁파나 보수파 한쪽을 지지하는 가운데 이 사태를 계기로 이스라엘과 디아스포라 유대인 사이에 틈새가 벌어졌습니다.

저는 개혁파와 보수파 유대인들의 분노와 고뇌에 깊이 공감합니다. 그들이 이스라엘에 하려는 말은 사실 이런 거지요. "이스라엘은 모든 유대인의 고국이어야 하므로 이스라엘의 공적 공간은 우리의 종교적 다양성을 반영할 필요가 있다. 정통파 같은 일부 유대인에게 배타적 통제권을 부여하면 한 민족을 이루겠다는 시온주의의 약속을 저버리는 셈이다."

이스라엘은 극히 다양한 유대인의 존재를 관리해야 할 뿐만 아니라 아랍계 시민을 국민 정체성으로 포함시켜야 하는 한층 더 큰 과제를 안고 있습니다. 전체 인구의 20퍼센트인 아랍계 시민은 대다수가 자신을 팔레스타인인이라고 생각합니다.

이스라엘은 유대 국가이자 민주주의 국가로서 협상이 불가능한 두 정체성을 존중해야 합니다. 이스라엘은 유대인의 본질에 돌이킬 수 없는 손상을 가하지 않으면서 유대 역사의 지속이자 전 세계 유대인의 잠재적 보호자가 되겠다는 약속을 포기할 수 없습니다. 이스라엘의 생명력과 성취의 대부분은 이 나라의 유대인 정체성에서 나오는 것입니다. 2천 년 동안 품은 꿈을 현재적인 달성의 기적으로 바꾸겠다는 소망에서 나오는 것이지요.

이스라엘에서 유대인 정체성을 없애는 것은 그 심장을, 열정을 잘라내는 셈입니다.

하지만 아랍계 시민들을 국민 정체성과 공적 공간으로 끌어안지 못하면 다른 종류의 실존적 위협이 생겨납니다. 저는 언젠가 아랍계 크네세트 의원에게 '이스라엘인'이라는 사실을 가장 절감한 순간이 언제였는지 물은 적이 있습니다. 국회의원 선서를 했을 때나 이스라엘 선수단이 자랑스러운 승리를 거뒀을 때를 언급할 걸로 기대했지요. 그런데 이런 말을 하더군요. "나는 이스라엘인이라는 사실을 절감한 순간이 없습니다. 이스라엘인이라고 느낀 적이 없거든요."

이스라엘의 아랍계 시민들이 보기에 자신들의 정체성 문제는 시온을 향한 유대인의 열망을 환기시키는 이스라엘 국가(國歌)에 고스란히 표현됩니다. 첫 소절은 이렇게 시작합니다. "유대인의 넋이 가슴속에서 갈망하는 한." 한 아랍계 이스라엘 사람은 저한테 이렇게 말하더군요. "유대인의 가슴에는 불만이 없어요. 나한테는 그런 가슴이 없을 뿐이지요." 전 이스라엘 대통령에게 (강간 혐의에 대해) 징역형을 선고한 아랍계 대법원 판사는 인터뷰에서 자신은 국가를 부르지 않는다고 말했습니다. 이런 판결이 판사가 사회에서 부정할 수 없는 지위에 있음을 분명히 보여주는데도 말이지요.

독립기념일은 유대인에게는 대속의 날이고 팔레스타인인에게는 재앙의 날인데, 유대계 이스라엘인과 아랍계 이스라엘인이 어떻게 함께 그날을 축하할 수 있겠습니까?

이스라엘 정체성을 팔레스타인계 시민들에게 전면 개방하는 것은 아랍계와 유대계 모두에게 생각만 해도 소름 끼치는 일입니다. 아랍계로서는 요르단강 서안에 사는 친척들을 점령하고 있는 국가의 공적 생활에서 적극적인 역할을 해야 한다는 뜻이지요. 유대인에게는 국가의 적인 팔레스타인인과 아랍 세계에 자연스럽게 동조하는 사람들을 동료 시민으로 신뢰해야 한다는 뜻이고요.

우리의 상황을 감안할 때, '팔레스타인계 이스라엘인'만큼 역설적인 정체성이 있을까요? 2006년 이스라엘과 레바논의 이슬람주의 집단 헤즈볼라가 전쟁을 벌이는 상황에서 북부 도시 하이파에 있는 아랍 식당에 간 적이 있습니다. 갑자기 사이렌이 울리면서 곧 미사일 공격이 벌어진다고 경고하더군요. 아랍인과 유대인 모두 주방으로 몸을 피했습니다. 몸을 밀착한 채 어색한 침묵 속에 서 있었지요. 마침내 누군가 입을 열었습니다. "공존이군요." 모두들 애달픈 미소를 지었습니다. 이 초현실적 순간은 이스라엘 팔레스타인인들의 역설을 고스란히 보여줬습니다. 팔레스타인의 대의라는 이름 아래 발사된 미사일 공격을 피해 유대인들과 함께 은신처를 찾는 신세니까 말입니다.

하지만 이 모든 어색함과 양가감정과 분노에도 불구하고 이스라엘의 유대인과 아랍인이 시민 의식을 공유하는 것이 필수적일 뿐만 아니라 가능하다고 믿습니다. 각종 여론조사를 보면 아랍계 이스라엘인의 과반수가 이스라엘은 살기 좋은 나라라고 생각하고 있습니다. 물론 50퍼센트는 또한 아랍인이 차별을 받고 있다고 말하지만요. 훨씬 더 놀라운 점은 과반수가 이스라엘인이라는 사실이 자랑스럽다고 말한다는 겁니다. 향후에 팔레스타인 국가가 세워지면 그 나라 시민권을 선택할 것이냐고 물으면 압도적 다수가 그럴 생각이 없다고 말합니다. 지금 사는 집에서 계속 살고 국경을 넘어가지 않아도 되는데 말입니다.

우리 나라에 나쁜 뉴스는 상당히 많은 소수 아랍계가 이스라엘 사회에서 소외된다는 겁니다. 팔레스타인계 이스라엘인 일부는 자신을 아예 이스라엘 사람이라고 하지 않습니다. '1948년의 팔레스타인인'이라고 불러달라는 겁니다. 나크바 와중에도 떠나지 않은 팔레스타인인이라는 거지요.

하지만 우리의 분쟁이 끝이 전혀 보이지 않는 가운데서도 이스라엘 팔레스타인계 시민의 다수가 여전히 어느 정도 국가와 일체감을 갖고 있다는 사실을 보면, 아무리 어렵더라도 사회와 정체성을 공유하는 방향으로 나아가기 위한 토대가 분명 존재합니다. 이스라엘 시민으로서 저는 이런 노력에 전념합니다.

그렇다면 어떻게 나아가야 할까요? 손꼽히는 팔레스타인계 이스라엘인 활동가이자 하트만연구소에서 같이 일하는 동료인 모하마드 다라우시Mohammad Darawshe는 이스라엘 아랍인들은 소수자처럼 행동하는 법을 배워야 하고, 이스라엘 유대인들은 다수자처럼 행동하는 법을 배워야 한다고 말합니다. 저는 그가 문제의 심리적 핵심을 건드리고 있다고 봅니다.

이스라엘 유대인들은 흥미로운 다수자입니다. 우리는 우리 자신의 나라에서는 다수자이지만 적대적인 지역에서 소수자임을 잘 알고 있습니다. 아랍계 이스라엘인들은 문화와 정서에 따라 이 지역에 속하지요. 그러니까 이스라엘의 유대인과 아랍인 둘 다 종종 다수자인 동시에 소수자라고 느낍니다.

다라우시가 유대인에게 던지는 과제는 어쨌든 우리는 강하고 성공적인 나라를 장악하고 있으며, 자신감 있는 다수자로서 관대하게 행동해야 한다는 것입니다. 반면 그가 아랍인에게 던지는 과제는 팔레스타인 정체성에 대한 충성과 유대인이 다수인 사회에서 자리를 찾아야 하는 현실 사이에서 극히 미묘한 상황에 사로잡힌 소수자로서 지혜를 발휘해야 한다는 겁니다.

많은 유대인이 아랍계 시민들이 잠재적인 내부의 적이라고 두려워합니다. 그런 공포는 아랍계 크네세트 의원들 때문에 더욱 커지지요. 일부 아랍계 의원들은 전시에도 하마스나 헤즈볼라 같은 이스라엘의 적과 공공연하게 일체감을 표명합니다. 아랍계 의원들은 이스라엘 병사들을 나치라고 부르면서 테러 공격을 지지하고 있습니다. 한 아랍계 의원은 이스라엘 10대 세명을 납치한 사건을 테러 행위라고 지칭하기를 거부했지요(세명은 결국 살해된 채로 발견됐습니다). 이 일들은 따로 떨어진 사건들이 아니라 한 양상의 일부분입니다.

다수자로서 유대인은 아랍계 시민들에게 우리가 그들을 우리 사회의 필수적인 일부로 본다고 안심시켜야 합니다. 첫째로 할 일은 아랍계 시민들에 대한 차별을 끝장내는 겁니다. 특히 정부가 교육과 기반시설 같은 요구에 자원을 할당하는 과정에서 차별하지 않아야 합니다. 그런 수치스러운 차별은 선지자들의 정의의 정신을 담아내는 사회를 만들겠다고 약속한 이스라엘 창건자들을 배신하는 일이지요. 여러 면에서 상황이 점차 개선되는 중입니다. 그리고 심지어 우파인 네타냐후 정부도 아랍계 지역에 상당한 자원을 투자했습니다. 인구의 상당 부분이 계속 뒤처지는 한 이스라엘 경제가 그 대가를 치를 것임을 깨달았기 때문입니다. 하지만 다른 면에서는 오히려 뒷걸음질을 치고 있습니다. 우파 의원들이 민주적 정체성을 희생시키면서 유대 국가를 강조하는 입법을 무수히 내놓고 있거든요. 이 법안들 가운데 실제로 통과되는 것은 거의 없지만, 민주주의가 수세에 몰리고 있다는 분위기가 팽배합니다.

지역적 다수자의 일부인 이스라엘 아랍인들은 유대계 시민들에게 자신들 역시 이스라엘의 일부가 되기를 원한다고 안심시켜줄 필요가 있습니다. 민족주의나 이슬람주의가 아닌 통합주의를 목표로 하는 사람들을 크네세트 의원으로 선출하는 게 출발점이 되겠지요. 아랍계 시민들이 이스라엘을 인정하는 모습과 달리 그들을 대표하는 크네세트 의원들이 소외와 심지어 증오를 남발하는 모습은 영 어울리지 않는군요. 이스라엘 유대인들은 이런 불일치를 보면서 암울한 공포만 커진답니다.

우리의 분쟁이 지속되는 한, 이스라엘에 사는 아랍인과 유대인의 관계는 계속 비정상적인 모습일 겁니다. 하지만 최소한 이스라엘 유대인들은 이스라엘 아랍인들에게 우리 사회에서 그들을, 관리해야 할 문제가 아니라 이스라엘이 도덕적 기준을 유지하도록 도와주는 기회로 본다는 것을 알려야 합니다. 그리고 아랍인들을 이스라엘 정체성으로 통합함으로써 우리는 이스라엘을 중동 지역에 통합하기 위한 첫걸음을 내딛을 겁니다.

결국 저는 과연 우리 내부의 역설이 해결될 수 있을지 모르겠습니다. 아니 이 역설을 해결해야 하는지도 모르겠습니다. 상대방을 배제한 채 이스라엘을 정의하려는 어떤 시도든 인구의 주요한 집단을 국민 정서에서 소외시키고 우리의 상충하는 정체성과 열망을 관리하는 미묘한 균형을 깨뜨릴 테니까요.

가장 좋은 경우라면, 이스라엘이 역설 덕분에 활력을 얻는 것입니다. 저는 이스라엘이 세계에서 가장 어려운 딜레마를 관리하는 시험무대라고 봅니다. 종교와 근대, 동양과 서양, 종족과 민주주의, 안보와 도덕이 충돌하는 장이니까요. 이런 딜레마는 세계를 유랑하면서 다양성을 흡수하고 결국 세계를 안고 고국에 돌아온 오랜 민족에게 어울리는 도전입니다.

사실 우리가 가진 여러 역설의 균형은 끊임없이 움직입니다. 이스라엘만큼 급변하는 사회, 그토록 짧은 시간에 근본적인 변화를 겪기 쉬운 사회는 거의 없지요.

이 나라에서 40년 가까이 살면서 저는 적어도 세 가지 각기 다른 이스라엘 사회를 몸소 살았습니다. 1980년대의 이스라엘은 암울했습니다. 3백 퍼센트에 달하는 인플레이션에 레바논과는 승산 없는 전쟁을 계속하고, 국제사회에서 점점 고립됐지요. 그러다가 1990년대 초에 국가가 활력이 넘쳤습니다. 오슬로 평화 협상이 시작되고, 첨단기술 스타트업이 속속 생겨나고, 구소련에서 대규모 이민이 유입되고, 국제사회에서도 점차 인정을 받았지요. 그리고 2000년에 평화 협상이 붕괴되면서 국가의 면모가 바뀌었습니다. 잇따라 전쟁을 치르면서 일반 국민이 자살 폭탄과 로켓 공격의 표적이 됐고, 꿈을 잃은 이스라엘은 가드를 바짝 올린 채 하루하루를 살았습니다.

이런 이스라엘이 거의 20년 동안 지속됐습니다. 하지만 과거가 어떤 지표가 된다면, 이스라엘의 이야기에는 반드시 또 다른 극적인 변화가 일어날 겁니다. 제 바람이 있다면, 다음에 변화가 일어날 때에는 우리 두 사회가 새롭게 만나자는 것입니다. 다만 이번에는 상호 존중의 토대 위에서 만나야겠지요.

희생자와 생존자

이웃의 친구에게

오늘 오전 11시에 홀로코스트 추모일을 알리는 사이렌이 울렸습니다. 우리 쪽 언덕에서는 2분 동안 모든 게 멈췄습니다. 운전자들은 도로변에 차를 세우고 침묵 속에 서 있었습니다. 학교와 공장, 사무실과 군 기지 모두 활동을 멈췄습니다. 모든 사람이 상처로 하나가 됐습니다.

어느 순간 당신 생각이 나더군요. 필시 그쪽 언덕에서도 사이렌 소리가 들렸겠지요. 그때 무슨 생각을 하셨나요? 우리에게 인간적 연대감이 느껴졌나요? 아니면 당신네한테는 쓰라린 아이러니의 순간이었나요? 점령자가 오래전 상처를 여봐란듯이 뽐내면서 아직도 피해자 행세를 하는 건가요?

지금까지 저는 당신한테 홀로코스트 이야기를 꺼내지 않았습니다. 일부러 그런 거지요. 홀로코스트의 무게는 우리 모두를 짓누릅니다. 게다가 이야기를 조작하기도 너무 쉽지요. 당신네가 겪는 고난을 깎아내리기 위해서요("어떻게 점령 따위를 **홀로코스트**하고 비교할 수 있을까?"). 우리를 고발하기 위해서 조작하기도 합니다("어떻게 다른 누구도 아닌 유대인이 그런 일을 겪고 나서도 다른 민족을 학대할 수 있을까?").

마지막으로 저는 수십 년 동안 팔레스타인인들과 무슬림 일반으로부터 들은 판단을 강화하지 않는, 유대 민족이 이 땅에 돌아온 이유에 관한 이야기를 하고 싶었습니다. 이스라엘이 존재하는 유일한 이유는 홀로코스트에 대해 서구가 갖는 죄책감뿐이라는 판단 말입니다. 버락 오바마 대통령이 2009년 카이로 연설에서 이슬람 세계에 말을 하면서 홀로코스트 말고 이스라엘의 존재를 정당화하는 어떤 근거도 제시하지 못했을 때 이스라엘 사람들은 소름이 끼쳤습니다. 오바마가 나쁜 의도로 한 이야기는 아니겠지요. 그의 의도는 이슬람 세계에 널리 퍼져 있는 홀로코스트 부정론에 이의를 제기하는 거였습니다. 하지만 이스라엘 사람들이 들은 내용은 그게 아니지요. 4천 년 동안 이 땅에 연결된 유대인의 역사는 어디로 갔습니까? 이스라엘 사람들은 따져 물었습니다. "우리의 이야기는 어디로 갔나요?"

(오바마 대통령은 나중에 그런 실수를 바로잡으려고 하면서 예루살렘의 야드 바솀Yad Vashem 홀로코스트 기념관을 방문해 이스라엘의 정통성은 유대인이 겪은 고난이 아니라 이 땅에 대한 유대인의 애착과 믿음에 근거하는 것이라고 분명히 언급했습니다.)

최근 저는 페이스북에서 이런 익명의 메시지를 접했습니다. "이스라엘의 부활이 홀로코스트 때문에 일어난 게 아닙니다. 이스라엘이 존재하지 않았기 때문에 홀로코스트가 일어난 겁니다."

우리의 대화에서 홀로코스트에 직면하는 건 그렇게 끊임없이 울리는 사이렌처럼 불가피한 일입니다. 최후의 생존자들이 목숨을 다하는 가운데서도 홀로코스트는 계속해서 분명하면서도 미묘한 방식으로 우리의 분쟁을 규정하고 있습니다. 그러니 이웃의 친구여, 사이렌이 울릴 때 우리 쪽 언덕에서, 유대인들 사이에 무슨 일이 벌어지는지, 그리고 홀로코스트가 당신네에 대한, 우리의 분쟁에 대한 생각에 어떤 영향을 미치는지 설명할 기회를 주세요.

지난밤 저는 야드 바솀에서 열린 공식 기념식에 갔습니다. 이스라엘 대통령 레우벤 리블린Reuven Rivlin은 유대인이 홀로코스트

트라우마에서 벗어나야 한다고 말했습니다. "유대 민족은 아우슈비츠에서 태어나지 않았습니다. 우리가 2천 년에 걸친 유랑 생활을 견뎌 낼 수 있었던 건 공포 때문이 아니라 우리의 영적 자산, 우리가 공유하는 창의성 때문입니다. …… 홀로코스트는 우리의 몸에 영원한 낙인으로 남아 있습니다. …… 하지만 홀로코스트라는 렌즈를 통해 우리의 과거와 미래를 들여다봐서는 안 됩니다." 리블린은 또한 아무리 적에 맞서기 위해서라도 홀로코스트의 기억을 남발해서 정치적으로 점수를 따려고 하지 말라고 유대인에게 경고했습니다. 용감하게도 리블린은 자신의 정치적 스승인 전 총리 메나헴 베긴이, 이스라엘이 1982년 레바논을 침공한 것은 제2의 홀로코스트를 막기 위한 시도라고 선언한 사실을 비난했습니다.

생존자 여섯 명이 횃불에 불을 붙였습니다. 각각 백만 명의 희생자를 기억하는 횃불이었지요. 우크라이나 빨치산은 가슴에 소비에트 훈장을 주렁주렁 매달고 있었고, 알제리 태생 여자는 파리에서 은신해 살아남은 이였습니다. 각각은 자신의 이야기를 들려줬습니다. 전시에 겪은 고난을 덤덤하게 이야기했지요. 하지만 그들은 분명 전쟁 이후에 스스로 만들어낸 삶과, 자녀와 손자들을 자랑스러워했습니다. 피해자에서 생존자로 변신하면서 그들은 이미 단순한 숙명에서 운명을 개척한 상태였습니다.

무엇보다도 그들은 스스로 상처를 치유할 수 있게 해준 이스라엘에 대한 사랑과 감사의 마음을 나타냈습니다.

생존자의 아들인 제가 보기에, 홀로코스트와 관련해서 결국 가장 중요한 것은 우리가 피해자가 아니라 승자로서 살아남았다는 사실입니다. 우리는 오랫동안 인내로 단련된 민족입니다. 우리는 우리를 파괴하려고 한 제국들보다 오래 살아남았습니다. 그런 제국들의 목록은 고대 이집트와 바빌론, 로마까지 거슬러 올라가지요. 하지만 현실 같지 않은 우리의 오랜 역사를 훑어보아도 20세기에 유대인이 부활한 사건은 정말로 독보적입니다. 마치 그 전에 우리에게 일어난 모든 일은 단지 서곡에 불과한 것 같습니다. 유대인이 연속과 절멸 사이에서 선택을 내려야 하는 순간을 위한 예행연습이었던 거지요.

저의 아버지는 숲속 구덩이에 몸을 숨기고 전쟁에서 살아남았습니다. 살던 동네의 유대인들이 아우슈비츠로 이송되기 전 최종 단계로 게토에 수용됐을 때, 아버지는 두 친구와 몸을 피했습니다. 포도밭 주인이던 할아버지 밑에서 일한 적이 있는 산지기가 가끔 세 남자한테 음식을 가져다줬습니다.

1945년 전쟁이 끝나자 아버지는 집에 돌아왔지만 유대인들은 모두 사라지고 황무지만 남아 있었답니다. 죽음의 수용소에서 드문드문 돌아오는 몇 안 되는 유대인 젊은이들과 함께 아버지는 자유를 얻은 처음 몇 주 동안 술만 마셨습니다. 그러다가 어느 날 정신을 차렸습니다. 아우슈비츠에서 목숨을 잃은 부모님 두 분이—반쯤은 꿈이고 반쯤은 실제로—나타났는데, 아버지는 두 분의 준엄한 눈빛을 보고 자기 연민을 떨쳐버렸습니다.

저는 파괴가 아니라 부활이 낳은 아들입니다. 그래서 오늘 저는 제가 가스실에서 숨을 거둔 할아버지의 이름을 물려받은 사실만이 아니라 제 아들이 살아남은 자기 할아버지—제 아버지—의 이름을 물려받은 사실에 대해서도 생각합니다.

저는 언제까지고 홀로코스트에 대해서는 놀랄 수밖에 없습니다. 대량학살의 산업화를 보면 정말 입이 딱 벌어지지요. 시체를 생산하는 공장을 세운 겁니다(영혼을 잃은 근대가 다다른 종점입니다). 정부와 기업 관료들은 또 얼마나 꼼꼼하게 계획을 세웠는지요(어떤 가스가 제일 효과가 좋은가? 운송 시스템은 무엇이 최선인가?). 최종 목적지에 관해 희생자들을 안심시키기 위해 고안된 정교한 계략은 정말 대단합니다. 이건 증오나 복수심이 폭발한 게 아니고 19세기 동유럽에서 벌어진 단순한 유대인 학살도 아닙니다. 사전에 철저하게, 냉정하게 계획된 범죄입니다. 이런 범죄가 6년 가까이 아무 방해도 받지 않고 진행됐습니다.

이따금 저도 모르게 이런 생각이 듭니다. "그 일이 정말 벌어진 걸까? 그런 일이 있을 수 있을까?" 어리둥절하다가 제풀에

놀랍니다. 어쨌든 저는 평생 이 역사와 씨름하고 있습니다. 그 모든 순간마다 저의 일부는 여전히 슬픔에 잠겨 있음을 깨닫지요. 어린 시절 불가사의할 정도로 광적인 유대인 혐오에 관해, 인간이 얼마나 자멸할 수 있는지에 관해 배운 유독한 지식 때문에 지금도 놀란답니다.

하지만 저는 나락에서 기어 나와 재건할 수 있는 생존자들의 능력을 보고서 더욱 크게 놀랍니다. 개인으로서나 한 민족으로서나 유대 민족은 정말 대단하지요. 게다가 단순히 재건하는 것을 넘어서 초월하니까요. 유대인은 가장 거대한 악몽이 끝나자마자 가장 원대한 꿈인 이스라엘 창건을 이루었습니다. 저는 오늘날 우리가 고대에 이집트에서 탈출한 것을 기념하는 것과 똑같이 먼 훗날 유대인들이 우리의 귀환을 기념할 것이라고 믿습니다. 아마 경외심은 더욱 커지겠지요.

그러니 이웃의 친구여, 우리가 매년 홀로코스트를 기념하는 것은 피해 경험에 집착하는 게 아니라 오히려 정반대입니다. 결코 다시는 피해자가 되지 않겠다는 이스라엘의 약속을 재확인하는 거지요. 바로 그런 결의가 이스라엘 정신의 고갱이에 들어 있습니다.

시온주의 창시자들은 유대인이 처한 상황에 대해 반유대주의자들 탓을 하지 않았습니다. 오히려 유대인을 비난했지요. 감상에 빠지지 않은 초기 시온주의자들은 수백 년 동안 고향을 잃은 채 불안하게 살면서 생겨난 유대인의 기질적 결함을 직시하고 유대인을 변모시키는 일에 착수했습니다. "중간상인으로 일하는 유대인이 원한을 사나? 땅을 일궈 일하게 하자. 유대인이 물리적으로 위협을 받나? 자기를 방어하는 법을 가르치자." 벤구리온은 이교도들이 하는 말이 아니라 유대인이 하는 행동이 중요하다고 훈계했습니다.

이스라엘이 아끼는 시온주의자 시인 하임 나흐만 비알리크 Hayim Nahman Bialik는 1903년에 쓴 시 「학살의 도시에서 In the City of Slaughter」 덕분에 젊은 나이로 유명해졌습니다. 같은 해 제정러시아에서 벌어진 포그롬에 대한 분노를 절규한 작품이지요. 비알리크의 분노는 학살자들이 아니라 희생자들을 겨냥했습니다. 수동적으로 당하고만 있었다고 다그친 겁니다. 젊은 비알리크의 비웃음이 담긴 구절만큼 자기 민족에게 쓰라린 저주를 퍼부은 국민시인은 찾아보기 어렵습니다. "무덤으로 가시라, 빌어먹을 종자들! 가서 조상들의 유골을 파내시라/신성한 형제들의 유골도 파내서 자루에 채우고/자루를 어깨에 메고 길을 떠나/박람회마다 돌아다니며 유골을 늘어놓으시라……/각국의 동정심에 호소하면서 이방인들의 자비심을 구걸하시라."

피해자들에 대한 이런 혐오야말로 이스라엘이 생겨나고 지속적으로 성공을 거둔 핵심적인 이유입니다. 혹독한 위협, 때로는 압도적인 위협에 직면한 가운데서도 이스라엘 사람들은 태연히 일상생활을 유지합니다. 최근 어느 날 아침에는 저희 집 근처 경전철 역에서 테러리스트가 칼로 사람을 찌른 사건이 있었습니다. 한 시간쯤 뒤에 저는 역으로 가면서 경찰과 앰뷸런스가 출동하고 흥분한 군중이 모여 있을 거라고 생각했지요. 그런데 아무것도 없었어요. 보도에 흩뿌려진 피는 이미 지워져 있었고, 사람들은 다음 전철을 기다리고 있었습니다.

저는 스스로를 영웅이라고 생각하지 않는 영웅들 사이에 살고 있습니다. 이웃인 알리자는 이스라엘이 창건되기 직전 어렸을 때 쿠르디스탄에서 여기로 왔습니다. 알리자의 홀어머니는 나귀를 타고 몇 주에 걸쳐 이라크와 시리아, 레바논을 거쳐 예루살렘에 도착했을 때 아이들을 여기서 키우기로 마음을 먹었습니다. 배도 고프고 행색이 말이 아니었지만 그래도 고향에 온 거였지요. 다른 친구 슐라는 가족이 에티오피아의 마을에서 시온을 향해 첫걸음을 내딛을 때 열두 살이었는데, 몇 주일 동안 남동생을 업고 왔답니다. 알렉스라는 친구는 소련에서 법으로 금지된 히브리어 수업을 진행했다는 이유로 굴락(강제노동수용소)에 갇힌 적이 있습니다. 미국 유대인이었던 저는 이스라엘 사람들 가운데 특권층에 속하지요. 대부분 대대로 물려받은 기억을 상처로 간직하고 있으니까요. 저는 역사에 패배하기를 거부한 이들 가운데 속하고자 이스라엘에 왔습니다.

저한테 이스라엘인의 성격을 구현하는 인물은 우리 딸의 초등학교 친구의 아버지인 헤미라는 젊은이입니다. 오래전부터 아는 사이지요. 헤미는 군대에서 훈련을 받다가 척수에 총격을 입었습니다. 담당 간호사하고 결혼을 한 헤미는 휠체어에 의지하면서도 익스트림스포츠 선수가 됐습니다. 그리고 이스라엘 장애인들이 익스트림스포츠를 배우도록 장려하는 단체를 설립하는 일을 도왔습니다.

우리가 극단적인 상황에서 생활하기 위해 커다란 대가를 치르지 않는 것은 아닙니다. 이스라엘인의 성격은 조바심이 많고 공격적입니다. 제 아내인 사라는 코네티컷의 상류사회에서 성장했는데, 이스라엘이 외상후스트레스장애의 세계적 중심지라고 말합니다. 우리는 도로 위에서나 줄을 설 때나 서로 철저하게 거리를 둡니다. 우리 나라의 정치는 서로 상대방을 이스라엘의 적이라고 비난하면서 걸핏하면 이빨을 드러냅니다. 학교에서도 폭력이 점점 심해지지요. 정치권의 부패도 계속 나빠지고요. 우리는 해결되지 않은 트라우마가 겹겹이 쌓인 채 살고 있습니다. 테러와 미사일 공격의 위협에 끊임없이 노출되고 몇 년마다 전면전이 벌어지는 나라에 이민자들의 물결이 잇달아 들어오니까요.

회복력이 없는 사회라면 긴장을 견디지 못하고 무너졌을 게 거의 확실합니다. 하지만 자기 무덤에서 다시 벌떡 일어서는 사람들은 역사상 어느 순간보다도 더욱 활력이 넘칩니다. 어떤 일이든 대처할 수 있는 민족이 된 거지요.

홀로코스트의 기억에는 어두운 면도 있습니다. 리블린 대통령은 이런 어두운 면을 경고했고, 저도 잘 알고 있습니다. 공포가 바로 그것이지요. 유대 민족은 1940년대에 그랬던 것처럼 언젠가 다시 외톨이 신세가 될 겁니다. 오직 학살자들만이 유대인의 운명에 관심을 갖게 될 테지요. 영원한 타자의 신세를 결코 벗어나지 못할 겁니다.

저는 지난 세월 내내 그런 홀로코스트의 악몽에서 벗어나려고 애를 썼습니다. 홀로코스트 영화를 보거나 회고록을 읽는 일을 그만두기까지 했지요. (사라는 제가 유혹을 피해야 하는 중독자 같다고 말합니다.) 계속 스스로 다짐하고 있습니다. 다 지나간 일이라고요.

하지만 계속 공포가 떠오릅니다. 그리고 무엇보다 그런 공포를 부추기는 것은 이스라엘의 존재와 정당성을 겨냥한 전쟁입니다.

홀로코스트로 향하는 길을 닦는 데는 두 가지 요소가 가장 결정적이었습니다. 첫 번째는 유대인의 존재 자체를 범죄화한 겁니다. 나치가 유대인을 약탈하기는 했지만—시체에서 머리카락과 금니를 강탈하기도 했지요—유대인을 상대로 벌인 전쟁은 어떤 가시적인 이득을 얻기 위한 것은 아니었습니다. 홀로코스트가 추구한 목표는 홀로코스트 자체였어요. 전쟁이 막바지로 치달으면서 독일의 패배가 눈앞에 닥치자 나치는 병력과 열차를 전선에서 빼내어 유대인을 신속하게 죽음의 수용소로 이송했습니다. 유대인 일부가 살아남을지 모른다고 걱정한 겁니다. 자기 이익까지 거스르면서 오로지 그 목표만을 추구하는 가운데 나치는 유대인이라는 가장 거대한 위협으로부터 인류를 구한다는 거의 메시아적인 사명감에 사로잡혔습니다. 존재 자체가 범죄라면 유일하게 가능한 처벌은 죽음뿐이었지요.

홀로코스트를 가능하게 만든 두 번째 요소는 반유대주의의 독특한 성격, 즉 유대인에 대한 단순한 증오가 아니라 유대인을 하나의 상징으로 변신시킨 것입니다. 어떤 문명이든 유대인을 역겹기 짝이 없는 인간 존재로 낙인찍었습니다. 그리하여 현대 기독교에서 유대인은 그리스도를 죽인 자들입니다. 소비에트 공산주의에서는 자본가입니다. 나치즘에서는 인종을 오염시키는 세력이지요.

우리의 분쟁에서도 이런 양상이 펼쳐지고 있습니다. 물론 이스라엘의 정책에 대한 비판은 반유대주의가 아니며, 이스라엘 사람들 가운데 진지하게 그렇게 생각하는 이는 거의 없습니다. (우리 자신이 이스라엘의 정책에 반기를 드는 목소리가 가장 큰 비판자일 수 있습니다.) 하지만 이스라엘이 존재할 권리를 부정하고, 유대 국가를 세계의 범죄자로 뒤바꾸며, 이스라엘을 국제사회에서 고립시키려고 노력하는 것은 고전적인 반유대주의 양상에 딱 들어맞습니다. 팔레스타인 지도자들이 이스라엘 창건을 역사상 최악의 범죄라고 지칭하며 이스라엘의 탄생과 더불어 '70년간의 점령'이 시작되었다고 말할 때, 세계 각지의 친팔레스타인 시위대가 "요르단강부터 지중해까지 팔레스타인은 해방되리라"는 구호를 외치면서 유대 국가를 위한 자리는 없다는 분명한 메시지를 전할 때, 정책이 아니라 존재 자체가 분쟁의 조건이 됩니다. 이스라엘은 단지 범죄를 저지른다고 비난받는 게 아니라 존재 자체가 범죄가 됩니다. 그런 딱지가 붙으면 다음 단계가 불가피해집니다. 국제사회가 인종주의를 최악의 죄악으로 여기는 인권의 시대에 유대 국가는 인종주의의 상징이자 최악의 인권 위반자가 됩니다. 유엔이 걸핏하면 다른 모든 나라를 합친 것보다 더 많이 이스라엘을 비난하는 결의를 할 때, 유대 국가가 유례없는 악이라는 통념은 더욱 강화됩니다.

친구여, 결국 우리 양쪽은 그 방식은 다를지언정 모두 파괴적인 결과를 떠안게 됩니다. 이스라엘의 존재를 없애기 위한 전쟁 때문에 과거의 악마가 새로운 형태로 다시 깨어나고 있습니다. 유대인들의 최악의 공포가 되살아나면 당신네가 겪는 고통은 시정해야 할 비극이 아니라 물리쳐야 할 위협이 됩니다. 이스라엘인들에게 점령의 결과를 직면하게 만들기는커녕 정반대의 일이 벌어지지요. 구석으로 몰리면 우리도 후회하면서 유연하게 대응하지 않을 겁니다. 생존을 건 싸움에 들어가겠지요. 이스라엘의 정당성을 허물어뜨리기 위해 전쟁을 벌이면 우리는 더욱 둔감해질 겁니다. 만약 이스라엘을 겨냥하는 비판이 더욱 거칠어지면 우리는 어떤 비판이든 진지하게 받아들이려 하지 않을 겁니다. 수천 년 묵은 윤리 규범을 자랑으로 삼고 속죄와 자기반성을 굳게 믿는 민족에게 이런 상황은 영적 위기가 될 겁니다.

저 역시 생존을 건 싸움에 나설 타당한 이유가 있습니다. 주변 경계를 둘러보면 북쪽에는 헤즈볼라, 남쪽에는 하마스, 골란고원에는 이란의 이슬람혁명수비대Islamic Revolutionary Guards[이란 혁명 직후인 1979년 창설된 군사조직. 정규군이 이란 국경을 방비하고 국내 질서를 유지하는 반면, 혁명수비대는 이슬람 체제를 수호하는 임무를 띤다. 즉 외국 세력의 간섭과 쿠데타 위협을 막는 데 주력한다—옮긴이]가 눈에 들어옵니다. 모두 저를 죽이려고 열중하고 있지요. 이란 지도자들은 수십 년 안에 이스라엘을 없애버리겠다고 호언장담합니다. 이란 미사일에는 페인트로 "이스라엘에 죽음을"이라는 구호가 적혀 있습니다. 이란의 하수인인 헤즈볼라의 지도자 하산 나스랄라Hassan Nasrallah는 세계 각지의 유대인에게 이스라엘로 이주하라고 빈정거렸습니다. 한곳에 모이면 한꺼번에 죽이기 쉬울 거라는 말이었지요. 유대인들이 홀로코스트에서 배운 교훈 한 가지는 이런 겁니다. 적이 우리를 죽일 생각이라고 말하면 곧이곧대로 믿어야 한다는 거지요.

그래서 제 머릿속에는 분할 화면이 펼쳐집니다. 한쪽에서는 이스라엘과 팔레스타인인들이 대결을 벌이는데, 저는 골리앗이고 당신은 다윗이죠. 다른 한쪽에서는 이스라엘이 아랍과 이슬람 세계와 대결을 벌이는데, 제가 다윗입니다.

어쩌면 방식은 서로 달라도 이스라엘인과 팔레스타인인은 서로를 구해줘야 합니다.

2차 인티파다가 막바지로 치닫던 2004년 봄, 저는 아랍계 이스라엘인(이스라엘의 팔레스타인계 시민)과 유대계 이스라엘인으로 구성된 그룹이 진행한 아우슈비츠 공동순례에 참여했습니다. 아랍 쪽에서 먼저 제안을 한 행사였죠. 나사렛의 멜키트 그리스 정교회 사제인 아부나Abuna〔일부 그리스 정교회에서 고위 사제에게 붙이는 '우리 아버지'라는 뜻의 경칭—옮긴이〕에밀 쇼파니Emile Shoufani가 팔레스타인계 이스라엘인 공동체에 속하는 이슬람과 기독교계 지도적 인물들과 함께 제안한 겁니다. 팔레스타인계 이스라엘인 종교 지도자들은 이스라엘 내에서 아랍인과 유대인이 점점 소원해지는 상황을 타개할 방도를 찾고 있었습니다.

처음에 저는 회의적이었습니다. 이스라엘인으로서 제가 겪은 트라우마는 유럽이 아니라 중동에 뿌리가 있다고 생각했으니까요. 아우슈비츠가 아니라 버스 폭발이 저의 트라우마였거든요. 하지만 팔레스타인 사람들이 유대인의 트라우마를 두 눈으로 직접 보는 감정적 위험을 기꺼이 무릅쓰겠다고 하는 데 저도 부응해야 한다고 느꼈습니다.

3백 명 가까운 아랍인과 유대인이 함께 길을 나섰습니다. 전에 아우슈비츠에 이방인들의 순례가 있었을까요? 현장으로 가는 버스 안에서 아랍 여자가 마이크를 건네받았습니다. "저는 온 적이 있어요. 분노 때문에 마음이 뒤틀리는 게 두려웠거든요." 어쩌면 저도 그런 이유 때문에 갔을 겁니다. 중동이 아니라 저 자신을 구하려고요.

긴장은 피할 수 없었습니다. 팔레스타인 사람들은 홀로코스트 때문에 자기들의 비극이 압도당할까 노심초사했고, 유대인들은 나크바와 아우슈비츠가 비교될까 봐 걱정했습니다. 우리 마음속 가장 깊숙한 트라우마로 팔레스타인 사람들이 들어오는 게 싫기도 했고요. 한 아랍계 참가자는 자기 친구가 경고를 했다고 고백했습니다. "아우슈비츠에 가면 너는 피해자 자격을 잃게 될 거야." 어느 유대인 참가자도 친구가 경고했다고 털어놓았습니다. "아랍인들하고 아우슈비츠에 가면 우리 역사를 내주는 셈인데."

하지만 나란히 화장장 앞에 서자 우리는 서로 껴안으며 흐느꼈습니다. 아랍 스카우트 운동 대표인 알리는 제 팔을 잡으면서 다정하게 물었습니다. "여기 오면 과거를 대하는 게 더 쉬워지나요, 아니면 어려워지나요?" 나이 든 생존자들과 젊은 아랍 남자들이 서로 손을 맞잡고 걸었습니다. 우리는 산산이 부서진 장소를 찾은 순례자들이었습니다. 희망을 넘어선 장소에서 인류애를 공유하는 희망을 꿈꾸었지요.

아부나 쇼파니가 상상한 게 바로 이런 모습이었지요. 우리가 기획한 말도 안 되는 여정을 통해 완전히 정당한 상호 의심을 잠깐 멈추면 하느님이 임할 수 있는 여지가 생긴다는 거였지요. 어쨌든 기적은 이런 식으로 일어나는 겁니다. 우리는 무슬림이나 유대인이나 다 같이 그를 '아부나', 즉 아버지라고 불렀습니다. 이 여정에서 아부나는 우리의 영적 아버지였습니다. 양쪽 모두에 마음을 터놓은 한 기독교인이 무슬림과 유대인을 아우슈비츠에 모아놓은 겁니다.

우리는 위험을 무릅쓴 결과로 서로 감성을 나누었습니다. 유대인들은 아우슈비츠가 유대인만이 아니라 인류 보편의 상처임을 인정했고, 아랍인 동료들은 자기 내면에서 유대인의 분노를 발견했습니다. 그때 세계는 어디에 있었느냐고 그들은 따져 물었습니다.

우리는 서로 히브리어로 이야기를 나눴습니다. 아무리 불편하더라도 어쨌든 우리는 모두 같은 이스라엘인이니까요. 한 아랍계 할머니는 유대인들에게 이렇게 말했습니다. "처음 유대인을 만난 순간부터 당신네를 좋아했어요. 하지만 당신네는 내가 좋아하는 걸 내키지 않는 것 같았지요." 고통스러운 깨달음의 순간이었습니다. 외부인들에게는 유대인의 편협한 태도가 이런 식으로 느껴진다는 걸 알았지요.

아부나가 내심 생각한 의도 가운데 하나는 팔레스타인 사회와 이슬람 세계 전역에 널리 퍼져 있는 '홀로코스트 부정론'에 도전하는 것이었습니다. 저는 홀로코스트 부정론은 홀로코스트가 정말 유일무이하고, 말 그대로 제정신으로 믿기 힘든 사건임을 우회적으로 확인해주는 논리라고 봅니다. 서구에서는 흔히 별종들이 홀로코스트 부정론을 신봉하지요. 이슬람 세계에서는 이집트에서 이란에 이르기까지 국영방송에서 대놓고 방송을 합니다. 이슬람 세계 일부 지역에서 홀로코스트를 바라보는 시각을 반쯤 아이러니하게 요약하자면 이런 식입니다. "그런 사건은 벌어진 적이 없지만, 벌어졌으면 좋을 테고, 우리가 다시 홀로코스트를 저지를 생각이다."

이런 유독한 사고가 얼마나 깊이 침투해 있는지는 우리 그룹에서도 분명히 드러났습니다. 매일 밤 진행하던 검토 모임에서 한 아랍인 참가자는 이렇게 말했습니다. "저는 줄곧 유대인들이 홀로코스트를 과장하고 있다고 생각했어요. 비극이긴 해도 전쟁이 나면 항상 무고한 사람들이 죽게 마련이라고요. 그런데 지금은……"

아우슈비츠 순례단의 팔레스타인계 동료들은 우리한테 말했습니다. "우리는 유대인의 존재를 상대로 싸우는 게 아닙니다. 우리는 간접적으로라도 당신들을 역사에서 지워버리려고 하는 사람들 편을 들지 않을 겁니다. 우리는 이웃으로 함께 살기 위해 언제든 당신들의 이야기를 들을 겁니다. 하지만 당신들도 우리를 보기를 바랍니다. 당신들도 우리의 이야기와 고통에 귀를 기울이기를 바랍니다. 어리석고 불필요하게 역사를 비교하는 짓은 하지 말고요. 각자 상처를 인정하자고요."

아부나는 우리가 서로에게서 고통받는 인간의 얼굴을 발견하도록 도와주었습니다. 서로를 해방시키는 방법을 제시해주었지요.

결국 아랍인과 유대인이 아우슈비츠에 간 게 중요했을까요? 참가자들을 제외하면 누가 기억이나 할까요?

아부나는 순수한 의도에서 나온 것이라면 어떤 영적인 기획이든 의도하지 않은 결과를 낳을 수 있다고 믿게 만들었습니다. 인티파다가 한창인 가운데 무슬림과 유대인이 실제로 함께 이런 일을 했지요. 바로 그런 근본적인 호의의 몸짓, 정치적 상식에 대한 도전이 지금 이 땅에서 아랍인과 유대인이 써나가는 이야기의 일부분입니다. 그리고 이 편지를 쓰는 지금 저는 그런 가능성의 기억을 전달하는 것이고요.

사막 가장자리에 세워진 초막

이웃의 친구에게

오늘은 유대인들이 집을 확장해서 임시 초막을 만드는 초막절 Sukkot 축제입니다. 이 축제는 이스라엘 사람들이 이 땅에 오는 도중에 사막을 가로지른 여정을 상기시키는데, 초막은 유랑 생활 중에 지친 몸을 누이던 구조물을 가리킵니다. 1주일 내내 초막이 임시 집이 되어 여기서 밥을 먹고 친구를 초대하고 토라를 공부하고 때로는 잠도 잡니다.

　우리 가족은 당신네 언덕이 마주 보이는 현관에 초막을 짓습니다. 아마 당신네 집에서도 허술한 천막이 보일 겁니다. 나무

판자 위에 야자 줄기로 얽은 지붕을 기둥으로 받치고, 벽은 날염한 천으로 두르지요.

당신네 언덕을 마주 보는 쪽은 활짝 열어놓았습니다. 그러니 1주일 내내 양쪽 언덕이 아주 가깝게 마주 보는 것처럼 느끼며 살지요. 아침이면 팔레스타인 아이들이 학교 운동장에서 뛰어노는 소리가 들립니다. 장벽 너머로 새로 지어지는 아파트 건물이 뚜렷하게 눈에 들어오고요. 이스라엘의 압박에 도전하기 위해 지어진 것이지만 대부분 비어 있더군요. 무엣진의 기도 알림 소리가 마치 초막 안에서 들려오는 것 같습니다. 당신네 언덕 바로 너머에 펼쳐진 사막은 마치 우리가 공유하는 뒷마당 같지요.

초막은 취약함과 덧없음을 상기시키는 물건입니다. 하지만 축제를 맞아 안락한 집을 벗어나는 행위에는 또한 세상의 자비로운 성격, 하느님의 보호에 대한 신뢰가 함축돼 있습니다. 따라서 유대인의 상상 속에서 초막은 대속 받은 세계의 상징입니다. 이 세계에서 인간은 서로 평화롭게 공존하는 법을 배울 겁니다. 우리는 평화의 초막을 우리에게 펼쳐달라고 하느님에게 기도합니다.

가정마다 초막을 특색 있게 장식합니다. 유대인의 정체성과 열망에 대한 이해를 반영하는 것이지요. 초정통파가 만드는 초막은 저명한 랍비의 사진이나 그림을 붙이는 경우가 많고, 다른 유대인들은 수확을 상징하는 것들로 초막을 장식합니다.

우리 가족이 만든 초막은 인간은 하나라는 주제를 담고 있습니다. 고대 성전에서 초막절이 되면 사제들은 민족의 안녕을 빌기 위해 제물을 바치곤 했습니다. 그래서 사라하고 저도 세계의 신성한 전통 일부를 우리의 임시 거처에 들여놓습니다. 나무로 된 지붕에는 티베트의 타르초(기도 깃발)를 아치형으로 걸어두었습니다. 딸 모리아가 히말라야에서 가져온 거지요. 인류의 안녕을 기원하는 히브리어 기도문을 새긴 티베트 깃발도 있습니다. 색색으로 장식한 코끼리는 창조의 시원적 에너지를 의미하는 힌두교의 상징인데, 영적 각성을 일깨우는 유대교의 상징인 양 뿔로 만든 나팔 쇼파르와 나란히 줄에 매달려 있습니다. 그리고 제 서재하고 초막을 연결하는 벽에는 코란에서 가장 사랑받는 구절 중 하나가 새겨진 세라믹 명판이 걸려 있습니다. "그 옥좌는 하늘과 땅을 덮고 또 그분은 이 두 가지를 유지하는 데도 지치지를 않으신다." 모든 것이 세계가 스스로, 그리고 조물주와 조화를 이룬다는 동일한 메시지를 한층 강화합니다.

하지만 초막에 앉아 있다 보면 가끔 보호받기보다 노출되어 있다는 느낌이 듭니다. 현관에 앉아 있으면 세 정치 체제가 뚜렷이 구분되어 보입니다. 이스라엘 국가의 주권 영토는 장벽에서 끝납니다. 저 멀리에 팔레스타인 자치정부가 있고, 제일 먼 곳에 요르단의 언덕이 있습니다.

가시 범위 바로 너머에는 폐허가 된 중동이 있지요. 시리아는 무덤이고, 이라크는 자멸하는 중이며, 터키의 미치광이 독재자는 자기 나라의 엘리트 집단을 파괴하고 있고, 예멘은 굶주리고 있습니다. …… 이웃 친구여, 우리 두 민족은 여기서 어떤 미래를 창조할 수 있을까요?

화창하고 선선한 10월 아침입니다. 구름이 피어오르는 걸 보니 여섯 달 동안 비가 내리지 않은 터라 안심이 되네요. 초막 바닥에 쿠션을 깔고 앉아 있는데, 사라가 가져다 놓은 식물이 사방에 있습니다. 타임하고 히솝, 석류하고 올리브 묘목이 있네요. 한 손에는 야자 가지를 잡고 있는데 그 옆으로는 버드나무와 도금양 가지가 있고, 다른 손에는 시트론이 있는데 달콤하고 톡 쏘는 향기가 초막을 가득 채우는 듯합니다. 성경에서는 유대인에게 수확 철에 이 '네 종자'를 모으라고 가르치지요. 우리는 기도를 할 때 동서남북 네 방향으로 흔든 다음 하늘과 땅에 대고도 흔들면서 땅과 짐승들에게 축복을 내립니다.

랍비들은 네 종자 각각에 대해 상징적인 해석을 제시합니다. 가령 시트론은 가슴을 의미하고 야자는 척추를 의미한다는 식입니다. 하지만 이런 설명이 아무리 시적이라고 해도 조금 요점을 벗어나지요. 이 순간 제가 중요하게 생각하는 건 이 종자들이 유대인이 수천 년 동안 살면서 축복을 전하려고 한 땅에서 맺어진 결실이라는 점입니다. 이 의례는 성경보다도 오래된 것처럼 느껴집니다. 어쩌면 샤머니즘 전통의 유물이겠지요. 저는 이런 의례를 통해 옛날 사람으로 변신하는 순간이 소중히 여겨집니다. 현대인이 과거로 돌아가는 거지요. 금요일 밤마다 세속적 시간으로부터 안식일로 물러날 때도 똑같은 경험을 합니다. 컴퓨터나 핸드폰, 자동차 사용을 멈추고 잠시나마 전근대 사람이 되니까요.

머리에 기도용 숄을 덮고 시계 방향을 따라 천천히 야자 잎을 짚으면서 중동 전체를 아울러 봅니다. 주변에 뿔뿔이 흩어진 사람들을 위해 기도하지만 주로 무엇보다도 저 자신과 우리 두 민족을 위해 기도를 드립니다. 아나 아도나이 호시야 나Ana Adonai hoshiya na. 하느님 우리를 구해주소서.

아 지금 세계가 불타고 있습니다. 지구 한 모퉁이에서 고통받는 우리 지역만이 아닙니다. 모든 곳에서 절망이 치솟고 있습니다. 우리 세대는 끔찍한 사실을 알게 됐습니다. 인류가 스스로를 파괴할 수 있다는 걸요. 핵전쟁? 환경 파괴? 지금 우리는 현시대와 앞선 다른 모든 시대를 가르는 끔찍한 차이를 점점 흡수하고 있을 뿐입니다. 위협의 본질을 제대로 인식한다면 일상생활을 이어나가기도 어려울지 모릅니다. 언젠가 우리 모두 죽는다는 사실을 끊임없이 떠올리지 않으려면 생각의 필터가 필요한 것처럼요.

하지만 지금은 또한 인류가 스스로를 초월하는 것을 상상할 수 있는 때입니다. 과학과 기술에서 이룩한 업적 덕분에 우리는 굶주림과 질병의 종식을 상상할 수 있습니다. 세계는 대다수 지역과 곧바로 소통하고 있습니다. 일종의 텔레파시 같은 거지요. 한 나라에 자연재해가 닥치면 다른 나라들이 곧바로 대응합니다. 완전히 새로운 세상입니다.

이스라엘 자손들이 이 땅에 들어왔을 때 여호수아는 12지파를 둘로 나눴습니다. 여섯 지파는 '축복의 산'인 그리심산에 올라갔고, 다른 여섯 지파는 '저주의 산'인 에발산에 올라갔습니다. 아래에 있는 골짜기에서 제사장들이 토라의 도덕적 명령을 선포했습니다. 제사장들은 그리심산에 있는 지파들을 향해 선언했습니다. "이 율법을 모두 지키면 축복이 내리리로다." 사람들이 대답했습니다. "아멘." 에발산에 있는 지파들을 향해서도 선언했습니다. "이 율법을 위반하면 저주가 내리리로다." 그러자 사람들이 다시 말했습니다. "아멘."

이 의식은 거룩히 구별된 사람들이 신성한 땅에 들어가는 순간을 나타냈습니다. 여기에는 분명한 메시지가 담겨 있지요.

"축복을 선택하라. 삶을 선택하라."

제가 보기에 지금 인류 전체가 이 두 산 위에 서 있습니다.

오늘날 포스트모던 시대의 절망적인 성격을 보면, 오래된 이야기를 전달하는 자로서 책임감이 더욱 커집니다. 유대인이 4천 년 넘도록 핵심적인 정체성과 일관된 기억을 유지하고 있다는 사실은 인류에게 무엇을 의미할까요? 역사의 최후 생존자인 우리 민족은 지금 어떤 지혜를 주어야 할까요?

성경 시대 이래 유대인들은 우리가 인류에게 축복이 되어야한다고 믿었습니다. 이런 자기 인식에 따라 우리는 당신네와 우리의 관계에서 무엇을 해야 할까요? 온갖 역경을 무릅쓰고 다시 한번 우리를 평화로 인도하기 위해 저는 어떤 일에 나서야할까요? 예루살렘에 사는 유대인으로서 저는 초막절에 바로 이런 질문을 떠올렸습니다.

초막을 짓고 들어가 사는 행위 자체가 절망에 맞서겠다는 표현입니다. 탁 트이고 무너지기 쉬운 이 구조물이야말로 지하실에 있는 강화 콘크리트 대피실과 대조를 이룹니다. 법에 따라 이스라엘 가정마다 미사일 공격을 대비해 이런 대피실을 지어야 합니다. 우리는 그런 위협을 항상 현실로 안고 삽니다. 하지만 초막은 우리의 영적인 공습 대피실이자 공포 없는 세상에 대한 약속입니다.

지금까지 보낸 편지에서 저는 유대인이자 이스라엘 사람이라는 사실이 왜 저에게 중요한 의미인지, 그런 정체성에 온 힘을 다해 몰두함으로써 어떻게 그토록 많은 힘을 이끌어내는지를 조금이나마 전달하려고 애썼습니다.

하지만 언젠가는 죽어 없어질 우리의 정체성보다는 결국 우리의 인격과 업적, 그리고 우리의 영혼이 남게 될 것임을 스스로 상기하려고 애썼습니다. 이 땅에 사는 한 우리는 그런 정체성과 충성을 존중합니다. 하지만 무릇 독실한 사람이라면 또한 우리의 영혼과 관계를 유지해야 합니다. 우리가 소중히 여기는 모든 정체성에 무관심한 존재의 핵심까지 나아가야 하지요. 우리 영혼에 의지해서 상처와 공포를 극복할 수 있을까요? 수백 년 동안 내내 무수히 많은 영혼들의 사랑과 헌신과 기대로 신성해진 땅에 사는 독실한 사람들인 우리에게 주어진 책임은 무엇일까요? 역사상 가장 위험한 순간에 인류 앞에 놓인 가장 풀기 힘든 분쟁의 '관리인'인 우리의 책임은 무엇일까요?

이제 막 새벽 네 시가 지났습니다. 오늘도 잠을 이루지 못했네요. 자리에 누워도 잠이 들지 못할 때마다 악몽이 찾아옵니다.

그런데 갑자기 무엣진이 마치 오랜 친구처럼 소리를 내며 양쪽 언덕 사이의 공간을 동트기 전 기도 소리로 가득 채웁니다.

잠 못 이루는 밤마다 외침 소리를 선물처럼 안겨주는 무엣진에게 고맙다는 말을 하고 싶군요.

그러니 이웃 친구여, 처음 보낸 편지처럼 마무리를 하고 싶습니다. 우리가 만날 것이라는 기도로요. 지금까지 영혼으로 함께 시간을 보냈지만 조만간 우리 집으로 당신을 초대하고 싶습니다. 우리가 지은 초막으로요. 베즈라트 하솀. 신의 가호가 있기를. 인샬라.

팔레스타인 사람들이 이스라엘 이웃에게
보내는 편지

독자 여러분께

아래에 실린 글들은 팔레스타인 사람들을 비롯해 중동 여러 지역으로부터 이 책에 대해 받은 답장 가운데 고른 것입니다. 이 편지들에는 깊은 분노와 호의, 열정적이면서도 존중하는 견해 차가 담겨 있습니다. 가자지구의 한 젊은 여자는 제 페이스북 페이지에 이런 글을 게시했습니다. "제가 당신 책을 읽는 것은 이 책이 제게 희망을 주기를 바라기 때문이에요."

당연히 증오가 담긴 메시지도 여럿 받았습니다. 제가 받아야 할 몫이라고 생각합니다. "유대인은 이 땅에서 아무런 역사가 없고, 무함마드의 군대가 당신들을 학살하기 위해 돌아오는 중이다." 이런 퉁명스러운 메시지는 내용이 대동소이합니다. 훨씬 흥미로운 건 팔레스타인 사람들이 보내는 장문의 이메일입니다. 그런 메일을 쓰는 사람들은 분명 스스로 나서는 이들이지요. 이스라엘 사람만이 아니라, 아무리 비판적이라 하더라도 시온주의 서사와도 기꺼이 대화를 나누려는 이들이고요. 팔레스타인인들 가운데 그런 태도가 얼마나 확산돼 있는지는 알지 못하고, 또 멀리까지 미치는 결론을 끌어내는 것도 조심스럽습니다. 제가 볼 때 이 편지들이 갖는 의미는 단순합니다. 상충하는 서사를 놓고 정중한 논쟁의 본보기를 만들 수 있는 파트너를 찾고 싶다는 겁니다. 그런 파트너들이 존재합니다.

이 편지들은 이스라엘 사람인 제가 읽기에는 쉽지 않습니다. 하지만 답변 하나하나가 우리가 놓인 상황이 얼마나 복잡한지에 관해 통찰을 주었습니다.

이 분쟁이 대단히 심각하고 격렬한 상황에서 저는 증오로 똘똘 뭉친 것만 아니라면 아무리 빈약하더라도 대화를 여는 계기로 삼기로 마음먹었습니다. 부인인 사라는 이 책을, 편지를 접어 넣어 장벽 너머로 던진 유리병이라고 부릅니다. 처음에 저는 익명의 팔레스타인 사람에게 편지를 썼습니다. 이 책을 통해 우리가 서로의 이름을 알게 되기를 기대하면서요. 이제 이 과정이 시작되어 저는 이웃 몇 명의 이름과 얼굴과 이야기를 알게 됐습니다.

답장을 보낸 몇몇 팔레스타인 사람은 익명으로 해달라고 요청했습니다. 이스라엘인과 관계를 맺으면, 아무리 비판적 관계라고 해도 자기 사회에서 자리가 위태로워질지 모른다고 걱정하니까요. 그런 사실 역시 이 이야기의 일부입니다.

편지 외에도 예루살렘과 요르단강 서안의 팔레스타인 젊은이 그룹 세 곳에서 이 책을 읽고 토론하기 위해 공부 모임을 만들었습니다. 지금 저는 친구들과 함께 이런 시도에 힘을 실어주려고 노력하는 중입니다.

아래에 실린 편지들은 대부분 팔레스타인 사람이 쓴 것이지만, 중동 지역 다른 사람들이 쓴 것도 몇 개 있습니다. 저는 편지마다 답장을 썼고 어떤 경우에는 계속 편지가 오가기도 했습니다. 편지가 오갈 때마다 저는 이 책의 토대를 이루는 서사를 주장하면서 아래의 편지들에서 표현되는 팔레스타인 쪽 서사의 몇몇 측면들에 대해 활발하게 논쟁을 벌였습니다. 하지만 여기에 제가 보낸 답장은 수록하지 않았습니다. 그 대신 편지를 보내준 사람들의 말로 책을 끝맺는 게 그들이 보여준 관대한 정신을 존중하는 올바른 방법이라고 생각했습니다.

그리하여 『나의 팔레스타인 이웃에게 보내는 편지』는 새로운 단계로 발전했습니다. 두 서사를 모두 담은 기록이 된 겁니다. 바람이 있다면 이 책에서 제시한 새로운 언어로 팔레스타인 사람과 이스라엘 사람이 어쩌면 화해가 불가능한, 이 상충하는 두 서사를 헤쳐 나갈 수 있으면 좋겠습니다. 서로 기를 쓰고 상대방의 약점을 폭로하려는 제로섬 논쟁이 아니라 진지한 토론과 경청을 통해서 말입니다. 다짜고짜 상대를 설득하는 게 아니라 상대방이 분쟁을 어떻게 이해하고 경험하는지를 파악할 기회를 서로 주는 식으로요.

심각한 견해차에 관한 정중한 대화의 본보기를 만들어보자는 이 책의 제안에 기꺼이 응답해준 팔레스타인 사람들에게 깊이 감사합니다. 대단히 어렵지만 필요한 실험을 함께 지속하기를 기대해봅니다.

요시 클라인 할레비

***

장래의 이웃에게

우리가 아직 이웃이 아니니까 '장래의 이웃'이라고 부르겠습니다. 이웃끼리는 권리와 의무를 공유하지요. 이웃은 기쁨의 순간을 함께하고 불행이 닥쳤을 때는 서로 안부를 확인합니다.

이스라엘이 저와 제 민족을 계속 점령하는 한 우리는 이웃일 수 없습니다. 하지만 당신의 이웃이 되고 싶고 언젠가는 그렇게 되기를 기대합니다. 그래서 장래의 이웃인 당신에게 지금 편지를 쓰는 거지요.

저에 관해 몇 마디 하고 싶습니다. 저는 무슬림이고 아랍인이며, 난민촌에서 자란 팔레스타인 사람입니다. 하지만 우리 가족은 돌봄과 공감을 잣대로 삼으면 아주 부자이지요. 저는 아름다운 팔레스타인 땅에서 자랐습니다. 제 정체성과 역사, 문화를 사랑하며 자랐어요. 할아버지가 1948년에 버리고 도망친 집에서 키우던 올리브나무가 얼마나 장관이었는지 들려주신 이야기가 지금도 메아리처럼 귓속에 울려 퍼집니다. 할아버지가 우리나라를 위해 심은 사랑의 씨앗은 지금 제 마음속에서 튼튼한 나무로 자라고 있습니다.

난민이 됐을 때 할아버지는 새신랑이었습니다. 임신한 아내(저한테는 할머니죠)와 함께 고향을 떠났는데, 아내는 베들레헴 외곽의 어느 동굴에서 첫아이를 낳았습니다. 맞아요, 예수랑 똑같이요. 할아버지는 걸핏하면 그때 버리고 떠나야 했던 집과 어린 시절을 보낸 마을, 마지막으로 떠나면서 집 문을 잠근 열쇠 이야기를 들려줬습니다.

저는 자라면서 종종 의문이 들었습니다. '할아버지는 그 열쇠로 뭘 어떻게 하라는 거지? 열쇠 때문에 싸우라는 건가?' 할아버지에게는 유엔 총회가 결의안 194호에서 인정한 도덕적 권리가 있었습니다. 제가 이 권리를 위해 목숨을 걸어야 할까요? 제가 제 이야기를 존중하려면 어떤 도덕적 책임과 행동을 받아들여야 할까요?

한편으로 저는 할아버지의 이야기를 거부할 수 없습니다. 그건 제가 물려받은 유산이지요. 저는 가족한테서 배운 가치관과 난민으로서 우리가 겪은 경험에 비춰 제 삶을 평가합니다. 하지만 또한 더 나은 미래를 건설해야 하는 도덕적 책임이 있지요. '귀환권'을 가지고 제가 무엇을 해야 할까요? 저는 무엇보다 우리 가족의 권리가 이 분쟁에서 유일하게 정당한 이야기라고 말할 수 있습니다. 저 말고 어느 누구도 권리가 없으며 저는 다른 어떤 권리 주장에 대해서도 맞서 싸워야 합니다. 저만이 갖고 있는 정의의 권리를 위해서라면 기꺼이 남을 죽이고 제 목숨을 바칠 겁니다.

저는 충분히 미래를 꿈꿀 만큼 젊은 나이이고, 평화가 가능하며 공포를 극복할 수 있다고 믿습니다. 또한 점령 상태의 난민촌에서 살면서 직접 끔찍한 경험을 한 만큼 나이가 많기도 하지요.

할아버지로서는 지금은 이스라엘 국가가 된 땅으로 돌아올 권리야말로 팔레스타인 난민 문제의 유일한 해법이었습니다. 하지만 저한테는 문제가 한층 복잡해졌습니다. 저는 할아버지의 이야기를 존중해야 하지만, 또한 제가 미래를 가질 권리도 있습니다. 저는 할아버지의 과거, 저의 과거를 미래와 분리해야 합니다. '귀환'과 '권리'를 분리해야 하는 거지요.

저는 이스라엘인을 비롯한 전 세계가 할아버지의 이야기와 역사적인 팔레스타인 땅 전체에 대한 그의 정당한 권리 주장을 존중하기를 바랍니다. 그와 동시에 우리 팔레스타인 사람들은 두 나라를 위한 공간을 창조하기 위해 귀환에 대해 타협할 필요가 있습니다. 우리는 이웃이 되어야 합니다.

가능한 선택지는 두 가지밖에 없습니다. 과거에 살면서 권리 주장을 위해 싸우다 죽을 것이냐, 아니면 희망찬 미래를 위해 살면서 당신네 나라 옆에 우리 나라를 세울 것이냐.

당신이 제 이야기에 귀 기울이기를 바라는 만큼 저도 당신의 이야기를 기꺼이 듣겠습니다. 팔레스타인의 이야기도 소중하지만 유대인의 이야기도 소중하니까요. 당신이 책에서 쓴 것처럼 당신 역시 이 땅 전부가 유대 민족의 것이라고 믿습니다. 똑같은 땅을 놓고 양쪽의 권리 주장이 상충하기 때문에 타협 말고는 선택의 여지가 없습니다.

오랫동안 저는 유대인이 현실의 민족이라는 사실을 받아들일 수 없었습니다. 혼자서 질문을 던졌지요. '4천 년 동안 피부색도 다르고, 출신 배경도 다르고, 언어도 다르게 살았는데, 도대체 어떻게 유대인이 한 민족이라고 주장할 수 있지?' 도무지 이해가 가지 않았습니다. 점령 상태에서 검문소와 정착촌, 일상적인 공포를 겪으며 생활하는 경험에 비춰볼 때, 당신네 민족과 당신들의 이야기를 진지하게 생각하기란 어려웠습니다.

저는 자라면서 언론과 교육 제도, 심지어 난민촌에 그려진 낙서를 통해서도 유대 민족이라는 개념은 궁극적으로 우리의 이야기와는 모순된다는 이야기를 끊임없이 들었습니다. 당신네 이야기를 조금이라도 받아들이는 것은 타협이 아니라 우리 이야기를 부정하고 파괴하는 셈이라고요.

하지만 지난 몇 년간 저는 할아버지가 남긴 열쇠를 사용해서 우리의 분쟁을 평화롭게 결말지어보기로 결심했습니다. 손가락질을 멈추고 정말로 당신네 이야기를 이해해보기로 마음먹었지요. 이스라엘 사람들을 만나서 유대인 친구와 의미 있는 관계를 쌓았습니다. 유대 축제와 안식일 저녁식사에 참가해보니 유대 민족이 유대 전통과 문화, 집단적 기억과 정체성의 주춧돌이라는 걸 분명히 알겠더군요. 유대인들이 스스로를 민족으로 정의할 권리를 부정하는 건 정치적 전술이 아니라 유대인 정체성의 핵심을 공격하는 일이었습니다.

당신이 보낸 편지는 진심을 솔직히 토로한 글입니다. 독자들에게 속내를 털어놓고 장래의 팔레스타인 이웃들에게 답장을 권유해줘서 감사합니다. 제가 이런 글을 쓰게 될 거라고 꿈에도 생각지 못했지만, 당신이 제 이야기에 진정으로 관심을 갖고 우정을 보여준 덕분에 저는 두려움을 이겨내고 제 생각을 더 솔직하게 밝힐 수 있었습니다.

팔레스타인이 유대인이 한 민족임을 받아들이는 것은 정치적 과정을 통해 요구하거나 얻을 수 있는 게 아닙니다. 그보다는 우정과 연결을 통해 가장 잘 확보할 수 있지요.

이스라엘 총리가 우리의 팔레스타인 민족 정체성을 상호 인정하지 않은 채 유대 국가를 인정할 것을 요구할 때마다 그런 행동은 우리 사이의 간극을 넓힐 뿐입니다. 당신같이 진심 어린 목소리를 낼 때만 팔레스타인인들이 유대인을 한 민족으로 인정하는 데 도움이 될 겁니다.

우리 모두 이 땅에 대해 정당한 권리가 있습니다. 저는 유대인에게는 요르단강 서안과 가자지구가 이스라엘 땅의 일부임을 인정하지만, 팔레스타인 사람에게는 1948년 이전의 팔레스타인이 우리의 문화와 역사, 이야기를 통해 각인되어 있습니다.

오직 하나의 서사, 하나의 진실만을 허용하는 방식은 매우 위험합니다. 당신이 말하는 것처럼, 이 분쟁은 옳은 것과 옳은 것의 충돌입니다. 팔레스타인 사람을 비롯한 전 세계는 유대인의 종교적, 정치적, 민족적 정체성과 이스라엘 땅에 대한 권리를 인정해야 합니다. 하지만 유대인은 이스라엘 땅과 이스라엘 국가를 구별해야 합니다. 양쪽 모두 솔직하면서도 고달픈 토론을 위한 공간을 열어야 합니다.

우리가 그런 토론을 할 수 있게 판을 깔아주는 책을 써주셔서 감사합니다.

장래의 이웃 드림

* 팔레스타인 경제를 진작하기 위한 노력에 적극적으로 참여하고 있는 편지의 필자는 익명을 요구했다.

***

할레비 씨에게

보내주신 책과 직접 쓴 메모까지 정말 감사합니다. 책을 세 번 읽었습니다. 한 번은 팔레스타인 모자를 쓰고, 또 한 번은 공감이라는 모자를 쓰고, 그리고 지금은 초보 도서평론가로서 읽어보니 제 반응이 온통 이중적 태도로 가득 차 있는 걸 알겠더군요.

상당 부분 책의 내용에 동의합니다. 물론 이스라엘 사람들은 자신들의 이야기를 들려줘야 합니다. 이스라엘 사람들이 저한테 당신은 '가짜스타인 사람^{fakestinian}'이 아니라 레바논 사람이라고 말할 때마다 저는 이 점을 다시 새깁니다. "내가 당신한테 내 정체를 밝히고 당신이 왜 그러냐고 물으면 어떤가요?" 이스라엘은 다른 모든 나라와 마찬가지로 정당한 국가입니다. (하지만 지금의 이스라엘은 다른 나라에 잔인한 아파르트헤이트를 가하고 있으며, 국가 정당성에도 혼란이 존재합니다. 아파르트헤이트를 자행하는 남아공은 정당한 국가였나요? 티베트는 중국의 정당한 일부인가요? 지금으로선, 그러니까 이스라엘이 평화를 이루고 국경선을 다시 긋기 전까지는 67년 국경과 무엇보다도 서예루살렘에서만 정당성이 있는 나라일 뿐입니다.) 서로의 이야기를 공유하고, 또한 더욱 중요하게는 상대방의 이야기에 공감하며 귀를 기울이는 것이 절실히 필요합니다. 하지만 그런 건 이제 더는 믿지 못하겠습니다. 마찬가지로, 최대한 이스라엘에 반대하면서 고립시키는 것도 더 이상 믿지 못하겠습니다. 어떤 것보다도 더, 더, 더 고통이 끝나기만을 바랍니다. 하지만 제가 볼 때, 이스라엘은 지금과 같은 아파르트헤이트 체제로는 결코 철수하지 않을 테고 고통을 줄이지 않을 겁니다.

당신이 책에서 설명한 유대교 기념일하고 연결된 의미와 감정을 곰곰이 생각해봤습니다. 슬픔과 자부심, 결단도 음미해보았고요. 당신이 목격한 죽음을 애도하고 온전히 남은 것들을 축하했습니다. 당신의 개인적 이야기와 글쓰기 스타일을 재미있게 읽었고, 적어도 당신은 당신네 사회의 바람직하지 못한 측면 몇 가지를 건드렸습니다. 아우슈비츠 여행에 관한 설명과 그토록 많은 고난을 겪은 두 민족 사이에 깊은 인간적 연계가 가능하다는 사실에 가슴이 아렸습니다. 우리가 마음만 단단히 먹는다면, 가슴은 머리보다 무한히 더 많은 힘을 발휘할 겁니다.

하지만 당신이 쓴 일부 내용에는 전혀 동의하지 못하겠다고 느낀 것도 사실입니다. 당신 말대로 이스라엘 사람들이 마무드 아바스가 일부러 말을 생략하고 오독하고 왜곡하는 걸 보고 부글부글 끓는 것처럼, 저 역시 가끔 속이 부글부글 끓거든요. 67년 전쟁에 대한 당신의 입장은 생략이나 오독은 아니지만 노골적으로 부정직한 겁니다(죄송합니다). 당신 같은 사람이 67년 전쟁의 진실을 알지 못하다니 정말 믿기 어렵군요. 지난번 편지에서 이스라엘 장군과 정치인들의 말을 충분히 인용했기 때문에 이번에는 조금만 인용해보겠습니다.

다음의 말들을 보시죠.

모르데하이 벤토프Mordechai Bentov: "절멸의 위협이라는 이야기 전체는 세부적인 내용까지 고안된 것이었고, 새로운 아랍 영토 병합을 정당화하기 위해 사후에 과장된 것이다."

마티 펠레드Matti Peled 장군: "국경에 결집한 이집트 군대가 어쨌든 이스라엘의 존재를 위협할 수 있다는 주장은 이런 상황을 분석할 수 있는 사람의 지적 능력에 대한 모욕일 뿐만 아니라 무엇보다도 이스라엘군에 대한 모욕이다."

모르데하이 호드Mordechai Hod 장군: "16년 동안 우리는 개전 직후 80분 동안 벌어질 상황을 계획했었다. 우리는 그 계획을 머릿속에 넣어둔 채 생활을 하고 밥을 먹고 잠을 잤다. 우리는 그 계획을 다듬는 일을 중단한 적이 없다."

얼굴을 알아보지 못할 정도로 고문을 당한 게 이스라엘 아이들뿐인가요? 평화 제안은 한쪽에서만 내놓았던가요? 지도자들이 자기 나라의 절반을 상대에게 주기로 합의할(또는 권한을 위임받을) 가능성이 조금이라도 있을까요? 그리고 당신은 그런 안을 거부한다고 지도자들을 비난할 수 있나요? 한쪽만 평화를 원한다는 게 사실인가요? 이스라엘은 예나 지금이나 이웃과 전쟁을 하기를 원치 않는다는 게 사실인가요? 팔레스타인 사람들은 제정신이 아니라는 게 사실인가요? 질문을 하자면 끝이 없습니다. 당신은 역사를 그렇게 볼 수 있는 건가요? 아니면 당신이 아바스 수반보다 훨씬 더 정직하지 않은 걸까요? 혹시 제 말에 잘못된 게 있으면 바로잡아주세요(정말 바랍니다). 하지만 논리적으로 따져보면, 약간의 선전 이상이 존재하며(교묘하게 위장된 선전이죠), 우아하고 아름답게 구성되고 솜씨 좋게 짜인 당신의 서사는 결국 이런 이야기입니다. "그건 모두 그들의 잘못이니 그들은 우리에게 잔인한 대접을 받아 마땅하다." 할레비 씨, 제가 볼 때는 책을 쓰면서 선전 내용을 좀 집어넣으려는 유혹이 컸던 거 아닌가요? 아니면 원래 그런 의도였던 겁니까?

당신 책이 극찬을 받은 건 확실하고(마땅히 받을 만하다고 봅니다), 저는 물론 문장가나 역사학자가 아니지만 몇 마디 할 말이 있습니다. 너무 분명해서 언급할 필요도 없는 건 아니겠지요.

저는 유대인이 이스라엘에 대해 어떻게 생각해야 하는지 주제넘게 말할 생각은 없지만 몇 가지 질문을 던졌습니다. 제가 알기로 저와 함께 이스라엘 보이콧 운동에서 활동하는 유대인 친구들은 예외적인 사람들이고 아마 위험한 주변인 취급을 받을 겁니다(어쩌면 반역자일까요?). 하지만 그런 사람들이 실제로 점점 늘어나고 있으며 자신들도 유대인이고 발언권이 있다고 주장합니다. 그 사람들은 당신이 설명한 것처럼 지구 가족의 일원으로 유대인임을 경험하지만, 영국인이나 오스트레일리아인 정체성을 먼저 느끼고 유대인은 둘째로, 그리고 이스라엘인이라는 생각은 아예 없습니다. 저는 그 사람들한테 이스라엘이 '유대 민족의 고국'이라는 데 동의하느냐고 물었습니다. 대부분은 이스라엘은 일부 유대인의 고국에 불과하다고 대답했고, 이스라엘로 이주할 생각이 전혀 없었으며, 대다수는 아예 이스라엘에 가본 적이 없더군요. 분명 당신은 대다수(아마 그 수는 줄어들겠지요)가 이스라엘을 정신적 고국으로 여긴다는 사실을 보여주는 여론조사를 들이댈 수 있겠지만, 우리는 그렇게 생각하지 않는 소수도 상당히 존재한다는 데 동의할 수 있을 겁니다. 제 생각에 **유대 민족**의 고국이 있다면 그것은 바로 지구입니다. 한시바삐 모든 민족이 지구를 으뜸가는 고국으로 여기고 모든 사람들이 같은 부족에 속한다면, 그만큼 빨리 우리는 평화와 상호 이해를 누리게 될 겁니다. 이런 생각은 도무지 불가능한 유토피아를 꿈꾸는 건가요? 어쩌면 그럴지도 모르지만, 저는 어려서부터 항상 꿈을 크게 가지라는 말을 들었고, 제 딸도 절반의 팔레스타인 사람으로 키우지 않습니다. 완전한 지구 부족으로 키우고 있답니다. 아마 우리가 지구를 파괴하기 전에 이런 목표를 달성하기 위해 경쟁하고 있는 거겠죠?

할레비 씨, 물론 저는 두 국가 해법을 믿습니다. 물론 저는 팔레스타인 사람들이 이스라엘로 귀환해서는 안 된다는 데 동의하지만, 우선 보상이 있어야 한다고 봅니다. 평화유지군도 필요하고 동예루살렘은 우리 수도가 되어야 하며, 토지를 맞바꾸는데 합의하고 모스크 출입이 보장돼야 하지요. 하지만 **무엇보다도** 지금 당장 그렇게 돼야 합니다. 로드맵도 시간표도 필요 없습니다. 그냥 지금 당장 해야죠. 지금 당장요. 지금 당장 해법을 실현하는 것을 가로막는다면, 팔레스타인 쪽의 폭력 행동을 부추기는 일밖에 안 됩니다. 출발점은 정착촌 건설을 중단하고, 유대인이 거주하지 않는 모든 지역에서 철수하고, 우리 지역을 평화유지군에 맡기는 겁니다. 그러고 나서 토지 맞교환을 교섭할 수 있겠지요. 하지만 점령 세력의 즉각 철수가 포함되지 않는 해법이라면 그 어떤 것도 시간을 낭비해가며 힘을 보탤 생각이 없습니다. 제가 지지하는 건 그것뿐입니다. 나머지는 이스라엘이 원하는 모든 것을 차지하면서 벌이는 언론 플레이일 뿐입니다. 그래도 토지를 맞교환하고 이스라엘 점령자들 대부분을 그대로 두는 두 국가 해법에 동의하기는 합니다. 하지만 전부 동의하는 건 아니지요.

당신이나 저나 이스라엘이 팔레스타인으로부터 가자지구 일부를 뺏으면서 그걸 평화라고 부르고 싶어 한다는 걸 압니다. 우리 둘한테는 그런 수법은 안 통하겠죠. 이스라엘 정착민들의 침략과 이스라엘의 초민족주의와 인종주의 때문에, 그리고 유토피아를 바라는 우리 쪽 형제자매들 때문에 이제 팔레스타인은 불가능하다고 믿는 이들은 마지못해 한 국가 해법을 지지할 뿐입니다. 도대체 왜 보이콧하는 사람들이 실행 가능한 두 국가 해법을 원치 않는다고 생각하시나요?

제 경험으로 볼 때, 두 국가 해법을 믿지 않는 건 유대인 쪽입니다. 우리가 이스라엘과 싸워서 텔아비브나 하이파를 뺏어야 한다고 말하는 팔레스타인 사람은 한 명도 본 적이 없습니다. 정신 나간 생각이거든요! 이스라엘이 정당성이 없다고 말한다고 해서 당신네가 자유로울 가능성을 부정하고 당신네 자녀들에게서 영원히 희망을 빼앗은 채 고통과 죽음을 가하려는 건 아닙니다. 팔레스타인이 정당성이 있다고 생각하는 이스라엘 사람은 얼마나 되나요? 할레비 씨, 이 문제에 대해서 저와 위선 테스트를 해봅시다. 정당성 면에서 우리한테 손가락질을 할 때마다 이스라엘이 주요 가해자입니다(다른 대부분의 문제에서도 마찬가지지요?). 이스라엘 사람들 가운데 공정한 두 국가 해법을 믿는 사람은 얼마나 됩니까? 팔레스타인이 정당성이 있다고 생각하는 이스라엘 사람은 얼마나 되나요? 아니 '팔레스타인'이라는 단어를 **입에 올리는** 이스라엘 사람은 얼마나 되나요? 실제로 우리가 열등한 사람들이라 자유를 누릴 **자격**조차 없다고 생각하는 이스라엘 사람은 얼마나 됩니까? 이스라엘은 평화를 이루려는 사람들이 가져야 하는 **가장** 기본적인 자세부터 되어 있지 않습니다. 만약 당신하고 저하고 어떤 식으로든 공정한 해법을 마련해서 양쪽 사람들에게 제시할 수 있다면, 팔레스타인 사람들은 압도적 다수가 찬성할 테지만 이스라엘 사람들은 대다수가 큰소리로 거부할 게 분명합니다. 이스라엘은 팔레스타인의 정당성을 열렬하게 부정하기 때문에 평화를 이루기 위해서는 전 세계가 이스라엘을 믿어선 안 된다고 말하려는 게 아니라면, 행여나 정당성에 관한 이야기는 하지 마세요. 이스라엘 정부가 '팔레스타인'이라는 단어를 입 밖에 내는 것을 듣기 전까지는 사실 이런 대화 자체가 무의미합니다. 우리는 예나 지금이나 당신들을 인정하는데, 당신네는 우리 이름을 입에 올리지도 않잖습니까. 우리를 따라오세요. 우리가 정당성을 갖고 길을 개척할 테니까요.

그럼 이만 할레비 씨. 앞으로의 노력에도 행운이 있기를. 당신의 멋진 글을 계속 읽을 수 있기를 기대합니다. 그리고 정말로 우정 가득한 사랑과 진심에서 우러나는 인간적 격려를 보냅니다.

존경과 우정을 담아,

수비 드림

* 베이루트에 있는 팔레스타인 난민촌에서 자란 수비 아와드(Subhi Awad)는 지금은 오스트레일리아 바이런베이에 살고 있다. 회계사로 일하며 이스라엘 보이콧 운동을 벌이는 활동가다.

＊＊＊

할레비 씨에게

책에서 "평화를 가로막는 주요한 장애물 가운데 하나는 상대편의 이야기를 들을 수 없는 상황"이라고 쓰셨지요. 당신 말에 동의합니다. 우리 가족에게 어떻게 이런 운명이 닥쳤는지를 알기 위해 찾아보면서 저는 팔레스타인 민족주의, 그리고 관련된 서사를 연구하고 질문했습니다. 물론 유대 민족주의 이야기와 유대인 정체성에서 이스라엘 땅이 갖는 의미도 연구했습니다. 양쪽의 대중적 서사―또는 '전통적 지혜'―는 한 세기 동안 진행된 선전에 오염된 게 분명합니다. 학문 영역에서도 민족주의적 역사는 어느 정도 그렇게 오염된 것처럼요.

백 년 동안 '가짜뉴스'가 난무하면서 양쪽 모두 오염된 탓에 둘 다 자기와 같은 잣대로 상대방을 바라보고, 인간적으로 공감하고, 신뢰의 첫발을 내딛을 능력이 크게 훼손됐습니다. 제가 보기에 지금까지 진행된 역사의 장을 마무리하려면 우선 이 문제부터 해결해야 합니다.

이스라엘 사람 대다수가 점령을 끝내야 한다고 믿어야만 점령이 끝날 것이라는 점, 그리고 이스라엘 사람들이 팔레스타인 국가가 영토 회복주의를 표방할 가능성이 높고 그 자체가 이스라엘의 존재를 위협할 것이라는 믿음을 버릴 때에만 점령이 끝날 것이라는 점에 대해 당신 의견에 동의합니다. 그러려면 먼저 이스라엘 쪽에서 허위로 가득한 역사적 서사에 활발하게 반기를 들 필요가 있습니다.

당신이 보낸 편지들은 역사적 오류와 민족주의적 상투어가 가득 차 있습니다. 당신은 분명 스스로 허수아비처럼 내세우는 "역사가 전혀 없는 병적인 거짓말쟁이"는 아닙니다. 그저 유대인과 이스라엘의 민족주의 역사 서사에서 수많은 미묘한 차이와 불확실한 내용을 무시하기로 선택한 것처럼 보입니다.

다음은 당신 책에서 인용한 몇 가지 내용에 대한 비판입니다. 특별한 순서는 없고, 샅샅이 훑어서 정리한 것도 아닙니다.

1948년 국경에 대해 당신은 이렇게 말합니다. "요르단강 서안에서 철수하면 유대 국가가 취약한 국경으로 줄어들 게 뻔했다. 아랍 국가들은 과거에 거듭해서 이 국경을 공격하고 싶은 유혹을 느꼈다." 당신이 거론하는 국경―1949년 휴전선―은 당신이 넌지시 말하는 것처럼 공격당한 적이 결코 없으며, 당신 말과 달리 아랍 국가들은 '공격'하고 싶은 유혹에 넘어가지 않았습니다. 가장 비슷한 상황을 꼽자면, 1967년 이스라엘이 이집트 공군을 파괴한 뒤 이집트가 주도하는 가운데 요르단군이 몇 시간 동안 보복을 한 사건입니다. "유혹을 느꼈다"는 주장은 아마 67년 이전 시리아와 이집트가 허세를 부린 것을 가리키고, 또한 아랍 각국의 정신 상태를 꿰뚫어 본다는 의미인 것 같습니다. 하지만 1967년 아랍 지도부를 분석한 모든 학술적 연구는 어떤 아랍 국가도 공격할 의도가 없었다고 확신에 찬 결론을 내렸습니다. (아랍 국가들이 전쟁으로 이어지는 상황에서 바보같이 벼랑끝 전술을 구사한 이유는 이미 철저하게 조사, 설명됐습니다.)

난민에 관해서는 이렇게 쓰셨지요. "팔레스타인 난민들은 홈리스 지위를 상속받는 세계에서 유일한 난민 집단이다." 사실이 아닙니다. 난민 지위를 훼손하기 위해 날조한 선전일 뿐입니다. 유엔난민기구UNHCR 난민수용소에서 태어난 아이들(즉 당신이 언급하는 나머지 6천만 난민) 역시 난민으로 집계됩니다. 그들을 난민에 포함시키지 않는 결정은 한 번도 내려진 적이 없습니다. 정확히 말하려면, 팔레스타인인들은 현대 세계에서 유일하게 여러 세대 동안 귀환권을 부정당하고 있으면서도 여전히 존재하는 난민 집단이라고 해야지요. 결국 사실은 똑같지만 뉘앙스는 전혀 다릅니다.

맥락을 더 넓혀서 당신은 이렇게 말합니다. "한편 다른 인도주의적 비상사태들에도 관심을 기울여야 한다." 이런 논법은 소비에트 시절에 '화살 돌리기whataboutism'라는 명칭을 얻었습니다. 67년 이후 이스라엘이 온갖 형태로 지속하는 점령은 이제 51년째가 되어 세계에서 최장 기간의 점령이며 팔레스타인 난민 위기도 마찬가지입니다. 다른 상황들도 심각하겠지만 이스라엘의 점령 문제는 세계에서 가장 만성적인 문제입니다.

식민주의에 관해서 당신은 이렇게 말합니다. "오늘날 이스라엘인의 대다수는 중동의 한 지역을 떠나서 다른 지역에 재정착한 유대인의 후손이다. 그 사람들한테 시온주의가 유럽의 식민주의 운동이라고 말해보라. 아마 무슨 이야기를 하는 건지 전혀 이해하지 못할 것이다." 1947년 이스라엘이 수립되기 직전, 유대인이 소유한 토지의 절반은 유대민족기금Jewish National Fund과 팔레스타인유대인식민협회Palestine Jewish Colonization Association 두 기금이 소유한 것이었습니다. 이스라엘 최대의 은행인 레우미은행Bank Leumi은 원래 이름이 유대식민신탁기금Jewish Colonial Trust이었지요. 초창기 팔레스타인 유대인 이민자들이 '식민지'나 '식민'이라는 용어를 사용한 사례는 그 밖에도 많습니다. 역사적 사실에 비추어본다면 '식민주의자'라는 단어에 기분이 상하는 것은 말이 되지 않습니다.

가자지구 철수에 관해서는 이렇게 말했지요. "어쨌든 2005년 이스라엘이 가자지구에서 철수하면서 정착촌과 군 기지를 철거했을 때 그런 일이 벌어졌다. 그 후 수년간 국경을 따라 이스라엘 동네로 로켓포 수천 발이 발사됐다." 이런 식으로 무관한 두 사실을 나란히 서술하는 것은 유명한 싸구려 선전 방식입니다. 당신은 인과관계를 암시하고 있지만 현실은 훨씬 더 복잡합니다. 이스라엘 정치인들이 유권자 앞에서 강경한 모습을 보여야 할 필요가 있었던 탓에 가자지구와 이스라엘이 긍정적인 관계를 이룰 가능성이 사라져버렸습니다. 샤론 정부와 올메르트 정부는 팔레스타인 내부 정치에 관여한 데 대해 일부분 책임이 있습니다. 그리고 철수 자체가 부분적 철수에 그쳤습니다. 간접적인 통제는 여전히 남아 있지요. 이스라엘이 영공, 해역, 지상 경계선, 전력, 통신망, 인구 등록 등을 통제하고 있기 때문에 세계는 지금도 가자지구가 점령된 상태라고 봅니다. 이런 상황, 즉 이스라엘 정부가 공동 책임을 부정하는 상황에 관한 이스라엘의 선전이야말로 현재 평화를 가로막는 주요한 장애물로 손꼽힙니다.

'사람이 살지 않는 땅'이라는 통념에 대해 당신은 이렇게 말합니다. "충돌이 시작됐을 때 이 땅은 대부분 텅 비어 있었다.

…… 아랍인 공동체와 유대인 공동체의 존재가 커지는 가운데서도 이 땅은 두 민족을 너끈히 수용할 수 있었다." 백 년이 넘도록 이어지는 또 다른 선전 주제지요. 이런 터무니없는 소리는 팔레스타인 사람들에게 대단히 모욕적인 말입니다. 당신이 거론하는 시기인 19세기 말에 팔레스타인을 구성하던 두 주는 오스만제국의 전체 36개 주 가운데 인구 순위로 4위와 7위였습니다. 당시 팔레스타인의 인구 밀도는 오늘날 세계에서 가장 인구가 과밀한 나라로 손꼽히는 인도네시아, 나이지리아, 이집트보다도 높습니다. 그리고 초미니 국가를 제외하면 현재 이스라엘과 점령지는 세계에서 인구 밀도가 네 번째로 높은 나라입니다. 방글라데시, 타이완, 레바논 다음이지요. 지금까지 언급한 내용은 이 책에 담긴 서사 문제가 얼마나 심각하고 광범위한지 예를 들기 위한 것입니다. 참 할 일이 많습니다.

이런 서사상의 오류 정정은 제가 독창적으로 고안한 내용이 아닙니다. 전에도 이런 반박을 많이 들어보셨을 테고, 다른 반박도 오래전부터 상아탑에 있는 학자들은 잘 아는 사실입니다. 그런데 이스라엘같이 지적인 선진 사회가 어떻게, 그리고 왜 그렇게 불순한 허구를 믿으면서 유대인 아이들의 머릿속을 선전과 허위 정보로 채우고 있습니까? 이스라엘 주류 사회는 역사란 진실을 찾거나 다리를 놓기 위한 훈련이 아니라 이겨야 하는 싸움이나 교섭이라고 본능적으로 느끼는 것 같습니다.

팔레스타인의 이웃 친구인 우리가 이스라엘의 민족주의 서사를 존중하고 받아들이기 위해서는 우선 그 서사가 느슨해져야 합니다. (물론 팔레스타인의 서사도 마찬가지로 느슨해져야 합니다.) 제가 느슨해져야 한다고 말하는 것은 이스라엘-유대인 공동체를 대변하는 이들이 확신과 이분법적 묘사를 포기해야 한다는 의미입니다. 개인으로서는 당신네 부모와 조부모가 죽음을 앞둔 오늘날까지 신봉하고, 또 어떤 경우에는 목숨까지 바친 서사에 의문을 제기하기 위해 깊이 들여다볼 필요가 있습니다.

지난 20년 동안 우리는 유대 민족주의 서사의 부정확한 오류를 폭로한 이스라엘 학자들이 배척당하고, 갖은 꼬투리를 잡아 사소한 잘못을 찾아내서 그들의 연구를 침묵시키는 모습을 보았습니다. 당신이 그 학자들 개개인을 좋아하거나 그들의 동기를 신뢰하거나 그들이 주장하는 전반적인 명제에 동의하든 않든 간에, 그들은 더욱 폭넓게 수용되어야 하는 유대인의 집단적 기억에 내재한 약점을 부각시켰습니다. 여기서 말하는 약점이란 이 학자들이 합리적인 의심의 씨앗을 뿌리면서 지금까지 흑백 논리로만 이야기하고 발언해온 영역에서 회색지대를 창출하고 있다는 것입니다. 이웃으로서 서로 대화하기 위해 우리는 확신을 잠시 유보하고 우선 양쪽의 서사에 이런 약점이 있음을 인정해야 합니다. 당신이 쓴 편지를 보건대, 당신은 아직 이런 경로를 한참 따라가야 합니다. 적어도 유대-이스라엘 정체성의 뿌리에 놓인 핵심적 기조를 이야기할 때는 말입니다.

당신의 이웃 친구로서 제가 당신이 제안한 여정을 함께 걷기를 바란다면, 당신도 똑같은 모습을 보이겠다는 증거를 보여줘야 할 겁니다.

건승하시길,
원스인어와일 드림

* '원스인어와일(Onceinawhile)'은 위키피디아에서 통일된 역사 서사에 관해 합의를 마련하고자 하는 '이스라엘 팔레스타인 협력(Israel Palestine Collaboration)' 프로젝트를 집필하는 팔레스타인 사업가의 필명이다.

***

할레비 씨에게

이웃의 친구라고 불러주다니 참으로 영광입니다. 사실 우리는 이웃인데, 이 사실을 깨닫기까지 시간이 걸렸지요.

저는 당신을 이웃으로 생각하지 못한 채 자랐습니다. 그 대신 가자지구에서 자라면서 당신을 범죄자라고 생각했지요. 우리 땅을 가로채고 우리를 죽이러 온 사람이라고요. 우리 역사를 통해 바로 그렇게 배웠습니다. 줄곧 그렇게 배웠어요.

그러니 그렇게 믿지 않을 이유가 없지요.

저는 1994년에 태어나서 2차 인티파다가 시작될 때 일곱 살에 불과했습니다. 운르와(유엔팔레스타인구호기구) 학교에 다니면서 매일같이 당신네가 우리 가족을 이 땅에서 쫓아냈다는 말을 들은 기억이 납니다.

가자지구에 공습이 시작된 순간부터 폭탄 터지는 소리와 학교 친구들의 비명을 들었습니다. 학교에서 보면 사방에 연기가 피어올랐지요.

학교를 마치고 집에 오면 부모님한테 누가 폭탄을 떨어뜨리는 거냐고 물었습니다. 부모님이 말씀하셨죠. "유대인, 이스라엘인들이 그러는 거지." 그러니 어떻게 당신네를 증오하지 않겠습니까? 왜 당신을 적으로 보지 않겠어요?

가자지구에서 살면서 이스라엘 사람하고 인간적 교류가 전혀 없었습니다. 제가 알아듣는 이스라엘의 목소리라고는 이스라엘 제트기들이 상공을 비행하는 소리뿐이지요.

지금 당신은 팔레스타인 사람들이 에후드 바라크든 에후드 올메르트든 간에 이스라엘 쪽이 제안한 평화안을 거듭 거부했다고 이야기하고 있습니다.

우리의 역사에 비춰볼 때 팔레스타인 사람들이 이런 사실을 어떻게 이해하는지 말씀드리고 싶군요. 우리는 1948년 이전에, 그러니까 이스라엘이 수립되고 우리가 '나크바', 즉 재앙을 겪기 전에 팔레스타인 땅 전부가 우리 것이었고 이 땅에 사는 모든 사람이 아랍어를 썼다고 배웠습니다. 그런데 갑자기 팔레스타인 사람들은 땅을 뚝 떼어 외국인들한테 주는 걸 승인하라는 요구를 받았습니다. 우리가 왜 그런 제안을 승인했어야 하는지 말해주실 수 있나요?

이 분쟁을 어떻게 검토해야 하는지에 관해서 당신과 제가 상황을 전혀 다르게 본다는 건 분명합니다. 우리 사이를 가르는 장벽 때문에 서로 상대편에 있는 인간을 볼 수가 없습니다. 그 대신 양쪽 모두 상대방을 적으로 느끼고 두려워하지요.

학교 다닐 때 역사 시간에 유대인이 여기 살았다거나 이 땅과 어떤 연관이 있었다는 이야기를 들어본 적이 없습니다. 항상 들은 말은 "알하이칼 알마자옴^{alhaykal almaz'aom}"뿐입니다. 유대인들이 예루살렘에 세웠다고 주장하는 성전이 있다는 말이지요. 저는 기독교인이 되어 성경을 진지하게 읽고 나서야 유대인들이 여기 살았고 성전을 세웠다는 걸 알게 됐습니다. 우리 교육 제도가 학생한테 거짓말을 했다는 걸 알고 실제로 화가 났습니다.

우리 팔레스타인 사람들은 도대체 왜 유대인과 이 땅의 연관성을 부정하기 위해 역사의 일부를 제거해야 할까요?

저로서는 유대인과 이 땅의 연관성을 수용하기란 쉽지 않은 일이었고, 그런 연관성을 거부하는 팔레스타인 사람들이 감정적으로 민감한 것도 충분히 이해가 갑니다.

하지만 이런 질문을 던지고 싶습니다. 유대인과 이 땅이 연관성이 있다고 해서 유대인이 이 땅에 대한 완전한 주권을 갖고 팔레스타인 민족주의를 노골적으로 거부하는 게 정당화될까요? 유대인과 아랍인이 이 땅과 갖는 역사적 연관성을 지워버리려는 시도는 어느 쪽이든 잘못된 것입니다.

이제 저는 유대인 당신네가 이 땅에 대해 갖는 열망과 필요성을 이해하고, 개인적으로는 깊은 공감을 느낍니다. 하지만 당신네가 돌아오면서 야기한 고통을 인정하실 수 있나요?

전쟁이 낳은 결과든 다른 체계적 행동에 따른 결과든 간에, 일단 나크바가 벌어지자 65만 명의 난민이 자기 집으로 돌아가지 못했습니다. 당신들이 고향으로 돌아왔기 때문이지요.

우리는 이런 역설적 서사를 해결할 수 있을까요? 저는 당신네가 이 땅과 연관이 있고 필요로 한다는 사실을 인정하고, 당신은 당신들이 돌아온 탓에 우리에게 벌어진 고통을 인정할 수 있나요?

　팔레스타인 사람들 중에 유대교는 하나의 종교일 뿐이라고 말하려는 사람들이 있다는 건 압니다. 당신들이 유대인이 아니라고 말하는 사람들도 있는 걸로 압니다.

　저는 이런 두 주장을 모두 거부합니다. 제가 유대교가 무엇인지를 판단하는 주체는 아니니까요. 당신네와 당신네 역사는 당신들 스스로가 결정하는 겁니다.

　제가 보기에 대다수 유대인들은 특정한 형태의 민족주의로 시온주의를 선택했고, 그건 아무래도 좋습니다.

　또한 제가 뭐라고 당신네가 유대인이 아니라고 말하겠습니까? 하지만 팔레스타인 사람들이 주장하는 핵심이 무엇인지 이해해봅시다. 유대교가 하나의 종교일 뿐이라고 말하는 건 유대인들에게 국가가 필요 없다는 의미입니다. 그리고 이 유대인들은 진짜 유대인이 아니라고 말하는 건 그들이 이 땅에 대해 정당한 연관성이 없다는 의미입니다. 팔레스타인 사람들은 왜 이런 주장을 강조하려고 할까요? 만약 강조하지 않으면 결국 우리 민족의 꿈과 우리의 자결권을 산산이 무너뜨리는 바로 그 시온주의를 정당화하게 되리라는 걸 직감하기 때문입니다. 이런 걸 인정하면서 어떻게 점령이 종식된 미래와 우리에게도 자기결정 능력이 있음을 상상할 수 있을까요?

단지 유대인이 하나의 민족으로 이 땅과 관련이 있다는 사실만 인정해도 우리의 가장 커다란 희망에 여러 가지 위협이 생깁니다. 이웃 친구인 당신의 목소리가 중요한 것도 바로 이런 이유 때문이지요. 당신의 사례가 시온주의자라고 해서 반드시 팔레스타인의 권리에 반대하는 것은 아님을 보여주니까요.

바람이 있다면 당신 책을 신호탄으로 두 민족이 솔직하고 의욕적인 대화를 시작할 수 있는 새로운 기회가 생겼으면 합니다.

안부를 전하며,
할릴 사예그 드림

* 할릴 사예그(Khalil Sayegh)는 1994년 가자지구에서 팔레스타인 기독교인 난민 가정에서 태어났다. 그해에 팔레스타인 자치정부가 처음으로 가자지구를 통치하기 시작했다. 사예그는 현재 라말라에 살고 있으며 필로스프로젝트의 연구원이다. 이 편지는 『포워드(The Forward)』〔1897년 미국에서 이디시어로 창간된 유대 사회주의 일간지. 1990년에 영문 주간지로 바뀌었고 현재는 온라인으로 발행된다—옮긴이〕에 처음 실렸는데, 허락을 받아 여기 재수록했다.

***

할레비 씨에게

당신 책을 아랍어로 옮긴 번역자인 저는 팔레스타인 사람으로
유대인의 정체성 문제를 들여다보고 이스라엘인들이 이 분쟁
을 어떻게 바라보는지 살펴볼 수 있는 드문 기회를 얻었습니다.
우리 팔레스타인 사람들은 이 문제를 종종 별 공감 없이 가볍게
논합니다. 우리가 놓인 상황을 생각하면 분명히 그럴 만한 이유
가 있지요.

번역 작업을 하면서 유대교와 유대인 정체성에 관해 많은 것
을 알게 됐습니다. 책을 꼼꼼히 객관적으로 읽으면서 이 주제를
깊이 탐구해야 했습니다. 아랍 독자들이 포기하지 않고 책을 끝
까지 읽기를 바랍니다. 적어도 상대방의 역사와 종교에 관해 어
느 정도 배우고 그 역사와 종교를 바탕으로 유대인의 성격이 어
떻게 만들어졌는지를 알아야 하니까요. 책에서 과거와 현재와
미래를 넘나들면서 정치와 종교를 설명한 덕분에 유대인들이
역사 속에서 내내 직면한 경험에 관해, 그리고 이런 경험들이
어떻게 정체성에 영향을 미쳤는지에 관해 어느 정도 분명하게
이해하게 됐습니다.

이 책을 번역하면서 유대인들이 깊은 트라우마를 바탕으로
갖고 있는 공포를 알게 됐습니다. 우리 팔레스타인 사람들로서

는 그런 공포를 이해하는 것이 우리의 분쟁에 대해 정의롭고 지속 가능한 해법을 창출하는 데 결정적으로 중요합니다. 이런 공포가 얼마나 부정적인 결과를 낳았는지, 그리고 그 공포가 요르단강 서안의 주민으로서 우리가 겪는 일상생활과 현실에 어떤 영향을 미치는지를 두 눈으로 똑똑히 보았으니까 하는 말입니다. 이런 결과는 또한 이스라엘인 쪽이 인정하기 위해서도 결정적으로 중요합니다.

이웃의 친구여, 이 책을 번역하면서 여러 어려움에 직면한 사실을 감춘다면 거짓말을 하는 셈이 되겠지요. 이 책을 번역하기 위해서는 당신이 말하는 메시지를 객관적으로 전달하는 데 초점을 맞추고 당신들의 역사와 고통을 우리의 언어로 설명해야 했습니다. 제 입장이 되어보면, 이 작업이 얼마나 감정적으로 힘든 일이었는지 분명 이해하게 될 겁니다.

예를 들어보죠. 어느 쪽이 상대에게 먼저 손을 내밀어야 할까요? 점령을 먼저 끝내야 하나요, 아니면 두 민족의 관계를 우선 정상화해야 하나요? 당신은 두 국가 해법을 지지하지만, 감정적으로는 이 땅 전체에 대한 권리를 주장하는 유대인에게 이해법이 불공정하다고 생각합니다. 제가 보기에는 감정적으로나 실제로나 이 해법이 얼마나 부당하고 불공정한지 이해하실 수 있나요? 그렇다면 우리는 이 분쟁을 종식시키기 위해 노력할 때 실용과 감정 중에 무엇을 우선에 두어야 하나요? 어느 쪽이 우리의 고통과 고난을 덜어줄까요? 고통을 측정하고 비교할 방법은 없습니다. 두 국가 해법의 공정성 수준을 판단하는 데서 어떤 고통을 중요하게 여겨야 할까요? 이런 질문들이 계속 떠오르면서 제 마음속에서는 끝없는 소용돌이가 일었습니다.

마음속에는 온갖 상반되는 감정이 요동치지만, 저는 이 긍정적인 기획의 일원이라는 사실이 자랑스러우며 이 기획이 결실을 얻기를 바랍니다. 이 책이 하나의 발판이 되어 우리, 즉 팔레스타인인과 이스라엘인이 서로의 고통과 열망을 공유하기를 바랍니다.

당신은 분명하고 성공적으로 메시지를 전달했습니다. 그 점은 좀 부럽습니다. 만약 우리 팔레스타인 사람들이 이렇게 합리적이고 균형 있는 방식으로 우리의 고통을 표현할 수 있다면, 아마 당신들을 소외시키고 밀어내는 대신 당신 쪽에서도 많은 이들이 귀를 기울이겠지요.

인샬라, 언젠가 저 자신이 아무 두려움 없이 공개적으로 당신에게 편지를 보낼 수 있으면 좋겠습니다. 그때가 되면 "이스라엘의 유대인 이웃 친구에게"라고 첫머리를 시작할 겁니다.

안녕히 계세요.

이웃의 친구 드림

* 필자의 요청에 따라 이름을 밝히지 않았다.

* * *

이웃의 친구에게

당신이 편지로 쓴 책이 배송됐을 때, 평온한 어조와 언어 때문에 응답을 하고 싶은 마음이 생겼습니다. 팔레스타인 사람들이 이스라엘 이웃으로부터 흔히 접하는 언어와는 너무도 차이가 났거든요. 당신은 분리 장벽 반대편에 사는 '상상 속' 팔레스타인 이웃과 대화를 시작하기를 원했습니다. 당신에게 답장을 보내면서 제가 바라는 목표는 "가장 좋은 방법으로 그들과 의논을 하라"(16장 125절)는 코란의 말씀처럼 옆집에 사는 '현실 속' 이스라엘 이웃과 대화를 시작하는 것입니다.

당신은 섬뜩한 장벽 반대편에 사는 팔레스타인 사람들을 '이웃'이라고 칭하지만 과연 우리가 정말로 이웃인가요? 당신은 한 국가의 시민권을 누리는 반면, 저는 당신 나라에서 예루살렘 영주권자에 불과할 뿐 시민권은 박탈당한 상태입니다.

팔레스타인인인 우리 가족은 1948년에 서예루살렘에 있던 모든 재산을 남기고 도망쳐서 피난 생활을 해야 했습니다. 처음에는 카이로로 갔다가 예루살렘 구시가로 옮겼지요. 다행히도 할아버지는 강철 같은 의지로 똘똘 뭉친 사람이라 지난 일을 슬퍼하는 대신 자신과 가족을 위해 희망찬 미래를 재건하느라 애썼습니다.

우리는 과거에 벌어진 사건들을 해석하는 데는 의견이 갈릴지 모르지만, 미래를 위해 어떤 목표를 추구할 것인지에 대해서는 생각이 같습니다. 당신은 서구의 좌우 이데올로기의 관점에서 이 분쟁을 바라보는 반면, 저는 온건-극단의 관점에서 봅니다. 당신의 정치적 관점에서는 팔레스타인인과 이스라엘인이 구별되는 반면, 제 관점에서는 팔레스타인-이스라엘의 극단주의적 충돌 진영과 팔레스타인-이스라엘의 온건한 평화 진영 사이의 암묵적 동맹으로 봅니다.

당신은 점령 때문에 폭력이 생겨난 게 아니라 폭력 때문에 점령이 길어졌다고 주장합니다. 전제가 잘못됐기 때문에 결론이 타당할 리 없습니다. 예속으로 더럽혀진 점령은 극단주의를 부추겼고, 극단주의는 적대와 폭력을 신봉했습니다.

할레비 씨, 팔레스타인 사람들이 왜 무력 말고는 점령을 종식시키기 위해 선택할 수 있는 수단이 없다고 생각하는지 의문을 품어본 적이 있습니까? 팔레스타인 사람들 입장에 서보면, 그 이유를 이해하실 겁니다. 팔레스타인 사람들은 종종 어떻게 온 건주의로 점령을 종식시킬 수 있다고 생각하는지 제게 묻습니다. 이스라엘의 팽창주의적이고 억압적인 정책을 매일같이 직면하는 상황에서 설득력 있는 답을 내놓기 어려운 질문이지요. 온갖 역경이 있지만, 저는 온건 문화를 통해 화해를 향한 길을 닦고, 더 나아가 신뢰를 쌓아서 선의의 협상으로 이어지고 결국 평화와 번영을 가져올 미래를 상상합니다.

당신은 오슬로 평화 협상과 2000년 캠프 데이비드 정상회담, 2008년 평화안이 수포로 돌아간 책임을 팔레스타인 사람들에게 돌립니다. 이런 평가는 팔레스타인인들은 "기회를 놓칠 기회를 놓친 적이 없다"는 이스라엘의 전 외교관 아바 에반_{Abba Eban}의 말과 일치합니다. 하지만 저는 그런 평가에 동의할 수 없습니다. 평화의 기회를 놓친 책임은 팔레스타인과 이스라엘 양쪽 지도자에게 있으며, 이스라엘 유권자와 팔레스타인 대중도 예외가 아닙니다. 그들은 평화를 누릴 마음의 준비가 안 되어 있을 뿐만 아니라 평화를 위해 고통스러운 대가를 치를 생각도 없습니다. 2008년 이스라엘 총리 올메르트가 팔레스타인 자치정부 수반 마무드 아바스에게 평화안을 제시했을 때, 올메르트는 선거에서 패배했고 결국 양쪽 다 실행 가능한 평화 계획을 포기할 수밖에 없었습니다. 양쪽 모두의 비타협적인 '몽상가'들은 다시 한번 평화의 기회를 틀어지게 만드는 데 성공했습니다. 제가 보기에는 양쪽의 온건파가 이끄는 '평화'가 양쪽의 극단주의자들이 부추기는 '분쟁'과 맞닥뜨렸고, 결국 온건파가 싸움에서 졌습니다.

저는 2000년 2차 인티파다가 이스라엘 국가의 존재 자체를 겨냥한 것이었다는 당신의 견해에 동의하지 않습니다. 이미 1993년 오슬로 원칙 선언1993 Oslo Declaration of Principles에서 팔레스타인 사람들은 이스라엘 국가를 인정했지만, 그 후 이스라엘의 역대 우파 정부가 좌파 정부가 서명한 평화 협정을 진지하게 실행하려 하지 않는다는 의심이 팔레스타인인들 사이에서 깊어졌습니다. 만약 온건파인 당신조차 팔레스타인의 의도에 관해 이런 부정적인 인식을 갖고 있다면, 이스라엘 극단주의자들이 팔레스타인인에 대해 갖는 전형적인 이미지가 얼마나 해로울지 상상할 수 있을 겁니다.

이스라엘이 가자지구에서 철수했는데도 가자지구로부터 이스라엘 도시와 동네를 겨냥해 계속 로켓이 발사되고 있다는 끈질긴 주장을 살펴봅시다. 친구여, 당신은 이스라엘이 가자지구에서 **일방적으로** 철수하면서 극단주의 종교 운동인 하마스가 어부지리로 가자지구를 손에 넣었다는 사실을 기억해야 합니다. 하마스는 선전에서 이스라엘이 철수할 수밖에 없게 만든 것은 외교가 아니라 자살 공격이라고 주장했습니다. 굴욕과 절망과 빈곤의 시대에 이런 주문(呪文)에 홀린 팔레스타인 대중, 특히 젊은이들 사이에서 하마스의 이미지와 위신이 높아졌습니다.

양쪽은 지금도 이스라엘과 팔레스타인 모두 역사적, 정서적인 이유에서 이 땅에 대한 '정당한 권리 주장자'임을 인정하지 않습니다. 저는 당신처럼 이스라엘이 하나의 나라로 존재할 권리가 있다고 확신합니다. 팔레스타인 사람들이 듣고 배우는 것과는 정반대로, 유대인들은 과거에 여기 살았고 지금도 이 땅에 새로 온 사람들이 아닙니다. 유대인은 수백 년 동안 예루살렘에 돌아오는 것을 꿈꿨습니다. 그들은 잇따른 이주 물결 속에서 여기로 왔고, 대부분 자신들을 박해한 나라를 떠나왔습니다.

이웃 친구여, 당신 역시 저처럼 팔레스타인이 하나의 나라로 존재할 권리가 있다고 확신하기를 바랍니다. 유대인과 마찬가지로, 팔레스타인인들도 이 땅에 새로 온 이들이 아닙니다. 이스라엘 사람들이 듣고 배우는 것과 정반대로, 팔레스타인 사람들은 과거에 여기 살았고 현재나 미래에나 여기에 살 자격이 있습니다. 유대인의 고국이라는 꿈은 팔레스타인의 국가라는 꿈만큼이나 타당합니다.

우리를 이어주는 결정적인 공통의 유대는 공감입니다. 토라와 코란에는 이방인들에게 동정심을 가지라는 가르침이 무수히 많이 나옵니다. 저는 **팔레스타인 사회에서 종종 들리는** 거짓 주장, 즉 "홀로코스트는 일어난 적이 없다"거나 "홀로코스트 희생자의 숫자가 과장되었다"거나 "홀로코스트는 유대인이 자초한 일이다. 고리대금업, 은행업 등에 종사하면서 사회에서 악역만 맡았기 때문이다" 같은 이야기에 동조하지 않습니다. 이 재난의 희생자들에게 깊은 공감을 표합니다. 다른 한편, 유대인들은 1948년 나크바를 겪은 뒤, 굳이 홀로코스트에 비교하지 않더라도, 팔레스타인인들의 정신에 깊은 상처가 남았고 이 상처는 지금도 그들의 뇌리에 생생하다는 사실을 깨달아야 합니다. 점령된 사람들에게 끈질긴 트라우마로 남는 경험을 홀로코스트 동안 이웃들이 겪은 트라우마적 경험과 비교할 수는 없습니다. 유대인들은 홀로코스트를 한 민족을 없애버리려 한 사악한 시도라는 '큰 그림'으로 보는 반면, 팔레스타인인들은 홀로코스트를 이스라엘의 교도소나 철조망과 비슷한 간수와 감옥, 철조망 등의 '작은 그림'으로 봅니다. 상황이 이러니 한시바삐 팔레스타인 교과과정에 홀로코스트 교육을 집어넣을 필요가 있습니다. 수십 년에 걸친 고통 때문에 현재 우리가 직면하는 과제는 팔레스타인 사람들이 다른 사람들의 상충하는 서사에 귀를 기울이지 않는다는 사실입니다. 자신과 다른 사람들의 견해를 너그럽게 받아들이도록 배우지 못한 탓이 크지요.

당신이 이슬람 학자들과 관계를 맺으면서 당신 내면에서 팔레스타인의 무슬림 이웃들에게 공감하는 능력이 다시 각성됐다면, 저는 홀로코스트의 심연인 폴란드 아우슈비츠를 여행하면서 이스라엘의 이웃과 동일시할 수 있는 개인적 능력을 되찾았습니다. 수십 년에 걸친 충돌과 싸움으로 억눌렸던 공감 능력이 살아난 겁니다.

당신은 무슬림들과 관계를 맺으면서 그들이 대부분 유대 문화와 정체성, 이스라엘 땅과의 본질적인 연관성과 신앙에 관해 아는 게 많지 않다는 걸 깨달았습니다. 반대편을 보면, 저는 유대인과 관계를 맺으면서 그들 대부분이 이슬람에 관해 아는 내용이 상당 부분 코란에서 유대인에 관한 구절을 잘못 해석한 것이라는 사실을 알게 됐습니다. 거의 10년 전에 예루살렘 히브리대학에서 열린 반유대주의에 관한 학술회의에 참석한 적이 있습니다. 저보다 먼저 발언한 이스라엘의 이슬람 전문가는 코란은 유대인을 '돼지와 원숭이'로 묘사하기 때문에 반유대주의적이라고 주장했습니다. 발언할 차례가 돌아온 저는 그의 주장을 반박했습니다. 그는 회의장에서 나가더니 코란을 들고 와서 자기주장을 입증하기 위해 다음 구절을 읽어달라고 요구했습니다. 저는 그 구절은 하느님이 안식일을 지키지 않은 이들을 벌하는 내용일 뿐이라고 설명했습니다. 이렇게 쓰여 있지요. "그 대들 중에 안식일을 지키지 않은 이들에게 '원숭이가 되어라'라 고 우리가 말한 것을 그대들은 알 것이다"(코란 2장 65절).

양쪽 이웃 모두 분쟁과 끊임없는 전쟁 위협을 끝내기 위해 기 꺼이 고통스러운 양보와 희생을 해야 합니다. 양쪽이 서로 상대 방의 존재를 인정하고, 상대의 민족적 우려와 열망을 인식하며, 상대를 깊이 존중할 때 우리는 평화를 이룰 수 있습니다. 양쪽 모두 상대방의 집단적 서사를 듣고 배우고 음미해야 합니다. 당 신은 이슬람을 공부하고, 저는 유대교를 공부하는 겁니다. 양쪽 의 여정이 끝날 때쯤 우리는 중간에서 만나 종교에 대한 사랑을 공유할 겁니다.

양쪽 모두 상대방의 땅에 대한 권리가 정당함을 인정할 테고, 어느 쪽도 상대를 지워버리거나 파괴하려고 하지 않을 겁니다. 양쪽 모두 각급 학교에서 평화와 화해에 관한 교육과정을 개설 할 겁니다. 팔레스타인 지도에는 이스라엘이 표시되고, 이스라 엘 지도에는 팔레스타인이 표시될 겁니다. 우리는 돌멩이나 정 치 이데올로기에 충성을 바치는 게 아니라 상대방의 인간 존엄 을 우선시할 겁니다.

우리 두 민족이 평화를 이루고 공동의 미래가 만들어지려면, 팔레스타인인, 아랍인, 무슬림이 당신의 이야기에 귀를 기울이고 당신이 보낸 편지를 마음에 새겨야 합니다. 바로 옆에 사는 이웃 역시 제 정체성과 권리, 그리고 음식과 물, 주거와 보건의료에 대한 자유로운 접근권을 인정하는 게 마찬가지로 중요합니다. 우리 두 민족은 땅과 종교와 정체성의 연계를 공유한다는 사실을 이해하고 그 의미를 음미할 필요가 있습니다.

유감스럽게도 저는 팔레스타인 사람들이 당신 민족의 서사에 귀를 기울이지 않을까 걱정됩니다. 적으로 간주되는 사람들의 견해를 너그럽게 인정하라고 배우지 않았기 때문입니다. 당신이 제대로 관찰하는 것처럼, 팔레스타인에서 공인된 교육과 언론 보도, 종교적 설교, 정치 연설 등은 당신네 정부가 쌓은 시멘트 장벽보다도 더욱 가공할 장벽을 쌓고 있습니다. 팔레스타인 평화운동가들은 "유대인의 이야기와 이스라엘에서 유대인 정체성의 의미"를 이해할 수 있는 유일한 집단입니다. 그런데 이스라엘 쪽에서는 그들을 주된 청중으로 삼지 않습니다. 양쪽의 극단주의자들이 '이웃 친구'의 서사와 가치, 믿음의 진가를 알기는 훨씬 더 어려울 겁니다.

팔레스타인-이스라엘의 화해에 대한 새로운 접근법이 필요하다는 당신의 주장에 동의합니다. 제가 '몽상'이라고 부르는 각 진영의 비타협적 주장을 존중하는 동시에 제한하고, 종교의 역할을 수용하며, 양쪽이 상대방의 서사에 주의 깊게 귀 기울일 수 있게 만드는 전략이 필요하지요. 저는 당신이 속이 꽉 막힌 팔레스타인인과 이스라엘인으로부터 답장을 받는다 해도 양쪽 민족을 가르는 넓은 간극을 줄이려는 당신의 고귀한 시도를 멈추지 않을 거라고 확신합니다.

우리는 신앙과 자부심, 분노와 고뇌와 희망의 복잡한 감정을 공유합니다. 당신은 유대인의 고국이 부활하는 드라마에 참여하기 위해 이스라엘로 이주했고, 저는 꿈을 현실로 만드는 데 함께하기 위해 팔레스타인으로 돌아왔습니다. 우리는 둘 다 도덕적으로 책임성 있고 민주적인 두 국가 해법이 성공하는 모습을 보고자 합니다.

초등학교 1학년 때 배운 첫 번째 수업은 왕이 들판을 산책하다가 올리브나무를 심는 노인과 마주친 이야기입니다. 왕은 노인에게 꼬치꼬치 묻습니다. "노인장, 올리브나무를 왜 심는가? 그 열매를 따 먹을 수 있을 거라고 생각하나?" 노인이 대답합니다. "우리 조상님들이 나무를 심어서 우리가 열매를 먹었으니, 우리가 심으면 손자들이 먹겠지요." 최근에 랍비 친구가 탈무드에도 비슷한 이야기가 있다고 알려줬습니다. "조상님들이 나를 위해 나무를 심은 것처럼, 나도 자식과 손자들을 위해 나무를 심는다." 우리 아이들을 위해 평화의 씨앗을 심읍시다. 우리 손을 맞잡고 자유와 정의, 친선 관계에 기반해서 두 민족 사이에 상호 이해와 평화적인 관계를 이룩합시다.

희망과 믿음을 담아,
이웃의 친구
모하메드 S. 다자니 다우디 드림

* 모하메드 S. 다자니 다우디(Mohammed S. Dajani Daoudi) 교수는 팔레스타인 평화운동 단체 와사티아(Wasatia)의 설립자다.
다우디는 예루살렘 알쿠드스대학의 미국학 대학원 과정을 설립하고 주임교수를 지냈으며 같은 대학의 도서관장도 역임했다. 2014년 팔레스타인 학생 27명을 이끌고 아우슈비츠를 방문해서 격렬한 논쟁의 중심에 섰다. 팔레스타인에서 대중적 공분이 일면서 살해 위협까지 당하자 결국 대학에서 사직했다.

***

할레비 씨에게

얼마 전 당신 책을 읽고 답장을 보내달라는 제안에 응하기로 마음먹었습니다. 저는 이따금 '요르단강 동안' 요르단 사람이라고 지칭됩니다. 우리 가족은 팔레스타인 출신이 아니라는 뜻이죠. 하지만 원래 팔레스타인 출신인 친구와 지인이 많이 있습니다. 저는 인생 대부분을 요르단에서 자랐습니다. 그러니 이런 의미에서라면 당신의 가까운 이웃은 아니겠지만, 조금 떨어진 곳에 사는 이웃일 겁니다.

제가 기억하는 한 팔레스타인/이스라엘 문제는 어린 시절부터 줄곧 가까이 있는 일이었습니다. 아랍-이스라엘 분쟁의 역사에 관해 학교에서 배우지 않은 적이 없습니다. 이 분쟁 때문에 우리의 현실이 크게 바뀐 과정에 관해서도 줄곧 배웠고요. 어쨌든 많은 교사가 그 자신이 난민이거나—아니면 어린 시절 팔레스타인에 살던 기억을 아주 생생하게 묘사할 수 있었지요—난민의 후손이어서 팔레스타인에서 쫓겨난 이야기와 역사를 물려받은 경우였습니다. (당신이 책에서 언급하는 '이스라엘 땅'이라는 표현을 당신 이웃들이 불편하게 느낄 수 있는 것처럼, 팔레스타인이라는 단어도 당신한테는 불편하겠지요.) 그러니 당신이 상상할 수 있는 것처럼, 저는 배타적인 아랍의 관점에서 그 역사를 아주 많이 흡수했습니다.

지금까지 사는 동안 이 분쟁은 가까웠다 멀어졌다를 반복했는데, 영국에서 대학 생활을 즐기느라 정신이 없을 때는 멀리 떨어진 문제였습니다. 하지만 팔레스타인/이스라엘과 가까이

산 지난 10년 동안은 아주 가깝게 느껴졌습니다. 스스로 분쟁을 이해해보려고 노력하면서, 그리고 이제까지 학교에서 배운 단순한 분쟁 서사와 거리를 두려고 노력하면서 혼자서 자료를 찾아보기로 마음먹었습니다. 이스라엘 신문을 찾아 읽는 것을 시작으로 당신 나라에 존재하는 광범위한 정치적 스펙트럼을 파악해서 이스라엘 사회의 사고방식을 제대로 이해하려고 했습니다. 이제 이스라엘 사람들에 관해 기본적이고 전반적인 이해를 갖게 된 것 같은데, 확실히 당신이 쓴 편지 덕분에 유대인들의 자기 이해에서 이스라엘이 중심을 차지한다는 사실을 분명히 알게 됐습니다.

제가 처음 보인 반응은 당신한테 점수 매기기 연습 같은 답장을 보내는 것이었습니다. 그런데 인터넷에 있는 코멘트란을 보면서 그런 노력은 쓸데없는 짓이라는 걸 확신하게 됐습니다. 그대신 제가 느낀 대로 말하려고 합니다. 당신이 제 말의 일부분에라도 공명했으면 좋겠습니다.

핵심 구절로 시작해보지요. 저는 정말로 이스라엘이 존재해야 한다고 믿습니다. 이런 확신은 유대 민족이나 유대인과 이스라엘 땅의 연관성에 대한 기본적인 이해에서 나오는 게 아닙니다. 그보다는 독자적인 문화를 가진 민족이라면 그 문화가 기본적인 방식으로 스스로를 표현할 수 있는 독자적인 공간을 가져야 한다는 기본적인 보편적 정의에서 나오는 겁니다. 국가는 자신이 다스리는 사람들의 문화를 반영할 뿐입니다. 이런 이유 때문에 저는 이스라엘을 유대 국가로 인정하는 데 아무 거리낌이 없습니다. (말이 나온 김에 언급하자면, 저는 또한 쿠르드족도 자신들만의 국가를 가져야 하며, 아랍과 터키, 이란에 대해 쿠르드족의 독립 국가가 갖는 정치적, 지리적 함의는 무시해도 된다고 봅니다.) 어쨌든 이스라엘 시민의 대다수가 자기들의 국가를 유대 국가로 규정하고자 한다면, 제가 뭐라고 반대하겠습니까? 이스라엘 시민이 요르단이 스스로를 어떻게 정의하는지를 놓고 왈가왈부하는 건 달갑지 않습니다. 실제로 "요르단은 팔레스타인이다"라고 주장하면서 가끔 그렇게 말하는 것처럼요.

하지만(이 편지에서 '하지만'이라는 말을 몇 번 할 수밖에 없군요) 저는 팔레스타인과 이스라엘이 화해를 이루는 출발점에 관해 좀 걱정이 되면서 동의하지 못하는 지점이 있습니다. 놀라지 마세요. 그 문제는 바로 시온주의입니다. 마음속 한구석에서 당신이 눈을 굴리면서 생각하는 게 보이네요. "또 시작이군……" 하지만 들어보세요. 지금 할 얘기는 끝까지 읽기 어려울 테고 기분이 상할지도 모르지만, 그러려는 의도는 없습니다. 당신이 책에서 팔레스타인인과 아랍인, 무슬림한테 답장을 쓰라고 했잖습니까. 당신은 우리의 관점에서 본 시온주의라는 동전의 이면에 귀를 기울여야 합니다.

제가 보기에 시온주의는 두 부분으로 정식화됩니다. 첫째는 성경에 나오는 대로 유대인이 유랑 생활을 하면서 형성된, 귀환을 향한 영적 열망입니다. 둘째는 헤르츨이 말한 **유대 국가** Judenstaat의 세속적 필요성입니다. 이 두 정식화 모두 핵심적인 문제가 있어서 결국 우리는 오늘날과 같은 상황에 빠졌습니다.

순서대로 살펴보지요. 시온주의의 성경 해석을 보면, 이스라엘 땅으로 돌아오고 싶다는 바람과 열망이 존재합니다. 유랑 생활을 끝내고 유대 민족이 땅을 통해 대속 받기 위해서지요. 유대인들이 수천 년 동안 이런 믿음을 붙잡고 있는 건 기특한 일이지만, 이런 입장은 절대론적이고 비타협적입니다. 시온주의는 "이스라엘 땅은 이스라엘 사람들의 것"이라고 단호하게 말하는데, 이렇게 되면 시온주의가 자기 땅이라고 주장하는 곳에서 이미 살고 있는 사람들을 사실상 배제하는 셈입니다. 이 입장에 따르면, 다른 민족(들)이 아무리 오랫동안 이 땅을 소유하고 있었든 간에, 그들이 아무리 이 땅에 애착을 갖든 간에 그런 소유는 기껏해야 일시적인 것이며 역사적, 현실적, 법적 타당성이 전혀 없습니다.

이제 시온주의의 세속적 측면을 살펴보죠. 제가 보기에는 이 부분이 영적 권리 주장보다 훨씬 문제가 됩니다. 간단히 말해,

세속적 시온주의는 자신의 목적을 달성하기 위해 팔레스타인에 살고 있는 아랍인들을 인간으로 대하지 않았습니다. 처음부터, 그러니까 바젤에서 1차 시온주의자 대회가 열린 순간부터 이미 이 땅에 다른 사람들이 살고 있다는 것은 주지의 사실이었습니다. "신부는 아름답지만 이미 다른 남자랑 결혼한 사이다"라는 악명 높은 구절을 들어본 적이 있을 겁니다. 헤르츨 자신은 팔레스타인의 원주민을, 자신이 보호하려고 애쓰는 유럽 유대인과 똑같은 희망과 공포를 가진 인간이 아니라 해결해야 할 문제로 보았습니다. 이 점과 관련되는 헤르츨의 말을 인용해보지요. **"우리는 우리에게 주어진 국가에 있는 사유지를 점잖게 몰수해야 한다. 무일푼의 사람들이 국경 밖으로 나가게 부추겨야 한다. 과도적인 나라들에서 고용을 창출하고 우리 나라에서는 고용을 거부하면 된다. 자산 소유자들은 우리 편으로 넘어올 것이다. 몰수와 빈곤층 추방 과정은 둘 다 신중하고 용의주도하게 진행되어야 한다……"**

민족운동이 유대 민족의 구원과 대속을 추구한다고 공언하면서 마뜩지 않은 '무일푼의 사람들'을 커다란 문제로 다루고, 그들의 땅을 은밀하게 음모를 꾸며 '몰수'해야 한다고 말할 때, 이 민족운동에 대해 헤르츨은 무슨 말을 하는 걸까요? 물론 시온주의의 꿈을 둘러싸고 팔레스타인 아랍인들에 관한 다른 허구적 이야기와 왜곡이 점점 커졌습니다. 그중에서도 가장 거슬리는 것은 "땅 없는 사람들이 가서 살 수 있는, 사람 없는 땅이 있다"는 이야기였습니다. 그 땅에 사람들이 살고 있다는 사실은 아무 의미도 없었나요? 어떻게 그 사람들의 존재를 지워버릴 수 있었을까요? 구원을 찾는 사람들이 어떻게 감히 다른 민족 역시 인간임을 등한시할 수 있었나요? 이따금 유럽의 유대인들이 특히 제정러시아에서 포그롬이 벌어지면서 절망적인 상황에 직면했다는 답을 듣곤 합니다. 그런데 그렇다고 해서 팔레스타인 사람들을 인간 취급하지 않은 게 정말 정당화되나요? 그리고 만약 뿔뿔이 흩어져 사는 팔레스타인 사람들이 당신들한테 똑같은 주장을 들이댄다면—그러니까 자신들이 어쩔 수 없이 살고 있는 다양한 정권들한테 환영이나 사랑을 받지 못하고 위협을 받는다고 주장한다면—당신들은 그들이 똑같이 내세우는 정식화를 받아들일 건가요? 당신들은 받아들이지 않습니다. 당신들은 자신들을 인간으로 봐달라고 요구하지만, 다른 한편으로 당신네 민족운동은 스스로 그런 요구를 들이민 사람들을 인간 대접하지 않으면서 당신들의 역사를 쌓아왔습니다.

이 문제의 밑바탕에 있는 것은 '원죄'라는 한마디로 요약됩니다. 딱 한마디죠. 제가 볼 때 이건 세속적 시온주의의 원죄입니다. 자기 것이라고 요구하는 땅에 사는 다른 민족 역시 인간임을 고려하지 않은 원죄지요. 지금 저는 시온주의를 부정하거나 거부하라고 요구하는 게 아닙니다. 제가 당신네한테 당신들의 존재 이유의 핵심 원리를 부정하라고 요청하면 당연히 진지한 답변을 들을 수 없겠지요. 제가 요구하는 건 시온주의의 이런 측면들을 비판하라는 겁니다. 저같이 외부인인 아랍인이 아무리 비판을 해도 이스라엘인이나 유대인이 제가 앞서 제기한 문제들을 성찰할 리는 없습니다.

유대인의 관점에서 보면 당신들은 이 땅을 떠난 적이 없습니다. 당신들은 이 땅에 대한 권리를 결코 포기하지 않았고, 따라서 잠시 **특별히** 떨어져 있었다고 해서 이 땅의 소유 주체가 달라지는 건 아닙니다. 당신들의 신앙과 믿음, 하느님과 맺은 약속 때문에 당신들은 이 땅에 대한 권리를 갖습니다. 반면 아랍인의 관점에서 보면, 당신들은 머나먼 나라에서 팔레스타인에 온 유럽의 유대인입니다. 그리고 제가 볼 때 이처럼 논쟁의 여지가 없는 사실 때문에 두 서사 사이에 벌어지는 '정의' 쟁탈전에서 우위에 서는 것은 팔레스타인 사람들입니다. 팔레스타인 사람들은 유럽으로 가서 다른 사람들이 이미 살고 있는 땅에 대해 권리를 주장하지도 않았고, 다른 민족에게 해를 끼치려는 의도도 없었으며, 게토에 사는 가난한 유대인들한테 다른 곳으로 가서 살 땅을 찾으라고 부추기지도 않았습니다.

자 그러면 이제 당신은 속으로 이런 생각이 들겠지요. 아까는 "나는 이스라엘 국가가 존재해야 한다고 믿는다"고 말하더니 이제 와서 시온주의의 정신을 거의 부정하는 거냐고요. 글쎄요, 궁극적으로 저는 이스라엘이나 팔레스타인 어느 한쪽이 이 싸움에서 승리하는 게 정의로운 결과라고 생각하지 않습니다. 이스라엘이 싸움에서 승리하는 데 반대하는 건 쉽게 이해가 가겠지만, 팔레스타인의 승리에 반대하는 건 왜일까요? 팔레스타인이 이긴다고 해서 문제가 해결되는 건 아니기 때문입니다. 팔레스타인이 승리한다고 역사적으로 부정의의 희생자였던 사람들에게 정의가 주어지는 것도 아니고, 팔레스타인인과 아랍인에게 자부심을 갖고 돌아볼 수 있는 역사가 남는 것도 아닙니다. 우리는 그저 벌어진 상처를 미봉한 채 그 후에도 우리에게 미칠 영향을 무시할 수 있을 뿐입니다. 그리고 누가 압니까? 그날로부터 천 년 뒤에 유대인들이 다시 돌아와서 똑같은 일이 또 반복될 수도 있습니다. 그래서 저는 이스라엘을 없애려고 계속 싸우기보다는 그 자리에 그냥 놔두는 게 더 낫다고 마음을 바꾸게 됐습니다.

그러니, 좀 먼 이웃 친구여, 어떻게 하면 우리의 차이를 해소하고, 각자 가진 불만을 처리하고, 각자의 상처를 치유할 수 있을까요? 미안한 말이지만, 앞으로 당신은 많은 정보를 습득해야 할 텐데 우선 사과부터 해야 할 겁니다.

이 문제를 아무리 잘게 쪼개서 생각하고, 분석하고, 분해했다가 다시 결합해봐도 언제든지 똑같은 결론으로 돌아갑니다. 유대인, 적어도 시온주의자를 자처하는 이들은 일어서서 공개적으로, 그리고 진심으로 팔레스타인 사람들에게 가슴에서 우러난 사과를 해야 한다고요. 당신들 각자가 어떤 상황에 놓여 있었든 간에 당신들은 가난하고 상대적으로 무력한 사람들을 이용하고 그들에게 역사적 불의를 강요했습니다. 세속적 시온주의가 창시되기 전까지 이 사람들은 **당신네한테 아무런 잘못도 저지르지 않았습니다.** 팔레스타인인과 아랍인 역시 유대인에게 사과할 일이 많지만, 우선 당신네 쪽에서 첫발을 떼야만 그 과정이 시작될 수 있습니다. 당신네가 먼저 사과한다면 우리 두 민족의 관계를 크게 바꾸는 계기가 될 것이라고 진심으로 믿습니다. 팔레스타인인들은 지금까지 이런 인정을 받으려 했고 충분히 받을 자격이 있습니다. 물론 예전에 아랍인들은 당신들을 고향에 돌아온 사촌, 아니 형제자매로 대접했어야 했습니다. 하지만(제기랄, 또 이 말을 하는군요) 우선 사과를 받지 않으면 아랍 세계는 우리가 당신네한테 저지른 잘못을 인정할 수 없습니다.

이 편지에서 마지막으로 하고 싶은 말은 저는 이 문제에 관해 누가 더 옳고 그른지 판단할 생각이 없다는 겁니다. 다만 복잡하기 짝이 없는 이 유혈 분쟁에 관해, 그리고 우리가 상처를 치유하는 첫걸음을 떼려면 어떻게 해야 하는지에 관해 제 생각을 전달하고 싶을 뿐입니다. 저는 우리가 손을 맞잡으면 중동을 전 세계가 시샘하는 지역으로 바꿀 수 있다고 정말로 믿으며, 당신이 제대로 지적한 것처럼 아랍인들이 어느새 잃어버린 탐구와 자기비판의 정신을 되찾는 일이 궁극적으로 필요하다고 생각합니다. 지난 세기 내내 아랍 세계에는 동질성이 지나칠 정도로 많았습니다. 마음속 깊이 다른 누구보다도 우리를 더 잘 이해하는 사람들로부터 (헤르츨의 말을 비틀어보자면) 오래된 것과 새로운 것을 받아들인다면, 틀림없이 양쪽 모두에 유익할 겁니다.

안녕히 계세요.

요르단의 좀 먼 이웃 드림

P.S. 그런데 도대체 당신네는 우리, 그러니까 사방에서 당신들을 둘러싼 채 살고 있는 사람들한테 왜 이제야 손을 내미는 겁니까? 세속적 시온주의가 처음 시작될 때는 왜 이런 노력을 하지 않았나요? 지금은 너무 늦은 거 아닙니까?

* 이름을 밝히지 말아달라고 한 필자는 요르단 암만에 사는 데이터 분석가다.

***

할레비 씨에게

분쟁을 벌이는 양쪽 모두 너무 오랫동안 일종의 자기 참조적 상상의 구성물 속에서 존재했습니다. 증오와 의심, 비난과 맞비난, 공포와 망상, 역사적 필연과 징벌에만 몰두하는 두 민족의 집단적 불신을 평화로 누그러뜨려야 합니다.

상대방을 기꺼이 끌어안는 당신의 태도에 깜짝 놀랐습니다. 팔레스타인 사람이라면 누구든 당신 책을 읽어야 해요. 이스라엘인도 누구든 이 책을 읽어야 합니다. 아랍 세계 전체도 읽어야 합니다. 대속을 추구하는 자기 탐구의 강력한 인식을 담아써 내려간 당신의 편지는 겸허한 어조로 독자를 끌어당깁니다.

비록 저는 이집트 사람이고 팔레스타인인들을 대변한다고 나서지는 못하지만, 당신이 제시한 서사에는 편리한 통념을 영속시키는 재현적 구성물이 일부 존재합니다. 팔레스타인 작가 라자 샤하다Raja Shehadeh가 『뉴욕 타임스』에 당신 책에 대해 쓴 사려 깊은 답변을 한번 보세요. 샤하다는 이렇게 말합니다. "당신이 보낸 편지는 지적인 훈련처럼 보이는데, 당신은 그런 훈련을 즐길 수 있는 특권이 있어도 우리는 그런 여력이 없습니다. 당신은 이렇게 묻습니다. '만약 당신이 제 입장이라면 어떻게 하시겠습니까?' 하지만 우리는 당신 입장에 설 수가 없습니다. 당신은 분쟁의 핵심적인 문제를 '부정의 순환'이라고 규정하면서 우리 쪽은 당신들의 '정당성'을 부정하고 '유대 민족'을 제대로 인정하지 않는 한편, 당신네는 우리의 '민족 주권'을 부정한다고 말합니다. 하지만 이 둘은 대등한 게 아닙니다."

저는 도덕적 등가성이 결여되어 있다는 샤하다의 말에 동의하지만, 양쪽 모두 이른바 대속의 가능성에 관심을 기울일 필요가 있습니다. 유의미한 해법을 찾기 위해서는 양쪽 모두 각자 분쟁에 기여한 사실을 직시하고 인정해야 합니다.

할레비 씨, 저는 당신이 대속을 향해 나아가는 유력한 첫걸음에 기여했다고 봅니다. 아랍 세계에 속한 우리는 우리 몫의 결함과 실패를 인정하면서 우리 나름대로 집단적 자기반성을 해야 합니다. 우리가 제대로 하지 못하는 일이지요. 저 자신이 버클리에서 철학을 공부할 때 이스라엘에 대해 끊임없이 반대 주장을 펼쳤습니다. 에드워드 사이드, 특히 그의 선구적인 저작 『오리엔탈리즘』에 크게 영향을 받았거든요.

하지만 시간이 흐르면서 저 자신이 유대인에 대해 철저히 무지하다는 사실에 진력이 났습니다. 그래서 언젠가부터 유대교와 유대 문화, 유대인의 역사와 홀로코스트에 관한 책을 읽기 시작했습니다. 이 과정에서 어떤 일이 벌어지면서 예상치 못한 심대한 변화가 일어났습니다. 상대를 알게 되자 존중하게 됐고, 그러자 결국 유대인에 대한 단단한 애정이 생겨났습니다. 할레비 씨, 이 책에는 당신 자신이 사실을 객관적으로 파악하면서 변화한 순간들이 분명하게 담겨 있습니다.

당신은 열 번째 편지에서 이렇게 말합니다. "성경 시대 이래 유대인들은 우리가 인류에게 축복이 되어야 한다고 믿었습니다. 이런 자기 인식에 따라 우리는 당신네와 우리의 관계에서 무엇을 해야 할까요? 온갖 역경을 무릅쓰고 다시 한번 우리를 평화로 인도하기 위해 저는 어떤 일에 나서야 할까요?" 우리가 아랍 세계 전반만이 아니라 팔레스타인 사람들에게서 필요로 하는 것은 바로 이런 종류의 용감한 자기반성과 분쟁에 관한 성찰입니다. 공연히 상대방을 헐뜯거나 비난을 맞받아치는 게 아니라요.

양쪽 모두 불만을 갖는 게 당연하며, 이런 불만은 바로잡아야 합니다. 하지만 서로 끊임없이 인신공격을 퍼붓기만 하면 불만을 바로잡을 수 없습니다. 당신은 이 책을 쓴 목적이 "유대인의 이야기, 그리고 유대인의 정체성에서 이스라엘이 갖는 중요한 의미를 바로 옆에 사는 이웃인 팔레스타인인들에게 설명하려는 하나의 시도"라고 말했습니다. 너무도 오랫동안 주변으로 밀려난 채 무시와 소외를 당한 당신의 이웃에게 말을 건넨 당신에게 박수를 보냅니다. 지금 우리에게 필요한 건 팔레스타인인과 다른 아랍인들이 이런 대화에 더 많이 참여하는 일입니다. 이렇게 감동적으로 사람의 마음을 움직이는 책을 써준 데 대해, 마치 운명이 공모해서 두 민족을 계속 분리하게 만든 것 같은 지역에서 다급히 필요한 낙관주의에 다시 불길을 당겨준 데 대해 감사합니다. 저는 평화가 오리라고 굳게 믿지만, 그러기 위해서는 양쪽이 당신이 첫걸음을 뗀 것과 같은 대속의 대화에 참여해야 합니다.

안녕히 계세요.

R. F. 조지 드림

＊R. F. 조지(R. F. Georgy)는 이집트계 미국인 소설가다. 최근 작품인 『면죄(Absolution)』는 이스라엘 영화감독 에란 리클리스(Eran Riklis)에 의해 영화로 만들어지는 중이다.

＊＊＊

할레비 씨에게

열린 마음으로 아주 흥미 있게 당신 책을 읽었습니다. 점령된 가자지구에서 자란 경험을 책으로 쓴 바 있는 저자로서 팔레스타인 사람들에게 손을 내민 당신의 시도에 감사하는 마음입니다.

제가 쓴 책 역시 상대방에게 보내는 편지라고 봐도 됩니다. 실제로 저는 열다섯 살 때 제가 도발하지 않았는데도 제 등에 총을 쏜 이스라엘 군인에게 보내는 편지로 책을 끝맺었습니다. 편지에서 그를 용서한다고 말하면서 '사촌 형제'라고 불렀지요. 제 책이 히브리어로 출간됐으면 하는 바람입니다. 제 이야기를 이스라엘 사람들한테 알리고 싶으니까요. 총을 맞은 뒤 이스라엘 병원에서 치료받고 재활을 거치면서 친절한 인간애를 경험했습니다. 당신네 쪽에는 그런 게 존재하지 않는다고 생각했었는데 말이지요.

우리는 워싱턴 D.C. 미국평화연구소United States Institute of Peace에서 두 책에 관해 함께 말한 이래로 계속 연락을 주고받고 있지요. 당신하고 저는 서로 비슷합니다. 우리 둘 다 소속감이 굉장히 크지요. 당신이 성공을 거두고 제가 팔레스타인이라는 개념에 열렬히 집착하는 건 모두 이런 이유 때문인 것 같습니다. 제가 신봉하는 팔레스타인은 당신 나라와 나란히 평화와 존엄 속에 존재해야 합니다.

며칠 전 당신은 안부도 물을 겸 제 책 『아버지의 언어The Words of

My Father』가 어떤 반응을 얻고 있는지 알아보려고 편지를 보냈지요. 당신은 방금 전에 책 홍보 투어를 마치고 "집에 돌아왔다"고 말하셨죠. 저는 "집에 돌아온 걸 환영해요!"라고 답장을 보냈습니다. 당신의 집은 텔아비브가 아닙니다. 당신은 심지어 서예루살렘에도 살지 않죠. 할레비 씨, 당신은 동예루살렘에 삽니다. 당신 집은 여러 세기 동안 우리 민족에 속한 땅이고, 전 세계가 저한테 돌려주겠다고 약속하는 땅입니다. 당신이 전작『몽상가처럼 Like Dreamers』에서 서술한 대로 이스라엘 공수부대원들이 빼앗은 땅이니까요.

우리 팔레스타인 사람들은 열정과 자부심이 대단한 민족입니다. 유대인이 지하 전쟁을 벌여 영국 점령자들을 몰아냈다는 당신의 서술은 팔레스타인 사람들이 영국 식민 세력의 수중에서 겪은 일을 사실상 부정하는 셈입니다. 당신한테 제 이야기를 들려주는 게 언제나 쉽지만은 않지만, 말을 꺼낼 때면 당신한테 익숙한 표현으로 설명하려고 애를 씁니다. 당신이 제 이야기를 제대로 이해하기를 정말로 바라니까요.

우리가 상대방의 서사를 더 잘 이해할수록 우리가 공존해야 하는 근거가 더 많아집니다. 우리의 공존은 부정이나 분리를 통해서가 아니라 인정과 통합을 통해 이루어져야 하며, 제가 보기에 당신 책은 그런 과정을 시작하자고 마음속 깊이 권유하는 초대장입니다. 이런 이유로 당신 책을 추천합니다.

우리 둘 다 하느님은 유일한 분이라고 찬양한다는 사실을 다시금 상기시켜주다니 참으로 멋진 일입니다. 무엇보다도 바로 그게 중요하지요. 당신이 하느님과 연결되어 있다는 걸 느낍니다. 그 때문에 당신의 서사에 더욱 심오한 방식으로 다가가는 거고요. 계속 팔레스타인 사람들에게 편지를 써주시길.

제 아버지의 언어를 만든 사람들은 제게 미움이 아니라 사랑을 하라고, 결코 패배나 부정의에 굴하지 말라고, 언제나 성스러운 땅에서 평화를 옹호하라고, 당신네 민족이 우리 민족에게 아무리 고통을 주었더라도 용서하면서 "집에 돌아온 걸 환영해요, 할레비 씨"라고 말하라고 가르쳐주었습니다.

점령당한 당신의 이웃
유세프 바시르 드림

* 유세프 바시르(Yousef Bashir)는 『아버지의 언어』(HarperCollins, 2019)의 저자이며 워싱턴 D.C. 주재 팔레스타인해방기구 대사관의 의회연락관을 지냈다.

***

할레비 씨에게

저는 당신이 『나의 팔레스타인 이웃에게 보내는 편지』를 썼을 때 팔레스타인 사람이 이 책을 읽거나 더 나아가 답장까지 보내리라 상상했다고 생각하지 않습니다. 저는 순전히 우연히 이 책을 읽은 사람들 중 한 명이며 지금 답장을 쓰고 있습니다.

당신 책이 예루살렘의 유대인 주민으로서 당신이 느끼는 바에 대한 개인적 견해라는 사실을 제쳐두면, 당신 같은 사람이 정치적, 심리적 장벽 너머로 시야를 확대할 수 있다는 사실은 인상적입니다. 팔레스타인 사람들이 저한테 소리치는 게 들리는군요. "어떻게 감히 이 책에 정당성을 부여하는가!" 하지만 이렇게 느끼는 이유를 설명해보고 싶습니다.

첫 번째 편지의 첫 문단에서 당신은 이렇게 말합니다. "당신을 '이웃'이라고 부르는 것은 당신 이름이나 인적 사항을 전혀 알지 못하기 때문입니다." 이 말에서 우리 팔레스타인 사람들이 거의 접하지 못하는 목소리가 들렸습니다. 이 편지에서 당신이 팔레스타인인과 팔레스타인을 인정한 것은 저한테는 굉장한 일이었습니다. 당신은 우리를 인정했을 뿐만 아니라 이웃에 사는 우리를 알지 못한다는 사실도 시인했습니다. 이런 당신의 태도는 상대를 아는 게 중요하다는 저의 믿음을 확인해줍니다. 우리가 '상대'를 아는 것이 가로막히는 한 이 분쟁은 결코 끝나지 않을 겁니다. 분쟁에 갇혀 있는 사람들은 이런 사치를 누릴 여유가 없습니다. 공포와 비인간화에 둘러싸여 정신이 마비되기 때문이지요.

당신이 보낸 편지를 보면서 종교적 서사가 팔레스타인과 이스라엘의 분쟁을 규정한다는 느낌이 더욱 굳어졌습니다. 종교는 원래 우리를 하나로 묶어야 합니다. 아브라함의 자손인 우리가 왜 우리끼리 싸우는 겁니까? 무엇을 위해 싸우는 거죠? 이런 종교적 서사가 우리를 선택받은 사람들과 선택받지 못한 사람들이라는 두 범주로 나누기 때문인가요? 아브라함이 여러 아들과 부인들하고의 관계라는 문제를 풀지 못했기 때문인가요? 우리가 양쪽 다 지금도 벌어지는 억압의 피해자라고 생각하기 때문인가요? 이런 서사들을 재고하는 한편, 다음 세대의 유대인과 팔레스타인인에게 운명을 공유하고 인간애와 정의라는 가치를 공유하는 새로운 서사를 제시하려고 노력해야 하지 않을까요?

당신은 최선을 다해 당신이 느끼는 두려움과 열망을 솔직하게 털어놓았습니다. 당신의 고백이 팔레스타인과 이스라엘에 관한 훨씬 더 어려운 대화로 나아가는 한 단계가 되기를 바랍니다.

안녕히 계세요.

후다 아부아르쿠옵 드림

＊ 후다 아부아르쿠옵(Huda Abuarquob)은 중동평화연맹(Alliance for Middle East Peace, ALLMEP) 지역 책임자다.

＊＊＊

할레비 씨에게

우리는 나블루스 출신 '팔레스타인 여자'와 예루살렘 출신 '이스라엘 남자'로 워싱턴 D.C.에 있는 아메리칸대학에서 진행된 프로그램 중에 만난 사이입니다. 우리가 함께 시작한 작업에 관해 말씀드리려고 펜을 들었습니다.

　라완은 인생의 반을 뉴욕시에서 살고, 나머지 반은 뉴욕과 정반대인 곳, 즉 요르단강 서안 나블루스 외곽에 있는 보수적인 이슬람 마을에서 살았습니다. 여기 살면서 이스라엘 점령의 의미를 직접 경험했습니다. 이스라엘 방위군 병사들이 집에 쳐들어와서 어린 형제자매들과 그녀는 커다란 트라우마를 입었습니다. 여기서 어머니는 이스라엘 정착민이 쏜 총에 맞았고, 라완은 하와라 검문소에서 소총을 겨누는 이스라엘 군인과 처음 만났습니다. 이런 일을 겪으면서 라완은 이스라엘이 요르단강 서안에 계속 존재하고 가자지구를 포위하는 한, 평화나 다른 어떤 협정도 이룰 수 없음을 깨달았습니다.

바르는 네게브 사막의 베두인족이 주로 사는 라하트시 바로 옆에 있는 베이트카마 키부츠에서 태어났습니다. 어린 시절 저녁식사 자리에서 이루어지는 대화는 언제나 평화에 관한 이야기였고, 이스라엘이 가자지구와 요르단강 서안에서 손을 떼면 자연스럽게 분리로 이어질 것이라고 굳게 믿었습니다. 10대 시절 바르는 팔레스타인 사람들한테 공격을 당했습니다. 몰매를 맞고 돈도 뺏겼지요. 하지만 바르가 상대편이 분쟁 종식을 원한다고 믿기 어렵게 만든 가장 중요한 요인은 이스라엘이 가자지구에서 손을 떼도 평화로 이어지지 않고 오히려 자기 동네 주변에 로켓포가 쏟아져 내린 사실입니다. 그 순간부터 줄곧 3년간 군복무를 포함해서 팔레스타인인과 만날 때마다 폭력이 난무했습니다. 군에서 제대한 뒤에도 예루살렘에서 여행 가이드로 일할 때 양쪽이 폭력 사태를 벌이는 광경을 목격했습니다. 어느 날인가는 투어를 진행하던 중 팔레스타인인이 이스라엘 경찰관을 칼로 찌르려고 하다가 총에 맞아 부상을 당했습니다. 바르가 일상적으로 팔레스타인 사람들을 만날 때는 대부분 표면적으로는 정중한 태도가 오갔지만, 그 이면에는 언제든 폭력 사태가 일어날 수 있다는 긴장과 공포가 깔려 있었습니다.

우리는 당신이 책에서 상대방에게 손을 뻗기 위해 사용한 방법에 깊은 인상을 받았습니다. 당신의 대화를 본보기로 삼아 우리는 진실하고 과장 없는 대화 방식을 구사하려고 했습니다. 하지만 우리 둘은 서로 다른 방식으로 영감을 받았습니다. 바르는 당신 책을 통해 상대방을 이해할 수 있는 방법은 자신의 이야기와 서사를 팔레스타인 사람들에게 들려주고 그들의 이야기도 듣는 것이라는 믿음을 재확인했습니다. 라완에게 이 책은 좀 더 복잡한 의미를 갖습니다. 첫 번째로 보인 반응은 시온주의 운동이 팔레스타인 사람들이 감내하는 일상적인 불의를 정당화하려는 시도라는 것이었습니다. 하지만 라완은 당신의 의견을 존중하며, 양쪽이 아무리 의견이 다를지라도 서로의 말에 귀를 기울이는 게 중요하다는 것을 이해합니다. 당신이 책을 통해 우리에게 권유하려는 게 바로 이런 반응이지요.

당신 책을 읽고 나서 우리는 미국 각지의 캠퍼스를 돌아다니며 학생들에게 전혀 다른 우리의 이야기를 함께 들려주기로 결심했습니다. 이 책을 계기로 한데 뭉친 우리는 20대의 팔레스타인인과 이스라엘인 사이에서 진지한 대화의 장을 마련했습니다. 우리는 오슬로 세대의 실패가 낳은 결과를 책임져야 하는 다음 세대입니다. 오슬로 세대는 상대방에 대한 선입견을 떨쳐 버릴 수 없습니다. 특히 상대방이 미래로 전진하는 것을 가로막는 유일한 장애물이라는 선입견을 버리지 못합니다.

이 프로그램에서 우리는 우리의 서사를 모든 사람들에게 제시하고, 기독교인, 무슬림, 유대인, 팔레스타인인, 이스라엘인과 만납니다. 우리는 청중이 오슬로 세대와 똑같은 선입견을 갖고 있으며 팔레스타인 국가 개념이나 이스라엘이 존재할 권리를 부정한다는 사실을 깨달았습니다. 우리는 함께 무대에 올라 팔레스타인 난민 문제에 관해 이야기하고, 이동의 자유를 논하고, 두 민족 모두의 안전 요구를 다룹니다. 오늘날 이런 어려운 주제들은 거의 타협이 불가능하지만, 우리가 나란히 무대에 선다는 사실은 변화가 가능함을 보여줍니다. 책은 사람들에게 영감을 줄 수 있지만, 우리가 진행하는 방식의 대화는 장벽을 깨뜨릴 수 있다고 우리는 믿습니다.

우리는 당신 책을 통해 이런 만남의 방법을 개발하는 법을 배웠습니다. 우리는 이런 만남이 미국을 비롯한 서구 나라들에 거주하는 이스라엘인과 팔레스타인인에게 확산되기를 기대하며 또한 동시에 이스라엘과 팔레스타인도 우리의 방식을 도입하기를 바랍니다. 이스라엘인과 팔레스타인인에게 호소합니다. 만약 당신들이 새로운 이야기를 창조하는 데 조력할 책임이 있다고 생각한다면, 상대방의 서사가 당신의 서사를 훼손하지 않는다고 믿는다면, 큰 소리로 당신의 생각을 말하세요. 이 운동에 참여하세요.

우리는 분쟁이 양쪽 민족 안에 만들어낸 장벽을 허물어뜨리기 위해 노력하고 있습니다.

감사합니다. 행운이 함께하기를.

라완 오데, 바르 갈린 드림

* 라완 오데(Rawan Odeh)는 매년 여름 이스라엘과 팔레스타인의 신진 지도자를 워싱턴 D.C.로 초청하는 단체인 '중동을 위한 새로운 이야기 짜기 리더십(New Story Leadership for the Middle East)' 사무국장이다. 팔레스타인 안나자국립대학에서 회계학을 전공했다.

* 바르 갈린(Bar Galin)은 아메리칸대학의 이스라엘 힐렐(Hillel)〔세계 각지 대학에 마련된 유대인 학생단체—옮긴이〕 프로그램 대표다. 하이파대학에서 역사학을 전공했으며 여행 가이드로 일하고 있다.

감사의 말

다음의 사람들에게 깊은 감사를 드린다.

마리 브레너는 천사 왕국에서 보낸 사자처럼 갑자기 나타나서 이 책이 나오게 해주었다.

글쓰기와 작가들에 대해 깊은 관심을 가진 탁월한 편집자인 소피아 그루프먼은 이 책을 한결 좋은 책으로 만드는 일을 도와주었다.

사라는 모든 면에서 내 인생의 동반자다.

모리아와 가브리엘과 샤하는 커다란 기쁨을 주는 아이들이며 이스라엘에 대한 나의 이해를 심화시켜주었다.

폴 E. 싱어 재단Paul E. Singer Foundation의 테리 카셀, 폴 E. 싱어, 맥

스 카펠, 대니얼 보너 등은 너그러운 우정과 지원을 아낌없이 베풀어주었다. 이 책을 위해 엄청난 노력을 기울여준 해리 Z. 코언에게 특히 감사한다.

찰스 앤드 린 슈스터만 가족 재단Charles and Lynn Schusterman Family Foundation의 린 슈스터만과 리사 아이전은 여러 해 전부터 너그러운 지원과 우정을 베풀어주었다.

담당 에이전트인 래리 와이스먼과 사샤 앨퍼트는 이 책 집필을 도와주었다.

도니엘 하트먼은 우정과 지원과 영감을 아낌없이 베풀어주었다. 또한 책의 편집 과정에서 소중한 조언을 해주고, 영적 자아를 추구하도록 자극을 주었다.

조너선 케슬러는 처음에 내가 망설일 때도 이 책의 가치를 믿으면서 격려의 말과 지혜와 우정을 나눠주었다. 이 책에 대부 sandak가 있다면 바로 조너선이다.

조너선 로즌은 책을 집필하는 초기 단계에서 소중한 의견을 내줘서 내 목소리를 발견하도록 도와주었다.

하룬 모굴은 문필과 영성 모두에서 나와 우정을 나누었다.

탈 베커, 엘라나 스타인 하인, 도니엘 하트먼, 예후다 커처 등 샬롬하트만연구소의 아이인게이지iEngage 세미나에서 오랫동안 함께한 동료이자 친구들은 지적으로나 영적으로나 나를 풍부하게 만들어주었고, 이 책에서 제기한 여러 문제에 관한 사고를 심화하도록 자극을 주었다.

앨런 애비, 어파나 앤워, 로런 버쿤, 메이라브 피시먼, 메이털 프리드먼, 달릿 혼, 마를린 후어리, 하나 질라트, 레이철 자코비 로젠필드, 예후다 커처, 케이트 리, 하룬 모굴, 기돈 마이스, 시리 메르첼, 토바 펄로, 토바 서킨, 아타라 솔로, 사브라 왁스먼, 믹 와인스타인 등 샬롬하트만연구소의 동료와 친구들은 무슬림 리더십계획을 성공적 프로그램으로 만드는 데 도움을 주었다.

요엘과 노미 글릭 부부는 무한한 우정과 지원을 아끼지 않았다.

내 인생의 축복인 스테파니 리바 엥겔슨-아가몬은 헌신적인 애정과 영적 우정으로 내 삶을 한없이 풍요롭게 해주었다.

『주이시 저널Jewish Journal』에서 일하는 동료이자 형제인 데이비드 수이사는 필요할 때면 언제나 거기 있었다.

『주이시 위크Jewish Week』의 게리 로젠블라트와 세아 위셀티어는 유대 민족에게 주어진 축복 같은 존재인데, 사업 기획이 생각날 때마다 맨 처음 동료로 삼고 싶은 이들이다.

댄 세너는 멋진 우정과 길잡이를 베풀었다.

다이앤 트로더먼과 해럴드 그린스푼은 사랑하는 친구이자 지원자다.

러셀 베리 재단Russell Berrie Foundation의 앤젤리카 베리와 루스 샐즈먼, 렙슨 재단Revson Foundation의 줄리 샌도프와 네사 라포포트는 무슬림리더십계획 창설을 도운 지원자이자 현재도 파트너로 일하는 중이다.

조너선 번햄은 이 책의 가치를 믿어주었다.

티나 안드레아디스, 밀란 보지치, 레이철 엘린스키, 톰 홉키, 더그 존슨, 뮤리엘 조겐슨, 데이비드 코럴, 리아 와실렙스키 등은 하퍼콜린스 출판사의 멋진 팀이다.

너무 일찍 우리 곁을 떠난 밤비 셸렉은 선구적인 잡지인 『에레츠 아헤레트Eretz Aheret』에서 이스라엘 사람들이 팔레스타인 이웃에게 쓴 편지로 특집호를 발간해서 처음 이 책의 아이디어를 던져주었다.

모셰 할버탈은 성스러운 것의 본성에 관한 통찰을 나눠주었다.

파르베즈 아메드, 알리 암무라, 미잘 비톤, 샘 프리드먼, 예헤즈켈 란다우, 존 모스코위츠, 노엄 시온 등은 초고를 읽고 소중한 조언을 해주었다.

무슬림리더십계획에 참여한 모든 사람들은 성스러운 용기의 의미에 관해 가르침을 주었다.

어파나 앤위, 토비 펄 프라일리히, 재크 겔먼, 데이비드 호로위츠, 데브라 마지드, 레슬리 마이어스, 라이얀 시예드, 클

레어 왁텔, 이나스 유니스 등은 아낌없는 우정과 지원을 베풀어주었다.

해리 애런슨, 리오라 발린스키, 에번 차니, 립카 코언, 기돈 할프핑거, 샘 멜린스, 요시 퀸트, 대니얼 슈워츠, 애런 태넌바움 등 하트만연구소의 유능한 인턴들은 연구조교로 많은 도움을 주었다.

라믈레 시내에 있는 아랍계 이스라엘인과 유대계 이스라엘인의 공존 센터인 오픈하우스Open House의 창립자 달리아 란다우는 용감하고 열린 마음의 소유자로서 공존 약속을 더욱 철저하게 밀어붙이도록 자극을 주었다.

사랑하는 스승이자 친구였던 데이비드 하트먼과 메나헴 프로먼은 각자 나름의 방식으로 유대인 존재의 경계를 어떻게 확장할지 가르침을 주었다. 두 사람의 존재가 사무치게 그립다.

담당 편집자인 게일 윈스턴과 에밀리 테일러는 페이퍼백 판본이 변화를 거치는 내내 헌신적으로 도움을 주었다.

겔러 가족 재단Geller Family Foundation의 친구들인 마티 겔러와 로런 러트킨은 아낌없는 지원을 해주었다.

아비브재단Aviv Foundation의 친구들인 하니 카첸 라우퍼, 스티븐 라우퍼, 애덤 시몬 등은 지원을 아끼지 않았다.

로런 버쿤은 하트만연구소를 위해 『나의 팔레스타인 이웃에게 보내는 편지』에 관한 광범위한 공부 지침을 작성하는 놀라운 일을 해주었다.

미할 레즈닉은 우리 이웃들을 대상으로 봉사활동을 해주었다.

데이비드 파인은 전문적 능력을 발휘해 이 책의 웹사이트를 만들어주었다.

옮긴이의 말

어린 시절 뉴욕의 독실한 유대인 가정에서 자란 것으로 보이는 요시 클라인 할레비는 1967년 6일전쟁 당시에 열세 살 소년이었다. 할레비는 이스라엘이 패배할까 봐 전전긍긍하며 라디오 곁을 서성였고, 결국 전쟁이 끝난 직후 처음으로 이스라엘을 찾아간다. 그리고 그곳에서 이스라엘과 유대인에 대한 사랑에 흠뻑 빠진다. 세계 각지에서 모여든 다채로운 유대인들이 고난을 극복하고 힘차게 미래를 건설하는 모습에 매료된 것이다. 뉴욕으로 돌아온 할레비는 극우 시온주의 운동 단체에서 열정적으로 활동한다. 그리고 결국 1982년 이스라엘로 이주했고, 국민의 일원으로 이스라엘을 수호하기 위해 가자지구에서 군복무를

한다. 군대에서 팔레스타인인의 비참한 삶과 저항을 접하고 그
들을 멸시하는 비속어를 자연스럽게 입에 올리는 경험을 성찰
하면서 자연스럽게 입장이 바뀐 것으로 보인다.

그 후로 언론인과 저술가로서, 그리고 시민단체 활동가로서
이스라엘과 팔레스타인이 서로 경험을 공유하고 공통의 지반을
찾기 위해 적극적으로 활동한다. 어느 순간부터 '정착촌 운동'
과의 '로맨스'를 포기하고 세속적, 정치적 타협과 공존을 지지
하는 입장으로 돌아선 것이다. 전작인 『에덴동산 입구에서: 성
스러운 땅에서 기독교도, 무슬림과 함께 하느님을 찾는 어느 유
대인의 탐색』에서 기독교도와 무슬림이 이스라엘/팔레스타인
땅에서 살아온 역사와 땅에 대한 애착을 탐색했다면, 이 책에서
는 유대인이 이 땅에 대해 갖는 신성한 애착을 상대에게 설명하
려고 한다. 무엇보다도 이스라엘/팔레스타인의 유대인과 무슬
림, 기독교인은 공존의 역사와 공통의 영적 믿음을 갖고 있다고
믿으며, 이런 바탕 위에서 평화로운 공존의 미래를 만들어가야
한다고 생각한다.

백 년을 이어온 분쟁의 과정에서 양쪽이 상대를 악마화하고
증오하는 시각이 지배하면서 폭력의 악순환, 더 나아가 상대의
존재 권리 자체를 부정하는 '부정의 순환'이 되풀이되고 있다는
것이 지은이의 핵심적 문제의식이다. 그러니 우선 서로 상대를

이해하고, 서로의 역사와 존재를 인정하며, 그런 바탕 위에서 대화를 시작해야 분쟁 해결의 실마리가 풀린다고 본다.

수천 년 전부터 유대인이 품어온 신앙과 이스라엘 땅에 대한 애착, 종교적 열망이 역사적 상황과 맞물리면서 증폭되고 결국 자발적 이주와 개척 운동으로 이어진 과정을 차분하게 설명한다. 지은이는 이스라엘 국가 성립은 이런 밑바닥 유대인의 내면적 열망을 이해하지 않고는 설명되지 않음을 역설한다. 제국주의의 무관심과 게으름, 당시 서구 엘리트 집단의 오리엔탈리즘이 영국에 맞서 싸운 전투적 시온주의와 맞물려 이스라엘 국가가 탄생했다고 설명하고 말아버리면, 홀로코스트 이후부터 세계 각국의 반유대주의 탄압을 피해 몰려온 이민자들이 세운 국가인 이스라엘의 정체성을 제대로 이해하지 못한다. 지은이는 오히려 이스라엘의 종교적 열망과 팔레스타인의 종교적 열망이 상충하는 지점을 서로 이해해야만 분쟁 해결책을 만들어낼 수 있다고 역설한다.

그런데 한편으로 이스라엘과 팔레스타인 양쪽 모두에서 종교적 열망에 가장 충실한 이들은 이스라엘 국가 자체도 인정하지 않는 초정통파 유대인과 근본주의 테러 집단인 하마스 아닌가? 종교적 열망과 신성한 믿음이 세속적 민주주의와 평화의 가치와 어떻게 공존해야 하는지가 또 다른 중요한 질문이 되어야 하지 않을까?

　지은이는 비관주의자인 동시에 낙관주의자다. 이스라엘 건국 시점부터 계속해서 벌어진 전쟁과 테러 공격 등에 대해, 그리고 평화 협상이 계속 난항을 거듭하다가 결국 실패로 돌아가고 대화의 창이 닫힌 과정에 대해서는 양쪽이 합의를 이루기가 난망하다고 본다. 오슬로 평화 협상의 중재자 노릇을 했던 미국은 이제 트럼프 대통령이 나서서 예루살렘을 이스라엘 수도로 인정하면서 충돌을 부추긴다. 하지만 이런 최악의 상황에서도 지은이는 다시 대화를 시작하자고 제안한다. 팔레스타인인들이 (이스라엘 때문에) 겪은 고난과 독립 국가를 이루려는 민족적 열망을 인정한다면서 손길을 내민다. "이 땅을 공유하는 것 말고 다른 어떤 선택을 할 수 있겠느냐"면서 우선 상대방의 존재와 열망을 인정하는 가운데 계속 대화를 나누어야 해결의 실마리를 찾을 수 있다고 힘주어 말한다.

　지은이는 유대인이 고국에 돌아온 것과 이스라엘을 건국한 사실 자체는 정당한 행동이라고 믿는다. 심지어 어느 구절에서는 당시 팔레스타인 땅이 "대부분 텅 비어 있었다"고까지 말한다. 그러면서도 두 국가 해법을 지지하고, 팔레스타인 난민에 대한 도의적 책임을 인정하며, 이스라엘 쪽의 정착촌 건설과 팔레스타인 주택 철거에 반대하고, 동예루살렘에서 유대인들이 일종의 개선 행진을 벌이는 데 반대한다. "역사적 권리와 종교적 열망 때문에 이 땅에 연결된다고 해서 다른 사람들을 희생시켜가며 이 땅 전부를 소유하는 게 정당화되는 건 아님을 오래전에 깨달았"기 때문이다. 굳이 규정하자면 지은이는 독실한 세속주의자이자 두 국가 해법을 지지하는 중도파 현실론자라고 할 수 있다.

팔레스타인 자치당국의 학교 교실에 걸린 지도에 아예 이스라엘이 표시조차 되어 있지 않은 상황에서 이런 시도는 소중하다(물론 이런 상황은 이스라엘이 팔레스타인의 역사와 팔레스타인인의 존재를 체계적으로 지워버린 데 대한 항의의 일환이다). 게다가 일상적 억압과 군사 공격, 그에 맞선 테러가 되풀이되면서 팔레스타인 쪽에서도 홀로코스트가 일어난 적이 없다거나 고리대금업 등에 종사하면서 사회에 기생한 유대인이 자초한 사태라는 등 불필요한 비난이 난무했다.

그러나 이 책은 분쟁의 현실적 해법과 정치적 타협안을 제시하기보다는 서로 상대방의 역사와 문화, 종교를 이해하고, 상대의 존재를 인정하면서 일상적으로 대화를 지속해야 한다고 설득하려는 시도다. 마음속으로 상대방의 존재와 열망, 역사와 정당성을 부정한다면, 잠시 타협할 수는 있어도 언제든 '부정의 순환'이 재개되게 마련이다. 공존을 위해서는 몰이해와 부정,

증오와 악마화에서 벗어나 무엇보다 먼저 일상적인 대화 상대가 되어야 한다. 이런 바탕 위에서만 현실적인 타협과 조정이 가능하다.

지은이가 보내는 편지의 수신인은 현관에서 바로 보이는 건너편 언덕에 사는 팔레스타인인이다. 바로 근처에 사는 사이이지만 서로 대화를 나누거나 일상을 공유하지는 못한다. 보안상의 이유로 세워진 엄청나게 높은 분리 장벽이 가로막고 있기 때문이다. 어쩌면 평화와 공존을 설득하고 대화를 건네기 위한 편지를 가상의 수신인을 대상으로 쓴다는 게 이스라엘-팔레스타인 분쟁의 진정한 비극이 아닐까? 물론 지은이도 이런 사실을 잘 알고 있다. 그러나 이런 비극적 상황 속에서도 희망을 찾으려고 한다.

아랍어 번역본을 무료로 다운로드 받을 수 있게 올려놓고, 답장을 보내달라고 한 지은이의 호소에 팔레스타인인과 아랍인들이 앞다퉈 답장을 보냈다. 어떤 이는 얼굴을 붉히며 지은이의 주장을 격하게 비판했고, 어떤 이는 감정과 신앙에 호소하는 지은이의 요청에 공감과 동참을 약속했다. 에필로그에 실린 많은 답장의 스펙트럼이 참 폭넓은 것만 보아도 쉬운 해답이나 타협은 어렵겠다는 느낌이 든다. 하지만 지은이의 호소를 출발점으로 삼을 수는 있겠다.

"우리는 서로 최악의 역사적 악몽을 생생하게 체현하는 존재입니다. 그런데 이웃이라고요?

하지만 달리 어떻게 당신을 불러야 할지 모르겠습니다. 저는 한때 우리가 실제로 만날 것이라고 믿었고, 지금도 여전히 만날 것이라는 기대를 품고 당신에게 편지를 쓰고 있습니다. 우리 집 현관 바로 너머 가장 가까운 언덕 어딘가에 자리한 집에 앉아 있는 당신 모습을 떠올립니다. 우리는 서로를 알지 못하지만 우리의 삶은 한데 얽혀 있습니다.

그래서 우리는 이웃입니다."

부디 이 편지가 너무 늦게 당도한 것이 아니기를 바라는 마음이다.

2020년 9월

유강은

나의 팔레스타인 이웃에게 보내는 편지

초판 1쇄 펴낸날 | 2020년 10월 10일

지은이 | 요시 클라인 할레비
옮긴이 | 유강은

펴낸이 | 박세경
펴낸곳 | 도서출판 경당
출판등록 | 1995년 3월 22일(등록번호 제1-1862호)
주소 | (04002) 서울시 마포구 월드컵북로5나길 18 대우미래사랑 209호
전화 | 02-3142-4414~5
팩스 | 02-3142-4405
이메일 | kdpub@naver.com

ISBN 978-89-86377-58-3 03340
값 17,000원